KB264639

토마스 아 켐피스의
그리스도를 본받아

DE IMITATIONE CHRISTI
(The Imitation of Christ)
by Thomas à Kempis, 1380-1471

토마스 아 켐피스의

그리스도를 본받아

지은이 | 토마스 아 켐피스
옮긴이 | 박동순
초판 발행 | 2010. 9. 13
34쇄 발행 | 2023. 1. 17
등록번호 | 제1988-000080호
등록된 곳 | 서울특별시 용산구 서빙고로65길 38
발행처 | 사단법인 두란노서원
영업부 | 2078-3333 FAX | 080-749-3705
출판부 | 2078-3332

책값은 뒤표지에 있습니다.
ISBN 978-89-531-1373-2 03230

독자의 의견을 기다립니다.
tpress@duranno.com   www.duranno.com

두란노서원은 바울 사도가 3차 전도 여행 때 에베소에서 성령 받은 제자들을 따로 세워 하나님의 말씀으로 양육하던 장소입니다. 사도행전 19장 8-20절의 정신에 따라 첫째 목회자를 돕는 사역과 평신도를 훈련시키는 사역, 둘째 세계선교TIM와 문서선교단행본·잡지 사역, 셋째 예수문화 및 경배와 찬양 사역, 그리고 가정·상담 사역 등을 감당하고 있습니다. 1980년 12월 22일에 창립된 두란노서원은 주님 오실 때까지 이 사역들을 계속할 것입니다.

contents

Liber 1 영적 생활에 유익한 권면 • 11

1 그리스도인으로 산다는 것
2 자신에 대하여 겸손할 것
3 유일한 진리 예수 그리스도
4 신중하게 행동하기
5 성경을 읽을 것
6 방종한 감정 다스리기
7 소유나 환경을 의지하지 말 것
8 지혜롭게 사귀라
9 복종과 순종
10 너무 많이 말하지 말라
11 영적 성장을 위한 훈련
12 고난의 유익
13 유혹에 대처하는 법
14 경솔한 판단을 절제하라
15 참사랑으로 이루어진 일들
16 다른 사람의 결점을 발견했을 때
17 제자로 산다는 것
18 사막 교부들의 영성
19 신앙인의 영적 단련
20 고독과 침묵을 사랑하라
21 마음에서 우러나오는 통회
22 인간의 삶
23 인간의 죽음
24 심판의 날을 생각하라
25 자기 훈련은 열정적으로

Liber 2 **내면 생활에 유익한 권면 • 81**

1 내면을 가꾸는 지혜

2 겸손의 열매

3 평화를 누리는 사람

4 순수한 생각과 단순한 의도

5 자신을 직시하라

6 선한 양심의 기쁨

7 다른 모든 것보다 예수님 사랑하기

8 친밀함 쌓기

9 모든 위로의 하나님

10 모든 은혜에 감사하는 마음

11 십자가를 사모하는 사람들

12 거룩한 십자가의 길

contents

Liber 3 주님이 주시는 내적 위로 • 123

1 신실한 영혼과 내밀히 대화하시는 예수님
2 우리 속에서 잠잠히 말씀하시는 분
3 말씀을 마음판에 새기라
4 교제는 늘 진실하고 겸손하게
5 사랑의 경이로운 힘
6 진정한 사랑은 다르다
7 은혜에 너무 집착하지 말 것
8 하나님 앞에 선 인간
9 모든 영광을 하나님께
10 섬김의 성스러움
11 마음의 욕구 다스리기
12 끝까지 인내할 것
13 자신과의 치열한 싸움
14 선을 행하고 나서 우쭐대지 않을 것
15 마음의 소원을 아뢰는 기도
16 하나님 안에 거하는 행복
17 온전한 신뢰
18 이 땅의 고통을 어떻게 인내해야 하는가
19 고난에 반응하는 태도
20 연약함 인정하기
21 모든 것을 초월한 안식
22 받은 축복 기억하기
23 평화의 네 가지 원천
24 다른 사람의 생활 방식에 지나치게 간섭하지 말 것
25 진정한 평안을 얻는 법
26 간절한 기도가 주는 자유

27 위험한 자기 사랑

28 사람들의 평가를 두려워 말라

29 시련의 때에 하나님을 찾고 찬송하라

30 하나님께 가장 먼저 도움을 청하라

31 창조주와 만나는 시간

32 욕구 포기와 자기부인

33 사람 마음의 변덕스러움

34 창조주와 함께하는 즐거움

35 영적 무장

36 사람들에게 비난받을 때

37 나를 버리다

38 위기를 만날 때

39 문제에 너무 집착하지 말 것

40 사람에게는 자랑할 만한 선함이 없다

41 명예에 휘둘리지 말 것

42 사람에게 평안을 기대지 말라

43 세상 지식의 허무함

44 세상일에 매이지 말라

45 말에 쉽게 현혹당하지 말 것

46 말 때문에 상처를 받을 때

47 영생을 위한 일

48 나그네 삶의 괴로움

49 영생을 사모하는 사람에게 약속하신 축복

50 하나님께 인생을 맡기라

51 고상한 삶이 버거울 때

52 가치 있는 징계, 가치 있는 위로

53 자기 편애를 뿌리 뽑으라

54 본성 VS. 은혜

55 인성의 타락과 하나님의 은혜의 권능

56 길이요 진리요 생명이신 그리스도

57 실패했다고 지나치게 실망하지 말라

58 하나님의 은밀한 심판을 알려고 애쓰지 말 것

59 모든 희망과 믿음을 오직 주께 두라

contents

Liber 4 성찬의 놀라운 신비와 축복 • 285

1 그리스도의 위대한 초대
2 성찬에 나타난 사랑
3 성찬에 자주 임할 때 얻는 유익
4 경건하게 성찬에 임하는 사람에게 주시는 복
5 성찬식의 존엄성과 성직자 상像
6 성찬을 준비하는 기도
7 양심을 돌아보고 삶을 변화시키라
8 나를 드리는 성찬식
9 성찬과 중보 기도
10 성찬을 쉽게 미루거나 빠뜨리지 말 것
11 신자에게 꼭 필요한 두 가지
12 성스러운 성찬 준비
13 그리스도와의 하나 됨
14 성찬에 대한 뜨거운 갈망
15 믿음의 은혜 받기
16 필요를 아뢰고 은혜를 간청하라
17 사랑과 열정으로 그리스도를 받으라
18 계명을 따라가는 단순함이 복이다

역자 후기 • 345

Thomas à Kempis
De Imitatione Christi

영적 생활에 유익한 권면

1부에서는 총 25장에 걸쳐 인간의 죄를 어떻게 정화할 것인지 다루고 있다. 죄를 정화시키기 위해서는 그리스도와 동행하는 데 방해가 되는 일들과 영적 성장을 저해하는 여러 유혹 및 불필요한 애착을 떨쳐 버려야 한다. 특히 저자는 인간의 도덕적 생활을 방해하는 '더러운 영'과 부도덕한 행위에서 벗어날 수 있는 방법을 구체적으로 조언한다. 무엇보다도 자기 자신을 알고 세상의 유혹을 경계하며, 열정적으로 기도하고 하나님의 은혜에 의존하는 것 등이 바로 그것이다.

1 그리스도인으로 산다는 것

그리스도를 본받는다는 것은 그의 생을 묵상하며 그 발자취를 따르는 것입니다. 이 장은 지금 우리가 우리 자신의 길을 가는지, 아니면 예수님의 길을 가는지 돌아보게 합니다.

1 "나를 따르는 사람은 누구든지 어둠의 길을 걷지 않을 것이다."요 8:12 참조 주님은 이 말씀에서, 진정으로 가르침 받기를 원하고 분별 없는 마음에서 해방되기를 원한다면, 그리스도의 생애와 그분이 걸어온 길을 본받아 행하라고 권고하십니다. 그러므로 예수 그리스도의 생애를 깊이 되새겨 보는 것이 우리가 가장 먼저 해야 할 일입니다.

2 그리스도의 가르침은 모든 성인聖人들의 가르침을 초월합니다. 그리스도의 영을 가진 사람은 그분의 가르침에 숨겨진 '만나'를 발견할 수 있습니다. 하지만 안타깝게도 많은 사람들이 복음을 아무리 많이 들어도 복음에 대한 갈망을 의식하지 못합니다. 이는 사람들 안에 그리스도의 영이 없기 때문입니다. 그리스도의 말씀을 온전히, 그리고 의욕적으로 알고자 하는 사람은 자신의 전 생애가 그리스도의 생과 닮게 되도록 모든 노력을 기울여야 합니다.

3 만일 겸손함이 없어 성부 성자 성령, 성삼위를 거스르는 행동을 한다면, 성삼위를 깊이 있게 논의한들 무슨 유익이 있겠습니까? 사람을 거룩하고 의롭게 만드는 것은 깊이 있는 말이 아닌 도덕적 삶입니다.

그래서 나는 '도덕적인 삶'이라는 말의 뜻을 정의하기보다는 오히려 내 죄를 회개하고 싶은 생각이 간절합니다.

여러분이 성경 전체와 모든 철학자의 말을 피상적으로 안다 하더라도 하나님의 은혜가 없으면 무슨 소용이 있겠습니까? 하나님에 대한 사랑과 하나님만을 섬기는 일을 제외하고는 "헛되고 헛되며, 만사가 헛된 것입니다."전 1:2 참조 세상적인 일을 경멸하고 하나님 나라를 향해 나아가는 것이 최고의 지혜입니다.

4 사라져 없어질 부富를 구하고 그것에 희망을 거는 것은 헛된 일입니다. 명예를 갈망하고 높은 지위를 탐하는 것 또한 헛된 일입니다. 육체의 욕망을 따르고, 또한 후에 엄한 벌을 받을 것이 분명한 일을 갈망하는 것도 헛된 일입니다. 오래 살기를 희망하며 선한 삶을 생각하지 않는 것도 헛된 일입니다. 이 땅의 삶에만 매달리고 장차 올 일들을 예상하지 않는 것도 헛된 일입니다. 빠른 속도로 사라져 없어지는 것을 사랑하는 것도 헛된 일이며, 끝없는 기쁨이 있는 곳으로 서둘러 가지 않는 것도 헛된 일입니다.

5 "눈은 보아도 족함이 없고 귀는 들어도 가득 차지 아니하도다"전 1:8라는 지혜의 말을 마음에 새기십시오. 눈에 보이는 것을 사랑하는 데서 마음을 돌이켜 눈에 보이지 않는 것을 사랑하십시오. 육체적인 본성을 따라 세상을 사는 사람은 양심을 더럽히고, 또한 하나님의 은혜를 저버리기 때문입니다.

2 자신에 대하여 겸손할 것

겸손은 그리스도인으로서 갖춰야 할 기본 덕목이요 특징입니다. 다른 사람보다 좀 더 알고, 재능이 더 있다고 자랑치 말고 늘 자신을 낮추어야 합니다.

1 사람은 천성적으로 '앎'에 대한 갈망이 있습니다. 그러나 하나님을 두려워하지 않고, 하나님을 존귀하게 여기지 않는 지식이라면 알아서 좋을 것이 무엇이겠습니까? 자신은 등한시하면서 하나님 나라로 가는 길을 찾는 거만한 철학자보다는 순수하게 하나님을 섬기는 농부가 더 좋습니다. 자기 자신을 잘 아는 사람은 자기 눈으로는 자신을 변변치 못한 사람으로 보며, 또한 사람들의 칭찬에 들뜨지 않습니다. 만일 내가 세상 모든 일을 알더라도 나에게 사랑이 없다면, 내 행위를 보고 나를 심판하실 하나님의 면전에서 나에게 유익할 것이 무엇이 있겠습니까?

2 알려고 하는 지나친 욕망을 잘 다스리십시오. 이러한 욕망에는 엄청난 혼란과 망상이 있기 때문입니다. 배운 사람은 자신을 드러내 보이려 애쓰고, 다른 사람들이 식자識者로 인정해 주기를 바랍니다. 안다는 것이 영혼을 위하여 거의 도움이 되지 못하거나, 또는 전적으로 도움이 되지 않는다는 증거는 얼마든지 있습니다. 자신의 구원을 위하여 도움이 되는 일 이외의 다른 일에 주의를 기울이는 사람은 바보입니다. 많이 읽고 많이 듣는다고 영혼을 구원 받을 수는 없습니다. 그러나 착한 삶은 마음에 생기를 주며, 순수한 양심은 하나님에 대한

큰 믿음을 줍니다.

3 아무리 지식 수준이 높아도 그동안 거룩하게 살지 않았다면, 지식이 많으면 많을수록, 훌륭하면 훌륭할수록 더 엄중한 심판을 받을 것입니다. 그러므로 재능이나 학식을 이유로 우쭐대지 말고, 오히려 자신이 가진 지식을 두려워하십시오. 만약 많이 알고, 또한 깊이 이해한다고 생각하면, 자신이 알지 못하는 것 또한 많다는 것도 아십시오. 교만하지 마십시오. 오히려 무지함을 자백하십시오. 많은 사람들이 여러분보다 더 많이 배우고, 하나님을 더 성실히 섬겼다는 것을 다 알면서 왜 여러분은 이런 사람들보다도 자신이 더 낫다고 생각합니까? 만일 좋은 목적을 위하여 알고 또 공부하기를 원한다면 외부에 알려지지 않도록 하고, 또한 다른 사람이 보기에 낮은 사람이 되도록 노력하십시오.

4 자신을 진정으로 이해하고 자신을 중요하지 않게 생각하는 것, 이것이 최고의 지식이며 가장 유익한 교훈입니다. 자신을 높이 평가하지 않으며, 항상 다른 사람을 좋게, 높게 판단하는 것이 위대한 지혜이며, 온전한 완전함입니다. 만일 다른 사람이 나쁜 행동을 하거나, 또는 중대한 죄를 짓는 것을 보더라도 여러분은 자기 자신이 그 사람보다 낫다고 판단해서는 안 됩니다. 왜냐하면 여러분 자신이 얼마나 오랫동안 지금처럼 성실하게 살 수 있을지 장담할 수 없기 때문입니다. 우리는 모두 연약합니다. 단, 다른 사람이 여러분보다 더 연약하다고 생각해서는 안 됩니다.

3 유일한 진리 예수 그리스도

예수님께는 인간의 모든 지식을 통합하는 힘이 있으므로 인간은 예수님과 함께할 때 내적 단순함 속에서 성장하고, 도덕적 삶을 살 수 있습니다.

1 겉으로 보기에는 진리처럼 보이지만 진정한 진리가 아닌 유사진리類似眞理나 화려한 미사여구에 현혹되지 않고, 진정한 진리의 가르침을 받는 사람은 행복한 사람입니다. 우리의 생각과 감정은 자주 우리를 잘못된 길로 인도하며, 실제로는 거의 통찰력을 주지 못합니다. 실체를 드러내지 않아 분명치 못한 일들에 대하여 논쟁을 한들 무슨 유익이 있겠습니까? 이런 일들을 무시한다 해서 심판 때에 비난 받지는 않습니다. 유익하고 필요한 것은 제쳐 둔 채 보잘것없고 오히려 해가 되는 일에 주의를 기울이는 것은 현명하지 못한 일입니다.

2 종류generatio에 관한 개념과 종種. species에 관한 개념을 왜 문제 삼는 것입니까? 영원한 말씀을 듣는 사람은 어떠한 다른 의견에도 제약을 받지 않고 자유롭습니다. 만물이 하나의 말씀에서 났으며, 만물은 이 하나의 말씀을 선포합니다. 이 말씀은 처음되시며 우리에게도 말씀하십니다. 이 말씀이 없이는 무슨 일이든지 누구도 올바르게 이해할 수 없으며, 올바른 결론을 내릴 수도 없습니다. 만물을 하나로 보는 사람, 만물을 하나에 관련시키는 사람, 그리고 하나에서 만물을 보는 사람은 마음이 확고하여 동요하지 않으며, 하나님 안에 평화로이 머물 수 있습니다.

"오, 진리이신 하나님! 영원한 사랑 속에서 당신과 하나 되게 해 주십시오. 저는 많은 것을 읽고 듣는 일에 너무 지쳤습니다. 제가 원하고 바라는 것이 모두 당신 안에 있습니다. 이 땅의 가르치는 모든 사람들이 당신 앞에서는 침묵하게 하시고, 모든 피조물이 말 없이 잠잠하도록 해 주십시오. 오직 당신만이 나에게 말씀하실 수 있습니다."

3 사람이 그 자신과 하나가 되고, 마음이 단순하면 단순할수록 위로부터 이해의 빛을 받기 때문에 사물을 더 많이, 더 깊게 이해할 수 있습니다. 순수하고 단순하며 확고한 영을 가진 사람은 모든 일을 하나님의 영광을 위해 행합니다. 또한 그런 사람들은 모든 이기주의에서 자유로워지기 위해 노력합니다. 그래서 그들은 매우 많은 일을 하면서도 탈선하는 법이 없습니다. 죽지 못한 자아보다 우리를 더 방해하고 우리에게 더 무거운 짐을 지우는 것은 없습니다.

선하고 헌신적인 사람은 일을 맡으면 먼저 마음속으로 계획을 세웁니다. 또한 선한 사람은 무익한 일에 생각이 기우는 것을 용납하지 않고, 건전한 이성理性의 지시를 따라 일을 처리합니다. 자기 자신을 정복하려는 싸움보다 더 힘겨운 싸움은 없을 것입니다. 하지만 우리 모두 이러한 노력을 기울여야 합니다. 순간순간 자신을 다스리고, 또한 매일매일 자신을 정복하여 좋은 것을 향해 나아가려고 노력해야 합니다.

4 이 세상에서 완전하다는 것치고 불완전함을 내포하지 않은 것은 없으며, 우리의 관찰에도 다소 오류가 있을 수밖에 없습니다. 그러므로 무엇보다 자신을 겸손하게 이해하는 것이 지식을 깊이 추구하는

것보다 하나님에게로 가는 보다 확실한 길입니다.

이는 그 자체로서 좋은 일로, 하나님이 안배해 주신 지식과 학식에 잘못이 있어서가 아니라, 이보다는 선한 양심과 도덕적 생활을 추구하는 것이 더 바람직하기 때문입니다. 그러나 너무나 많은 사람들이 선한 삶보다는 오히려 지식을 얻으려고 애를 씁니다. 그러다가는 방황하게 되고, 결국 거의 열매를 맺지 못하거나, 어쩌다 맺는다 해도 매우 보잘것이 없습니다.

만일 사람들이 문제를 제기할 때와 같이 부지런하게 부도덕의 뿌리를 뽑고 도덕적으로 생활한다면, 사회악이나 수도원의 해이^{解弛} 같은 문제는 일어나지 않을 것입니다. 심판의 날, 주님께서 우리에게 하실 질문은 어떤 책을 읽었고, 무엇을 했으며, 얼마나 잘 말을 했느냐가 아닙니다. 하루하루를 얼마나 경건하게 살았는지 그 한 가지를 물어 오실 것입니다.

여러분이 잘 아는 사람들 가운데 살아서 학식이 높았던 학자와 대가^{大家}들이 지금은 어디에 있습니까? 그들이 세상을 떠나자 그 자리는 이미 다른 사람들이 차지해 버렸고, 살아 남은 사람들은 그들을 돌이켜 생각하지도 않을 것입니다. 그들이 살아 있을 때는 세상에서 더없이 중요한 사람인 것처럼 생각했을지 몰라도 지금은 그들이 설 자리도, 그들에 대한 이야기도 찾아볼 수가 없습니다.

5 세상의 영광은 너무도 빨리 지나가 버립니다. 그들의 삶이 그들이 배운 삶과 일치했습니까? 그리고 그들이 좋은 목적을 위해 공부하고 또 독서를 했습니까? 얼마나 많은 사람들이 이 세상에서 공허한 배움을 통하여 멸망하고 하나님을 섬기지 못하였습니까? 또한 그들은 스

스로 겸손하기보다는 위대해지는 것을 선택했기 때문에 죽음과 함께
그들 자신의 공론空論 속에서 사라져 버리고 말았습니다.
가슴에 큰 사랑을 품은 사람은 진실로 위대한 사람입니다. 스스로를
작고 낮게 보는 사람, 명예의 절정을 아무것도 아닌 것으로 생각하는
사람은 위대한 사람입니다. 세상적인 것은 모두 썩어 없어질 것으로
생각하고, 그래서 그리스도를 얻을 수 있는 사람은 진실로 현명한 사
람입니다. 하나님의 뜻을 행하고, 자기 자신의 뜻을 버리는 사람은
진실로 배운 사람입니다.

4 신중하게 행동하기

그리스도를 본받는다는 것은 현명하고 사려 깊게 행동하는 것을 의미합니다.
저자는 모든 일에 인내하며 말 한 마디에도 주의를 기울이라고 권고합니다.

1 아무 말이나 충동적인 행동을 모두 믿어서는 안 됩니다. 어떤 일이라도 하나님 앞에서 조심스럽게, 그리고 참을성 있게 깊이 생각해야 합니다. 사람들은 다른 사람에 대한 좋은 이야기보다는 나쁜 이야기를 더 쉽게 믿고, 좋은 말보다는 나쁜 말하기를 더 좋아합니다. 이처럼 우리는 너무나도 약합니다. 그러나 원숙한 사람은 인간의 약함이 악으로 흐르기 쉽고, 말은 신뢰할 수 없다는 것을 알기 때문에 사람들이 말하는 대로 모두 쉽게 믿지 않습니다.

2 너무 성급히 행동하지 않고, 자신의 견해를 지나치게 고집하지 않는 것이 큰 지혜입니다. 사람들이 말하는 것을 낱낱이 다 믿지 않으며, 들은 대로 또 생각한 대로 다른 사람에게 재빨리 옮기지 않는 것도 이러한 지혜의 일부입니다.

지혜와 선한 양심을 가진 사람과 상의하십시오. 자신의 책략을 따르기보다는 자신보다 훌륭한 사람의 지도를 받으십시오. 선한 삶을 사십시오. 그리하면 하나님이 현명하다 여기실 것이요, 또 많은 일들을 통해 유익한 경험을 얻을 것입니다. 겸손히 하나님께 복종하는 사람은 만사에 현명하게 대처하고 나아가 스스로도 더 평화로워질 것입니다.

5 성경을 읽을 것

겸손과 믿음으로 성경을 읽고 마음을 열어, 하나님이 우리에게 하시고자 하는
말씀의 진실이 무엇인지 알기 위해 노력해야 합니다.

1 진리는 성경에 있지 말의 기교에 있지 않습니다. 성경의 각 책冊은 그 말씀을 쓴 영 안에서 읽어야 합니다. 말의 기교보다는 성경 속의 유익을 찾으십시오. 성경에 있는 경건하지만 간결한 책을 읽을 때도 깊이 있고 심오한 책을 읽을 때와 같은 열성으로 읽어야 합니다. 각 책을 쓴 저자의 글재주가 크고 작음에 좌우되지 말고, 저자의 권위에 동요되지 말며, 오직 진리에 대한 사랑으로 성경을 읽으십시오. 누가 썼는지 생각지 말고 쓰인 말의 내용이 무엇인가에 주의를 기울이십시오.

2 사람은 세월이 흐르면 없어져 버리는 존재이지만 주님의 진리는 영원히 계속됩니다. 하나님은 사람들을 차별하지 않고 여러 방법으로 우리에게 말씀하십니다. 그래서 우리의 꼬치꼬치 캐묻는 태도는 성경을 읽는 데 방해가 되기도 합니다. 단순히 그대로 읽어 내려갈 수 있는 경우에도 우리는 성경 읽기를 중단하고 토론과 토의하기를 좋아하기 때문입니다. 성경을 잘 흡수하기를 원한다면 겸손과 단순함과 믿음으로 읽으십시오.

6 방종한 감정 다스리기

그리스도를 본받는다는 것은 통제되지 않은 감정을 순화시켜서 좋은 방법으로 사용하는 것입니다. 이것은 평생의 일이며 또 많은 인내가 필요합니다.

1 사람이 한계를 넘어 어떤 것을 갈망하면 바로 내면에 동요가 일어납니다. 교만한 자와 탐욕자는 결코 평안할 수 없습니다. 반면 가난한 자와 영혼이 겸손한 자는 평화가 충만한 가운데 삽니다.
진정으로 자기 자신에게 죽지 않은 사람은 쉽게 유혹에 빠지며, 작고 하잘것없는 일에도 실패합니다. 영혼이 약한 사람, 욕정에 휘둘리는 사람, 감각적인 일에 쉽게 기울어지는 사람은 세상적인 욕구로부터 완전히 벗어날 수 없습니다. 바로 이런 이유로 이러한 사람은 세상적인 일에서 벗어나면 슬퍼합니다. 또한 이러한 사람은 자신을 반대하는 사람에게 쉽게 화를 냅니다.

2 그러나 사람이 그가 좋아하는 것을 추구하면, 바로 양심의 가책을 받아 부담을 느낍니다. 그것은 그가 평안을 추구하는 데 아무런 도움도 되지 않는 격정을 따라 살기 때문입니다. 그러므로 마음의 진정한 평화는 격정에 굴복함으로써가 아니고, 격정에 저항함으로써 찾아야 합니다. 마음의 평화는 육적인 사람에게 있는 것도 아니고, 주변 일에 헌신적인 사람에게 있는 것도 아닙니다. 오직 열성적이고 영적인 사람에게만 있습니다.

7 소유나 환경을 의지하지 말 것

사회적인 지위나 자신의 부를 이유로 스스로 더 우월하다고 생각해서는 안 됩니다. 그리스도인은 모든 사람을 겸손한 태도로 대해야 합니다.

1 사람이나 피조물에 희망을 두는 사람은 공허합니다. 예수 그리스도의 사랑을 위해 다른 사람을 섬기는 일 때문에 스스로를 부끄러워하지 마십시오. 자신이 이 세상에서 가난한 자 축에 끼는 것 때문에도 부끄러워하지 마십시오. 자기 자신에게 의존하지 말고 하나님 안에 희망을 두십시오. 여러분의 능력 안에 있는 것을 행하십시오. 하나님이 여러분의 선한 의지와 함께 계실 것입니다. 자기 자신의 지식을 신뢰하지 말며, 살아 있는 사람의 영리함도 신뢰하지 마십시오. 겸손한 사람을 돕고 자기를 과신하는 사람을 낮추시는 하나님의 은혜를 신뢰하십시오.

2 만일 부요하다 하더라도 자랑하지 말 것이며, 친구들이 힘이 세다고 하여 이들을 자랑하지 마십시오. 오직 만물을 제공하시며, 무엇보다도 자신을 내어 주시기를 열망하시는 하나님을 자랑하십시오.
여러분의 몸이 크거나 겉모습이 아름답다고 해서 우쭐대지 마십시오. 몸은 조금만 아파도 망가지고, 아름다움은 시간과 함께 사라져 버립니다. 능력과 재주를 자랑하는 것도 헛된 일입니다. 그러한 행동은 여러분이 선천적으로 가진 좋은 것을 다 주신 하나님을 불쾌하게 해 드리기 때문입니다.

3 사람의 속을 다 아시는 하나님 앞에서 다른 사람보다 더 나쁘다는 판단을 받지 않기 위해서는 스스로 다른 사람보다 더 잘났다는 생각을 버려야 합니다. 선한 행위를 자랑하지 마십시오. 하나님이 하시는 심판은 사람이 하는 심판과는 다릅니다. 사람을 즐겁게 하는 것으로 하나님을 즐겁게 하지는 못하기 때문입니다.

여러분에게 좋은 것이 있다면, 다른 사람은 더 좋은 것을 가지고 있다고 인정하십시오. 그러면 늘 겸손할 수 있습니다. 여러분을 다른 모든 사람보다 낮게 두는 것은 아무런 해가 되지 않습니다. 그러나 여러분을 단 한 사람이라도 다른 사람 위에 두면 엄청난 해가 닥쳐 올 것입니다. 영원한 평화는 겸손과 함께 있습니다. 그러나 교만한 자의 마음에는 질투와 잦은 분노가 있을 뿐입니다.

8 지혜롭게 사귀라

마음을 열고 깊은 속 이야기까지 하는 대상은 물론이거니와, 일상에서 늘 접촉하는 사람을 선택할 때는 늘 신중해야 합니다.

1 마음을 아무에게나 열지 마십시오. 하나님을 두려워하는 현명한 사람과 당신의 문제를 상의하십시오. 젊은 사람이나 낯선 사람과 많은 시간을 함께 보내지 마십시오.

2 부자에게 아첨하지 말고, 훌륭한 사람을 만나려고 애쓰지 마십시오. 겸손하고 단순한 사람, 경건하고 온유한 사람과 교류하며 대화를 나눌 때는 도덕성을 높일 수 있는 주제를 선택하십시오. 어느 여인과도 친밀히 지내지 말 것이며, 또한 모든 선한 여성을 동등하게 하나님께 천거하십시오.

3 모든 사람을 사랑으로 대하십시오. 단, 사람과의 친밀함이 영적 성장을 방해할 때가 있습니다. 어떤 사람은 좋은 평판으로 빛나다가도 정작 그가 사람들이 모인 곳에 나타났을 때 사람들이 그를 환영하지 않는 경우가 있습니다. 우리는 때로 다른 사람과 만나고 함께함으로써 우리가 상대방을 즐겁게 해 준다고 생각합니다. 그러나 우리에게는 저마다 성격적 결함이 있기 마련이어서 점차 상대방을 불쾌하게 만들곤 합니다.

9 복종과 순종

그리스도를 본받는다는 것은 자신의 의지를 하나님의 의지에 복종시키는 것을 의미합니다. 복종은 다른 사람들의 의견에 귀를 기울이며 다른 사람들의 생각에 마음을 여는 것을 의미하기도 합니다.

1 복종 가운데서 거하며, 독립하지 않고 권세 아래 있는 것은 진실로 위대한 일입니다. 순종하는 것은 권세의 자리보다 훨씬 안전합니다. 많은 사람들이 사랑이 아닌 필요에 따라 복종을 선택합니다. 그들은 복종을 좋게 생각하지 않으며, 특별한 이유 없이 불평을 내뱉기도 합니다. 이러한 사람들은 하나님을 위해 자기 자신을 온전히 바치지 않으면 마음의 자유를 되찾을 수 없습니다.
이리저리 뛰어 보아도 여러분 위에 이미 정해진 하나의 법칙을 따르지 않고는, 곧 권세자이신 하나님에게 겸손히 복종하지 않고는 평안을 찾을 수 없습니다.

2 사람들은 자신이 원하는 것을 하기를 좋아하고, 자신과 의견을 같이하는 사람에게 끌리는 경향이 있습니다. 그러나 하나님이 우리 가운데 계시면, 때로 자신의 의견을 포기해야 할 때가 있습니다. 모든 사물을 완전히 이해할 정도로 현명한 사람은 없습니다. 그러므로 여러분이 생각하는 것을 너무 강하게 믿지 말고, 다른 사람의 의견에도 귀를 기울이십시오. 여러분이 생각하는 것이 옳다 하더라도 이것을 제쳐 두고 다른 사람을 따르면, 그것으로 더 큰 유익을 얻을 것입니다.

● 3 누군가에게 조언을 하기보다 조언을 구하는 것이 더 안전합니다. 여러분의 의견이 좋다 하더라도 이치나 장소에 비추어 다른 사람의 의견을 들어야 할 필요가 있을 때는 그리하십시오. 그렇게 하지 않는 것은 자만과 고집을 드러내는 것입니다.

10 너무 많이 말하지 말라

그리스도를 본받는다는 것은 매사에 신중히 말하고, 사람들에게 좋지 않은 말을 하여 그들을 거역하는 일을 삼가는 것입니다.

1 세상일이 아무리 순수한 의도로 다가온다 해도 그것에 휩쓸리는 것은 좋지 않으므로 사람들이 시끄럽게 떠드는 자리는 가능한 피하십시오. 왜냐하면 우리는 너무 빨리 더럽혀지고 또 유혹에 쉽게 빠지기 때문입니다. '침묵했어야 하는데, 사람들과 함께 있지 말았어야 하는데' 하고 나는 가끔 뒤늦게 후회하곤 합니다.
우리는 왜 그렇게들 모여 남의 말 하기를 좋아하는지 모르겠습니다. 양심을 다치지 않는 이상 침묵을 지키는 일이 거의 불가능하기 때문에 드리는 말입니다. 우리는 서로 위로를 얻기 위해, 그리고 많은 생각으로 약해진 마음이 편안해지고 싶어 그렇게 쉽게 얘기에 빠집니다. 우리가 좋아하고 소망하는 것, 갖기를 원하는 것과 또 가장 싫어하는 것을 화제에 올려 얘기하는 것을 매우 좋아합니다.

2 아, 그러나 이것은 아무런 소용이 없는 헛된 일입니다. 이 외부적인 위로는 하나님이 영적으로 주시는 위로에 큰 장애물이 되기 때문입니다. 그러므로 아무 소득 없이 시간이 흘러가는 일이 없도록 기도하고 감시해야 합니다.
말을 할 때에는 영적 삶을 쌓아 올릴 수 있는 것을 말하십시오. 나쁜 습관, 영적으로 삶이 나아지는 것을 가벼이 보는 태도 때문에 말을 함부로 하는 일이 많습니다. 반면 영적인 것에 관한 대화, 특히 같은 마음과 영혼을 가진 사람들이 하나님 안에서 친교할 수 있는 대화는 영적 성장에 큰 도움을 줍니다.

11 영적 성장을 위한 훈련

격정과 과도한 욕구를 벗어 버림으로써 영적 생활을 성장시키고, 내적 평화를 이루어 하나님의 은혜 가운데 살아가야 합니다.

1 다른 사람들의 말이나 행동, 그들의 사적인 일에 지나치게 관심을 갖지 않는다면 깊은 평화를 누릴 수 있을 것입니다. 다른 사람들의 일에 관여하고, 자기 영역이 아닌 곳에서 기회를 엿보며, 자신의 내면세계를 통합하지 못하는 사람은 평화를 누리지 못합니다. 마음이 단순한 사람은 복이 있습니다. 그들은 큰 평화를 누릴 것이기 때문입니다.

2 성인sanctus 가운데에는 매우 성숙하고 사려 깊은 사람들이 있었습니다. 그들은 어떻게 그럴 수 있었을까요? 세상적인 모든 일을 버리는 것이 그들의 소망이었기에 그들은 하나님을 확고히 붙들 수 있었으며, 자신으로부터 해방될 수 있었습니다. 하지만 우리는 자신의 격정에 너무도 강하게 압도당하고 헛된 일에 신경을 씁니다. 우리는 단 하나의 실수조차도 완전히 극복하지 못하며, 매일매일의 영적 성장을 위하여 노력을 기울이지도 않습니다. 그래서 냉담하고 미온적인 상태에 여전히 머물러 있는 것입니다.

3 만일 완전히 자신을 죽이고, 영혼이 온전히 자유로웠더라면, 하나님의 일을 구할 수 있었을 것입니다. 더불어 하나님의 뜻을 조금은 경험할 수 있었을지도 모릅니다. 우리가 크게 성장하지 못하는 것은 아

직 격정과 욕망에서 해방되지 못했기 때문입니다. 성인들이 걸어온 흠 없는 길을 따르려고 노력조차 하지 않았기 때문입니다. 작은 문제만 닥쳐와도 우리는 너무 쉽게 낙담해서는 세상적인 위로를 받기를 원합니다.

4 강자가 전투에서 싸우는 것같이 우리도 노력한다면, 하나님이 하늘로부터 내려 주시는 도움을 확실히 볼 수 있을 것입니다. 우리가 정복자가 될 수 있는 전투 기회를 몸소 제공하시는 하나님은 그분의 은혜에 희망을 두고 노력하는 사람들을 도우실 준비를 하고 계시기 때문입니다. 만일 우리가 영적인 성장을 오직 표면상의 계율에만 둔다면, 우리의 영적 생활은 곧바로 끝나 버리고 말 것입니다. 그러나 도끼를 뿌리를 향하여 내려치십시오. 그리하면 격정을 추방하여 마음의 평화를 소유할 수 있습니다.

5 해마다 단 하나의 잘못이라도 뿌리 뽑아 버린다면, 우리는 그만큼 더 빨리 성숙한 사람이 될 것입니다. 그런데 이와는 반대로 이제 막 그리스도를 영접했을 무렵의 삶이 그리스도인이 되고 수년이 지난 후의 삶보다 더 좋고 더 성스러워 보이는 경우가 가끔 있습니다. 영적 생활에 대한 열정이 나날이 발전해야 하는 것이 사실입니다. 하지만 지금은 초창기 열정의 일부분이라도 유지할 수 있으면 성공이라고 생각합니다. 다만 아쉬운 것은 처음 시작했을 때 좀 엄격하게 스스로를 다스렸더라면, 지금은 가볍고 기쁜 마음으로 모든 일을 계속할 수 있지 않을까 생각합니다.

6 몸에 붙은 습관을 버리는 것은 어려운 일입니다. 우리가 바라는 것과 정반대 행동을 하는 것은 더욱 어려운 일입니다. 그러나 작고 중요하지 않은 일 하나도 극복하지 못하면서 그보다 더 어려운 일을 어떻게 정복할 수 있겠습니까? 조금씩 조금씩 여러분을 더 큰 어려움으로 몰아넣는 일이 오지 않게 하기 위하여 여러분이 좋아하는 것들을 처음부터 거부하고 나쁜 영은 머리에서 내쫓으십시오. 자신을 통제함으로써 자신을 위한 평화를 실현하고 다른 사람을 기쁘게 하는 것이 중요하다고 생각하면, 영적 성장을 위하여 더 노력해야 합니다.

12 고난의 유익

고통과 고난을 당하는 것을 좋아하는 사람은 없습니다. 하지만 시련은 사람을 겸손하게 만들어 우리와 하나님과의 관계를 더욱 깊게 해 줍니다.

1 때때로 닥쳐오는 슬픔과 역경은 우리를 위해 좋은 것입니다. 슬픔과 역경을 당하면 사람들은 자신이 세상의 유배자라는 것을 깨닫고, 세상적인 일에 소망을 두지 않기 때문입니다.

아무리 좋은 행동을 하고, 아무리 의도가 좋더라도 때로는 다른 사람과 충돌하는 일이 있습니다. 그런 때에도 그 반대를 참아 내야 합니다. 나쁘게, 또 진실과는 반대되는 심판을 받는 것도 때로는 좋은 일이기 때문입니다. 이러한 경험을 통해 더욱 겸손해질 수 있고, 자만에 빠지는 것을 방지할 수 있습니다. 또한 그리하면 사람들이 우리를 낮게 평가하고 우리가 나쁘다고 믿는 경우에도, 마음으로 하나님의 증언을 구할 수 있기 때문입니다.

2 그러므로 사람은 하나님 안에서 자신을 견고하게 세워 인간적인 위로를 지나치게 구하지 않도록 해야 합니다. 선한 의지를 가진 사람이 어려움을 당하거나 심판을 받거나 나쁜 생각으로부터 영향을 받으면, 하나님이 더욱 필요하다는 것을 깨닫습니다. 하나님이 아니면 아무것도 붙잡을 수 없기 때문입니다.

이들은 당면한 불행을 극복하기 위해 기도합니다. 한편으로는 너무 지친 나머지 어서 이 땅의 삶을 마치고 주님과 함께할 수 있도록 죽음

에 닿기를 구하기도 합니다. 그리고 마침내 세상에서는 걱정에서 완
전히 자유로울 수 없으며, 온전한 평화도 존재하지 않는다는 것을 깨
닫습니다.

13 유혹에 대처하는 법

유혹을 피할 수 있는 사람은 아무도 없습니다. 중요한 것은 유혹에 어떻게 대처하느냐 하는 것입니다. 그러므로 유혹을 이기기 위해서는 겸손과 인내로써 오직 하나님께 도움을 청해야 합니다.

1 이 세상에 사는 동안에는 고난과 유혹을 피할 수 없습니다. 그래서 성경 욥기에는 '이 세상에서의 사람의 생활은 전쟁'이라고 기록되어 있습니다. 그러므로 악마에게 우리를 속일 기회를 주지 않기 위해서는 모두가 유혹을 경계하고, 늘 기도로 깨어 있어야 합니다. 악마는 결코 잠자는 일이 없으며, 자신이 멸망시킬 수 있는 사람을 찾아 나서기 때문입니다. 유혹을 아예 받지 않거나, 또는 유혹으로부터 완전히 자유로울 수 있을 만큼 성숙하고 성스러운 사람은 흔치 않습니다.

2 유혹은 때로는 사람들에게 매우 큰 유익을 주기도 합니다. 사람은 유혹을 통하여 겸손해지고 정결해지며 교훈을 받기 때문입니다. 성인들은 모두 많은 고난과 유혹을 통과함으로써 성숙해졌습니다. 물론 유혹을 이겨 내지 못한 사람들은 버림을 받고 넘어져 사라졌습니다. 유혹과 역경이 존재하지 않을 만큼 신성한 질서도, 세상 어떤 장소도 없습니다.

3 사람이 인생을 사는 한 유혹으로부터 완전히 자유로울 수는 없습니다. 유혹의 원천이 우리 자신 속에 있기 때문입니다. 우리는 죄로 가

득 찬 욕망 가운데서 태어났기 때문에 하나의 유혹과 고난이 지나면
또 다른 유혹과 고난이 찾아옵니다. 그래서 언제나 무엇인가에 의하
여 고통을 받습니다. 이는 우리가 원래의 행복이 주는 은혜를 잊어버
렸기 때문입니다. 많은 사람들이 유혹을 피하려고 하지만 더 깊이 유
혹에 빠지고 맙니다. 도망친다고 해서 승리할 수 있는 것은 아닙니
다. 그러므로 인내와 겸손으로써 우리의 적보다 더 강해져야 합니다.

4 유혹을 피하기만 할 뿐 뿌리를 뽑아 내지 않는 사람은 발전할 수 없습
니다. 그리하면 오히려 유혹이 전보다 더 빨리 찾아오고, 더 나쁜 상
황을 맞이하게 됩니다. 그러므로 유혹을 피하기보다는 정복하겠다
는 결심을 굳히십시오. 그리고 끊임없는 인내와 하나님의 도움을 받
아 조금씩 조금씩 해 나가면 유혹을 더 잘 정복할 수 있을 것입니다.
유혹에 빠지면 더 자주 상담을 받으십시오. 또한 유혹을 받는 사람을
대할 때는 지나치게 엄하게 다루지 말며, 자신이 받고 싶은 것과 같
은 위로를 그들에게 쏟으십시오.

5 모든 나쁜 유혹의 시작은 불안정한 마음과 하나님에 대한 적은 믿음
에서 옵니다. 배의 방향을 조종하는 조타장치가 없는 배는 파도에 따
라 이리저리 흔들릴 수밖에 없습니다. 마찬가지로 확고한 결심을 포
기한 조심성 없는 사람도 여러 길로 유혹에 빠지고 맙니다. 불이 쇠
를 연단하는 것과 같이 유혹이 의로운 사람을 연단합니다. 스스로 어
떤 일을 할 수 있는지 모를 때가 자주 있습니다. 그러나 유혹을 통하
여 진실로 우리가 누구인지 알 수 있습니다.
특히 유혹의 초기에 정신을 차려야 합니다. 유혹의 초기에 정신을 차

리면 유혹이 마음을 파고들기 전에 적을 마음의 문턱 밖에서 저지함
으로써 유혹을 쉽게 극복할 수 있기 때문입니다. 누군가가 이렇게 말
했습니다. "초기에 저항하라. 오래 기다리는 동안 병이 악화되어 버
리면 어떤 약도 효력이 없기 때문이다." 처음에는 단순한 생각이 마
음에 떠오르고, 다음에는 강한 망상, 그 다음에는 쾌락과 나쁜 행동
이 따라오며 결국에는 마음으로 유혹을 받아들이고 맙니다. 악의에
찬 적은 초기에 저항하지 않으면 조금씩 천천히, 그러다 완전히 마음
속으로 들어옵니다. 저항에 소극적인 기간이 길면 길수록 우리는 매
일매일 더 약해지고 적은 더 강해집니다.

6 어떤 사람은 그리스도인으로서의 삶의 초기에 엄청난 유혹을 경험합
니다. 어떤 사람은 말기에 심각한 유혹을 경험하기도 합니다. 또 어떤
사람은 전 생애를 통하여 유혹의 어려움을 경험하기도 합니다. 그런
가 하면 어떤 사람은 매우 가벼운 유혹을 받습니다. 이러한 사람들은
사람 개개인의 본질과 가치를 다 아시며, 또한 하나님이 선택하신 사
람을 구원하기 위한 일을 우선적으로 행하시는 하나님의 지혜와 공
의를 믿습니다.

7 그러므로 유혹을 받는다고 실망하지 마십시오. 더 뜨겁게 하나님께
구하면, 하나님은 우리가 고난을 겪을 때마다 우리를 도우시는 것이
합당하다 생각하실 것입니다. 바울이 말한 것처럼 하나님은 "우리가
유혹을 받을 때에도 피할 길을 주시어 우리가 이를 감당할 수 있게 하
셨습니다."고전 10:13 참조 따라서 하나님은 겸손한 영혼을 가진 사람을 구
하여 들어 올리실 것입니다. 그러므로 어떤 유혹이 닥쳐와도 하나님

의 양팔 밑에서 우리의 영혼을 겸손하게 해야 할 것입니다.

8 유혹과 고난을 겪으면서 사람은 더욱 발전하고, 그의 가치가 더 크게 부각되며, 도덕성이 더욱 분명히 드러납니다. 고난 없이 평온한 때에 헌신적이고 열열해지는 것은 그렇게 위대한 일이 아닙니다. 그러나 역경에 처했을 때 참을성 있게 자신을 감당하면 크게 발전할 수 있습니다.
어떤 사람은 큰 유혹에는 흔들리지 않으면서 오히려 매일 겪는 작은 유혹에는 정복당하고 맙니다. 이것은 그들을 겸손하게 하기 위한 것입니다. 그들이 작은 일에 대한 연약함을 통하여 큰일에 맞닥뜨렸을 때, 결코 자신에게만 의존하지 않도록 깨닫게 하기 위함입니다.

14 경솔한 판단을 절제하라

다른 사람의 행동이나 의도를 서둘러 판단하는 것을 삼가십시오. 자신의
행동도 잘 알지 못하는 우리가 다른 사람의 행동을 이해할 수 없는 것은
당연한 일입니다.

1 다른 사람이 무엇을 하는지 판단하는 것을 삼가십시오. 일반적으로
남을 판단할 때는 그 판단이 빗나가기도 하고, 쉽게 잘못을 저지를
수 있기 때문입니다. 우리는 무엇이든지 자기 마음에 드는 쪽으로 판
단하기 때문에 우리의 판단은 대개 진실과는 거리가 있습니다. 개인
적인 애착이 판단력을 흐리게 하는 것이지요.

2 하나님이 우리 소망의 유일한 대상이라면, 다른 사람이 우리 견해에
반대한다고 해도 조금도 불안해할 필요가 없습니다. 우리 내면에는
숨겨진 어떤 동기가 있고, 또 외부로부터도 쉽게 영향을 받기 때문에
잘못된 판단을 합니다. 사람들은 자기가 하는 일에서 자기 자신의 한
계를 발견하면서도 그것을 인식하지는 못합니다. 진행하는 일이 자
신의 소망과 감정에 따라 잘 풀리면, 사람들은 더없는 평화 가운데
있는 듯이 느낍니다. 그러다 조금이라도 자신들이 소망하는 것과 다
른 일이 생기면, 금세 불안해하고 슬퍼합니다. 감정과 의견이 서로
다르기 때문에 친구와 친구 사이에, 시민과 시민 사이에, 그리고 하
나님을 믿는 신앙심이 깊은 사람들 사이에서까지도 큰 견해 차이가
생깁니다.

3 오래된 습관을 버리기란 참 어렵습니다. 누구나 자신이 볼 수 있는 것 너머로 인도함을 받는다는 것은 쉬운 일이 아닙니다. 만일 여러 분이 예수 그리스도가 다스리는 권세보다 자신의 이성이나 논리에 더 의존한다면, 여러분의 영성 계발 가능성은 희박합니다. 만일 된 다 하더라도 매우 느리게 이루어질 것입니다. 이는 하나님께서는 우 리가 온전히 그분의 뜻을 따르고, 또한 그분에 대한 불타는 사랑으로 우리가 우리의 격정과 편견을 뛰어넘기를 원하시기 때문입니다.

15 참사랑으로 이루어진 일들

사랑은 영적으로 성장하는 열쇠입니다. 사랑은 사람들을 격려하며, 더불어 만물은 일시적으로 지나가는 것이라는 것을 깨닫게 해 줍니다. 하나님은 인간의 업적보다는 이해관계를 떠난 사랑을 더 좋게 보십니다.

1 세상 어떤 일에 대해서도, 어떤 사람의 사랑에 대해서도 악을 행하지 말아야 합니다. 그렇지만 곤궁에 처한 사람을 돕기 위해서는 때로는 좋은 일도 그만두어야 하고, 또 무엇이든 더 좋은 것으로 바뀌어야 합니다. 이렇게 한다고 좋은 일이 파괴되는 것은 아니며, 언제나 더 좋게 바뀌기 때문입니다.

사랑 없이 겉으로 보기에만 그럴듯한 일은 아무런 유익이 없습니다. 그러나 무엇이든 사랑으로 하면 그것이 아무리 작고 보잘것없는 것이더라도 완전한 결실을 맺을 수 있습니다. 하나님은 사람이 얼마나 많은 일을 하는가가 아니고, 얼마나 사랑과 선의로 일을 하는가를 근거로 사람을 심판하시기 때문입니다.

2 사랑을 많이 하는 사람은 많은 일을 합니다. 무슨 일이든지 잘하는 사람은 많은 일을 합니다. 자신의 이익보다는 공동선을 위하여 봉사하는 사람은 일을 잘 합니다. 때로는 사랑인 것처럼 보이는 것도 사랑이 아닌 우리가 가진 자연적인 본성일 때가 있습니다. 자연적 기호, 자의恣意, 보상에 대한 희망 및 이익에 대한 욕망 등이 자연적인 본성과 공통점을 가지고 있습니다.

3 참되고 완전한 사랑을 가진 사람은 자신을 위해서는 아무것도 구하지 않습니다. 그들은 오직 하나님의 영광이 세상 모든 일에 나타나기를 간구합니다. 이러한 사람은 그 어떤 사람도 부럽지 않습니다. 그는 자신의 즐거움을 사랑하지 않을 뿐 아니라 자신의 기쁨을 좇지 않습니다. 좋은 일들이 하나님 안에서 축복받기를 원하기 때문입니다. 그는 선을 사람의 공으로 돌리지 않고, 샘과 같이 모든 것의 근원이자 모든 성인들의 기쁨의 마지막 안식처인 하나님께 그 모든 공을 돌립니다. 참사랑의 불꽃을 가진 사람은 모든 세상사가 헛된 일로 가득하다는 것을 느낄 것입니다.

16 다른 사람의 결점을 발견했을 때

다른 사람이 결점이나 잘못을 고칠 의사가 없다 해도 참아야 합니다. 완전한 사람은 아무도 없습니다. 참으면 다른 사람의 약점을 너그러이 이해할 수 있습니다.

1 우리 자신이나 다른 사람의 일을 바르게 관리할 만한 충분한 힘이 없을 경우에는 하나님이 다른 방법을 명하실 때까지 참고 기다려야 합니다. 이렇게 하는 것이 우리의 수련修鍊과 우리의 인내를 위해 좋은 것이라고 생각하십시오. 이렇게 하지 않으면 우리의 장점을 높이 평가받지 못할 것입니다. 여러분은 자신이 겪는 시험이나 장애물이 하나님이 여러분을 위해 허락하시는 것이기를 기도해야 합니다. 또한 이 시험을 크게 힘들이지 않고 견디게 해 달라고 기도해야 합니다.

2 만일 어떤 사람이 한두 번 경고를 받고도 따르지 않으면, 그 사람과 다투지 말고 모든 것을 하나님께 맡기십시오. 그러면 하나님의 뜻이 이루어지고, 그분을 섬기는 모든 사람들이 하나님을 경외할 것입니다. 하나님은 악을 선으로 바꾸는 방법을 잘 아십니다.

다른 사람의 잘못과 결점이 무엇이든 참아야 합니다. 여러분도 다른 사람에게 용서를 많이 받아야 하기 때문입니다. 여러분이 자기 자신을 여러분이 원하는 대로 하지 못할진대, 어떻게 다른 사람을 여러분이 좋아하는 모습으로 만들 수 있겠습니까?

3 우리는 다른 사람은 잘못을 고치기를 바라면서 정작 우리 자신의 잘못은 고치려고 하지 않습니다. 우리는 다른 사람의 방만한 방종을 좋아하지 않으면서도 우리 자신의 원하는 바를 부인하는 것은 원하지 않습니다. 다른 사람들이 규칙을 지키기를 바라면서도 자신이 규제받는 것은 참지 못합니다. 그러므로 우리가 자기 자신을 관대히 심판하는 것처럼 우리 이웃도 관대히 심판하는 일은 결코 없다는 것은 명백한 일입니다. 만일 모든 사람이 완전하다면, 하나님을 위해 우리가 다른 사람을 용서해야 할 이유가 무엇입니까?

4 어떤 사람도 잘못이 없는 사람이 없으며, 어떤 사람도 짐을 지지 않은 사람이 없으며, 어떤 사람도 자족하는 사람이 없으며, 어떤 사람도 자신에게 충분히 현명한 사람도 없습니다. 그러므로 하나님은 우리가 서로 다른 사람의 짐을 지는 것을 배워야 한다고 명령하십니다. 우리는 다른 사람과 참고 견디며, 서로 위로하고, 함께 도우며, 가르치고 타일러야 합니다. 역경은 사람을 약하게 만드는 것이 아니고, 사람의 사람됨을 나타나게 하는 것이기 때문에 사람의 가치는 역경의 때에 가장 잘 드러납니다.

17 제자로 산다는 것

그리스도의 제자가 된다는 것은 하나님 이외에는 어떠한 것도 구하지 않는 것을 의미합니다. 이들은 다른 사람들의 눈에는 바보처럼 비칠 수도 있습니다.

1 다른 사람과 화평하고 화합하기를 원한다면, 많은 일에서 여러분의 기氣를 꺾는 법을 배워야 합니다. 수도원이나 종교공동체 안에서 불평 없이 살며, 죽음을 향하여 충실히 나아가는 것은 작은 일이 아닙니다. 일생을 수도원이나 종교공동체 안에서 충실히 살고, 행복하게 죽음을 맞이한 사람은 복 받은 사람입니다. 번성하고 성장하기를 원한다면, 스스로를 이 세상에서는 유랑자이고 순례자라고 생각하십시오. 신앙생활을 성실히 하려고 한다면, 그리스도를 위해 여러분은 바보가 되어야 합니다.

2 성직자로서 지켜야 하는 규율과 삭발削髮은 중요한 것이 아닙니다. 진실로 신앙인이 되려면, 성격이 변화되고 격정이 순화되어야 합니다. 하나님 이외의 것과 영혼 구원 이외의 것을 구하는 사람은 고난과 슬픔 이외에는 아무것도 찾지 못할 것입니다. 가장 보잘것없는 사람이 되려는 노력과 모든 사람을 섬기려는 노력을 하지 않는 사람은 화평 속에서 오래 머물 수 없습니다.

3 여러분은 다스리려고 온 것이 아니고 섬기러 왔습니다. 여러분은 여

가와 환담을 즐기기 위해 부름을 받은 것이 아니고, 참고 견디며 노력하도록 부름을 받았습니다.

가와 환담을 즐기기 위해 부름을 받은 것이 아니고, 참고 견디며 노력하도록 부름을 받았습니다.

18 사막 교부들의 영성

옛 성인들은 하나님과 가까운 친구가 되기 위해 이 세상에서 나그네가 된
사람들입니다. 우리는 그들을 본받아야 합니다.

1 거룩한 교부들의 살아 있는 본보기를 보십시오. 그들은 진정한 완
벽함과 신앙의 빛을 발합니다. 그리하면 우리가 얼마나 하잘것없는
일, 심지어는 실제로 아무 일도 하지 않고 있음을 알게 될 것입니다.
여러분의 삶을 그들의 삶과 비교한다면 도대체 여러분의 삶을 무엇
이라고 할 수 있습니까? 그리스도를 따르는 사람들은 배고픔과 목마
름 속에서, 추위와 헐벗음 속에서, 노고와 피로 속에서 밤을 지새면
서 금식과 기도, 명상을 하였고, 박해와 많은 비난 가운데서도 하나
님을 섬겼습니다.

2 사도, 순교자, 신앙고백자, 동정녀, 그리고 그리스도의 발자취를 따
르려고 애쓴 그 밖의 많은 사람들이 얼마나 많은 고난을 받았습니까?
그들은 이 세상에서의 삶을 증오했기 때문에, 그 삶을 영생에 두려고
했을 것입니다.

교부들은 사막에서 세상으로부터 고립되어 얼마나 엄격한 생을 살았
습니까? 그들은 오랜 기간 견디기 힘든 유혹을 견뎌 냈습니다. 그들
은 또한 적으로부터 수없이 공격을 받아 괴롭힘을 받았습니다. 그들
은 참으로 자주 하나님께 간절한 기도를 드렸습니다. 또한 그들은 매
우 엄격한 금식을 실천했습니다.

영적 성장을 위해 강한 열정과 정력을 쏟아 부었습니다. 죄의 난폭함에 대항하여 강력히 투쟁했습니다. 순수하고 고결한 노력으로 하나님을 붙잡으려고 애썼습니다. 낮에는 일을 하고, 밤에는 혼신을 다하여 오랫동안 지속적으로 기도를 드렸습니다. 낮에 일하는 동안에도 마음으로 기도를 드리지 않은 적이 없었습니다.

3 그들은 모든 시간을 유용하게 사용했지만 하나님과 함께하는 시간은 너무도 짧게만 느껴졌습니다. 명상의 즐거움에 흠뻑 빠져 육체적인 원기를 회복할 필요성조차도 잊고 말았습니다. 그들은 부와 권위, 명예, 친구 그리고 사람과의 관계를 모두 포기했습니다. 그들은 세상 것은 아무것도 가지려고 하지 않고 오직 생명 유지에 필요한 것만 취했습니다. 그들은 필요한 것조차도 육신을 섬기는 것을 슬퍼했습니다.
그러므로 그들은 세상일에는 가난했지만, 은혜와 덕은 풍성히 가지고 있었습니다. 겉으로 보기에는 매우 궁핍했지만 내면적으로는 하나님의 위로로 생기가 넘쳤습니다.

4 세상에 대하여 그들은 이방인이었으나 하나님에 대하여 그들은 이웃이요 절친한 친구였습니다. 그들은 그들 자신에 대하여 아무것도 아닌 것처럼, 세상에 대하여는 보잘것없는 것처럼 생각되었지만, 하나님 보시기에 그들은 귀하고 사랑받는 존재였습니다. 그들은 진정으로 겸손했으며, 온전한 순종의 삶을 살았으며, 사랑과 인내의 길을 걸었습니다. 그리하여 나날이 영적으로 성장하여 하나님으로부터 큰 은총을 받았습니다. 믿음이 약한 사람들이 우리에게 분별없는 삶을

살 것을 요구하는 것과는 달리 그들은 모든 믿는 사람들의 본보기가 되어 우리에게 더 선량하게 성장하라고 요구합니다.

5 이 신성한 제도의 초기에 신자들의 열정은 매우 컸습니다. 기도에 대한 간절함 또한 매우 컸습니다. 도덕을 둘러싼 경쟁관계도 매우 컸습니다. 계율도 매우 엄격했습니다. 신앙규정에 따라 모든 일에서 존경과 순종의 꽃이 피었습니다. 아직도 남아 있는 흔적은 그들이 참으로 신성하고 원숙한 사람들이었으며, 또한 힘차게 싸우면서 세상을 산 사람들이었다는 것을 증거합니다. 이 시대에는 죄를 범하지 않고 당면한 일을 인내로 견딜 수만 있어도 훌륭한 사람으로 여기니 이 얼마나 큰 차이가 있습니까?

6 우리는 도덕적 현상에 너무 미온적이고 또 무관심합니다. 우리는 옛 열정을 너무 빨리 잊었으며, 지금은 나태함과 미온적인 태도로 사는 일에 지쳐 있습니다. 헌신자들의 귀감을 여러 번 보아 온 여러분 안에서 도덕적 성장이 완전히 잠들지 않기를 바랍니다.

19 신앙인의 영적 단련

외적 삶과 내적 삶은 서로 일치해야 합니다. 하나님의 은혜에 힘입어 끊임없이 선을 추구해야 도덕적이고 거룩한 삶을 살 수 있습니다.

1 선량한 신자의 삶은 선행으로 활기가 넘쳐야 합니다. 선량한 신자는 사람들에게 비치는 겉모습이 자신의 속모습과 같아야 합니다. 우리가 가장 존경해야 할 하나님은 우리가 어디에 있든지 우리를 지켜보는 분이시므로 선량한 신자는 바깥으로 드러난 것보다 더 내면적이어야 합니다. 그리고 천사들이 그러했던 것과 같이 하나님 보시기에 순수하게 살아야 합니다. 매일매일 결의를 새롭게 하고, 마치 바로 오늘 처음으로 신자가 되어 기도하는 것처럼 스스로 각성하여 열정을 불 살라야 합니다.

"주 하나님, 선한 결의를 다져서 주님을 성스럽게 섬기려고 하오니 저를 도와주소서. 지금까지 제가 해 온 것은 모두 헛된 것이오니 오늘 바로 지금 전적으로 새로운 시작을 할 수 있도록 허락해 주소서".

2 우리가 얼마나 성장하느냐는 얼마큼 굳게 결의하느냐에 따라 정해집니다. 크게 성장하기를 원하는 사람은 부지런해야 합니다. 굳은 결심도 허물어지기 일쑤인데, 하물며 결심을 하지 않거나 또는 결심은 해도 결의가 약한 사람은 어떻겠습니까?

사람의 결의는 여러 가지 방법으로 실패합니다. 그리고 아무리 작은 신앙생활의 태만도 우리에게 반드시 손실을 끼치기 마련입니다. 의로운 사람의 결의는 그들 자신의 지혜가 아닌 하나님의 은혜에 달려 있습니다. 그들은 무엇을 붙잡든 항상 하나님 안에서 그것을 믿습니다. 일을 계획하는 것은 사람이지만 결정하고 이루시는 분은 하나님이시고, 인생의 길은 사람에게 있지 않기 때문입니다.

3 혹여 어떤 사정 때문에, 또는 형제의 편의를 돌보기 위하여 습관처럼 해 오던 신앙생활을 하지 못할 경우가 생겼다면 후에 쉽게 이를 다시 시작할 수 있습니다. 그러나 지친 마음과 태만 때문에 신앙생활을 가볍게 단념한다면 비난받아 마땅합니다. 아무리 노력해도 많은 일들에서 실패를 경험하게 마련입니다. 그렇다 해도 영적 성장을 방해하는 것들에 맞서 새로운 결의를 확고히 해야 합니다. 우리의 내면 생활과 외면 생활이 모두 우리의 성장에 기여하므로 이 둘을 점검하고 규제하지 않으면 안 됩니다.

4 지속적으로 자신을 반성할 수 없다면, 아침과 저녁으로 적어도 하루에 두 번은 반성하십시오. 아침에는 결심을 하고, 저녁에는 오늘 어떤 말을 했는지, 어떤 일을 행했는지, 그리고 어떤 생각을 했는지 스스로에게 물어보십시오. 여러분은 말과 행동, 그리고 생각으로 하나님과 이웃을 더 자주 거역했을 것이기 때문입니다.
사탄의 악에 대항하여 싸우는 사람처럼 자기 자신을 무장하십시오. 폭음과 폭식을 삼가십시오. 그러면 육체의 모든 욕구를 더 쉽게 억제할 수 있을 것입니다. 어떤 경우에도 아무것도 하지 않아서는 안 됩니다. 책을 읽든지, 글을 쓰든지, 기도를 하든지, 명상을 하든지, 또는 공동선을 위하여 유익한 일을 하십시오.

5 단, 육체적 고행은 분별 있게 해야 합니다. 모든 사람이 꼭 같은 고행을 해서도 안 됩니다. 모든 사람이 공동으로 맡은 의무가 아니면 이를 대중 앞에서 행하지 말아야 합니다. 여러분의 개인적인 일은 은밀한 가운데서 해야 더 탈이 없기 때문입니다. 단, 공동의 의무를 수행하는 일을 게을리 해서는 안 됩니다. 동시에 여러분 개인의 일을 더욱 용의주도하게 수행해 나가도록 주의를 기울여야 합니다. 여러분이 모든 의무와 책임을 완전하고 충실히 수행한 후에도 남은 시간이 있으면, 여러분의 믿음이 원하는 대로 여러분을 내어 맡기십시오.

하나의 영적 수련이 모든 사람에게 맞을 수는 없습니다. 이 사람에게는 이런 수련 방법이 더 적합하고, 저 사람에게는 저런 수련 방법이 더 적합할 수 있습니다. 어떤 시간이냐에 따라 거기에 어울리는 수련 또한 각각 다릅니다. 사람을 기쁘게 하는 수련은 축제일에, 어떤 수련은 평일에 적합합니다. 유혹에 빠졌을 때에 필요한 수련이 있고, 평화롭고 조용한 날에 적합한 수련이 따로 있습니다. 슬플 때 즐겨 생각하는 수련이 있고, 주 안에서 행복할 때 적합한 수련이 있습니다.

6 큰 종교축제 기간에 훌륭한 수련을 통하여 영을 새롭게 하며, 또한 성직자들의 중보기도를 더욱 간절히 구해야 할 것입니다. 마치 이 세상을 떠나 영원한 축제로 가기라도 하려는 것처럼 축제에서 축제로 우리의 결심을 다져야 할 것입니다. 마치 오래지 않아 하나님께 우리들의 노력에 대한 상을 받을 것처럼 축제 때에 더욱 진지하게 우리 자신을 준비하며, 더욱 헌신적인 삶을 살며, 그리고 모든 규범을 더욱 충실히 준수해야 합니다.

● 7 하나님이 주시는 상이 늦어지는 것은 우리 자신이 아직 충분히 준비
되어 있지 않아서입니다. 아직 우리에게 나타날 예정된 때에 엄청난
영광을 받을 자격이 없기 때문입니다. 그러므로 우리는 우리들의 죽
음을 위하여 우리 자신을 더 잘 준비하는 데 전력을 기울여야 합니
다. 누가복음에는 이런 말이 있습니다.
"주인이 와서 깨어 있는 것을 보면 그 종들은 복이 있으리로다."눅 12:37
"내가 참으로 너희에게 이르노니 주인이 그 모든 소유를 그에게 맡기
리라."눅 12:44

20 고독과 침묵을 사랑하라

고독을 사랑한다는 것은 특정한 종교인들만을 위한 것만은 아닙니다. 일상에서 시간을 내어 하나님과 함께하며 영혼의 내면에서 하나님의 음성을 들으십시오.

1   여러분 자신을 위하여 자신만의 시간을 갖도록 노력하십시오. 그리고 자주 하나님의 축복을 생각해 보십시오. 그저 시간을 채우기 위함이 아닌 양심을 자극하는 것들을 읽으십시오. 불필요한 대화와 한가하게 돌아다니는 것, 뉴스, 품위 없는 말 듣는 것을 그만두면, 유익한 명상을 할 수 있는 충분하고 적절한 시간을 찾을 수 있습니다. 위대한 성인들은 되도록 사람들과 어울리는 것을 피하고 은둔하면서 하나님을 위해 살기를 선택했습니다.

2   "사람들과 어울리기만 하면 나는 언제나 더 작은 사람으로 되돌아갔습니다." 누군가가 한 말입니다. 대화로 긴 시간을 보내고 나면 이런 느낌이 들곤 합니다. 말을 많이 하는 것을 자제하기보다는 완전히 침묵하는 편이 더 쉽습니다. 대중 속에서 항상 자신을 방어하기보다는 집에 머무르면서 사람의 눈에 띄지 않는 편이 더 쉬운 일입니다. 그러므로 숨겨진 영적인 것을 추구하는 사람은 예수께서 그리하셨던 것과 같이 대중을 떠나야 합니다. 은둔을 좋아하는 사람이 아니면, 누구든지 대중 앞에 안전하게 나서지 못합니다. 기꺼이 침묵을 지키는 사람이 아니면 누구든지 말을 안전하게 하지 못합니다. 기꺼이 순

종하는 사람이 아니면 누구든지 안전하게 사람들을 다스릴 수 없습니다. 복종하는 것을 잘 배우지 못한 사람은 누구든지 안전하게 통솔할 수 없습니다.

3 누구든지 마음속에 선한 양심의 증거가 없는 사람은 진정으로 기뻐할 수 없습니다. 옛 성인들마저도 그들의 마음은 평온했지만, 하나님에 대한 두려움으로 가득 차 있었습니다. 그들이 위대한 도덕성과 은혜로 빛났던 사람들이었다고 하여 그들이 내면적으로 덜 진지하거나 덜 겸손했던 것은 아닙니다. 그러나 악인의 대담함은 자만과 교만에서 와서 마지막에는 자기 기만으로 끝나는 것입니다. 여러분이 아무리 선량하고 독실한 신앙인이라 하더라도 이 세상 근심 걱정으로부터 자유로워졌다고 생각하지 마십시오.

4 사람들로부터 가장 좋은 평가를 받는 사람은 그들이 갖고 있는 지나친 자신감 때문에 더욱 심각한 위험에 빠집니다. 그러므로 유혹으로부터 완전히 해방될 수는 없으나 지나친 자신감을 갖지 않으며, 자만으로 뽐내지 않으며, 그리고 세상적인 위안을 쉽게 받아들이지 않도록 자주 비판을 받는 것이 유익합니다.
지나가 없어질 기쁨을 추구하지 않고 세상일에 얽매이지 않는 사람은 선한 양심을 가진 사람입니다. 공허한 걱정에서 벗어나 오직 영적인 것만을 명상하며, 모든 희망을 하나님에만 두는 사람은 참으로 위대한 평화를 가진 사람입니다.

5 자기 반성을 위하여 자신을 단련하지 않는 사람은 하늘의 위로를 받

을 가치가 없습니다. 진정으로 반성하기 원한다면, 자기 방으로 들어가 소란스러운 세상으로부터 담을 쌓으십시오. 성경에는 '잠자리에 누워 통회하라'고 기록되어 있습니다. 방 안에 있으면 밖에서는 너무도 자주 잃어버리는 것을 찾을 수 있을 것입니다.

방을 계속 사용하면 방 안에서 기쁨을 찾을 것이고, 잘 사용하지 않으면 싫증을 느낄 것입니다. 그리스도인으로의 삶의 시작부터 방에 있는 것을 습관화하고 방을 잘 가꾼다면, 그것은 후에 당신에게 귀한 친구가 될 것이며 가장 즐거운 안식처가 될 것입니다.

6 경건한 사람은 침묵과 고요 속에서 성장하고 성경의 숨은 비밀들을 배웁니다. 그 비밀 가운데서 그는 시내처럼 흐르는 눈물을 발견하고, 매일 밤 그 눈물로 자신을 씻고 정결하게 하며, 세상의 모든 소란에서 동떨어진 생을 삶으로써 창조주와 더욱 친밀해집니다. 그러므로 친지와 친구들을 떠나는 사람에게 하나님은 천사들과 함께 더 가까이 다가오실 것입니다.

자기 자신을 중히 여기지 않고 기적을 위하여 노력하는 것보다는 은둔 생활을 하면서 자기 자신을 돌보는 편이 더 좋습니다. 밖에서는 잘 눈에 띄지 않고 사람들에게 드러나는 것을 피하며, 사람들을 만나려는 희망을 품지 않은 신앙인은 칭찬 들을 만한 사람입니다.

7 왜 여러분은 가질 수 없는 것을 보려고 합니까? "세상도, 세상에 대한 욕망도 모두 지나가 없어져 버리는 것입니다. 관능적 욕구는 우리를 밖으로 나돌아다니게 합니다. 그렇게 시간을 보내고 집으로 올 때면 아마도 여러분 두 손에는 무거운 양심과 부서진 마음만 가득할 것

입니다.

즐거운 떠남이 슬픈 돌아옴이 되고, 늦은 밤이 슬픈 아침이 된다는 말이 있습니다. 이것은 모두 육체의 쾌락 때문입니다. 그 시작은 매우 기분 좋지만, 끝에 가서는 고통을 주고 파멸에 이르게 합니다. 여러분이 지금 이곳에서 볼 수 없는 것을 다른 곳에서 볼 수 있습니까? 보십시오! 하늘과 땅, 그리고 이것을 구성하는 모든 요소들을 말입니다. 이것으로부터 만물이 창조되었습니다.

8 태양 아래서 영원히 머물 수 있는 것은 아무것도 없습니다. 여러분은 아마도 여러분이 원하는 것을 모두 가질 수 있다고 생각할 것입니다. 그러나 그것을 결코 가질 수는 없습니다. 여러분이 눈앞에 펼쳐진 모든 것을 한 눈으로 볼 수 있다 하더라도 그것은 다만 공허한 영상일 뿐입니다. 눈을 높이 들어 하나님을 바라보며 여러분의 죄와 부족함에 대하여 기도하십시오. 헛된 일은 헛된 사람에게 맡기고, 여러분은 하나님이 지시하신 일을 열심히 행하십시오.

방문을 닫아걸고 여러분이 사랑하는 예수님을 모셔 오십시오. 그곳에서 그분과 함께 거하십시오. 여러분은 다른 어느 곳에서도 그토록 큰 평화를 찾을 수 없기 때문입니다. 밖에 나가지도 않고 쓸모없는 말을 듣지도 않는다면, 평화를 계속 누릴 수 있습니다. 그러나 언제든 세상 소식 듣기를 즐거워하면, 그 순간부터 마음이 불안해질 것입니다.

21 마음에서 우러나오는 통회

하나님을 경외하는 마음으로 진정으로 회개해야 삶이 변화될 수 있습니다. 우리가 하나님의 피조물이라는 생각을 깊이 하지 못하면 거룩한 삶을 살 수 없습니다.

1 영적 성장을 원한다면 언제나 하나님을 두려워하십시오. 그리고 지나친 자유를 원하지 마십시오. 여러분의 모든 감각을 억제하여 자신을 헛된 쾌락에 빠져들지 않게 하십시오. 자신에 대하여 마음으로부터 회개를 하십시오. 그러면 경건해질 수 있습니다. 회개는 여러분을 선한 일로 인도하지만, 방종은 선한 일을 잃게 합니다. 사람들이 이 세상에서 진정으로 기뻐할 수 있다고 생각하면서 동시에 자신이 이 세상의 나그네이며, 또한 자신의 영혼이 위험에 휩싸여 있다고 생각한다는 것은 이해할 수 없는 일입니다.

2 우리 마음이 얼마나 경박한지, 우리가 얼마나 부족한지 알지 못하는 까닭에 진정으로 울어야 할 때에 영혼의 슬픔을 느끼지 못하고, 오히려 웃어 넘기고 맙니다. 선한 양심으로 하나님을 두려워하는 것 외에는 결코 진정한 자유도 없고 진정한 기쁨도 없습니다.

흐트러진 정신에서 오는 모든 장애물을 뛰어넘어 경건한 자기 반성에 몰두할 수 있는 사람은 행복한 사람입니다. 자신의 양심을 더럽히거나 양심에 거리끼는 것이면 무엇이든 거절하는 사람은 행복한 사람입니다. 노력하십시오. 습관은 습관으로 고칠 수 있습니다. 여러분이 다른 사람을 홀로 있게 하는 방법을 알면, 그들도 여러분이 원하는 일을 할 수 있도록 여러분을 홀로 있게 내버려 둘 것입니다.

3 다른 사람들의 일로 자신을 바쁘게 만들지 말며, 여러분보다 훌륭한 사람들의 일에 휘말리지도 마십시오. 무엇보다도 당신 자신에게서 눈을 떼지 말며, 가까운 친구를 훈계하기 전에 먼저 자기 자신을 훈계하십시오.

사람들이 호의를 베풀지 않았다고 슬퍼하지 마십시오. 오히려 여러분이, 하나님의 종이나 진실한 믿음의 사람이 처신한 것처럼 그렇게 훌륭히, 그리고 신중하게 자기 자신을 처신하지 못한 것에 더 주의를 기울이십시오.

사람은 세상적인 위안을 많이 갖지 않는 것, 특히 육체적 위안을 좇지 않는 것이 더 유익하고 더 안전합니다. 그러나 우리가 하나님의 위로를 받지 못하거나, 또는 받더라도 드물게 받는 것은 마음 깊이 회개하지 않아서입니다. 또한 세상의 헛되고 얄팍한 위안을 완전히 떨쳐 버리지 못해서입니다. 그것은 비난받아 마땅한 일입니다.

4 여러분은 하나님의 위로를 받을 가치가 없고, 또한 많은 고난을 받아 마땅한 사람임을 인정하십시오. 그렇게 사람의 마음이 온전히 겸손해지면 그에게는 온 세상이 짐스러워지고 더 고통스러워집니다. 그래서 선한 사람에게는 슬퍼하고 울어야 할 일들이 많습니다. 그것은 자기 자신을 생각하든지 이웃을 생각하든지, 이 세상에는 고난 없이 사는 사람은 아무도 없다는 것을 알기 때문입니다.

또한 사람은 자신을 더 철저히 통찰하면 할수록 슬픔을 알게 됩니다.

슬픔의 진정한 이유, 그리고 내면적 자기 성찰의 대상은 바로 우리의 죄악입니다. 우리는 죄악 속에 너무도 깊이 파묻혀 있기 때문에 하나님에 관한 일에 대하여는 거의 생각을 하지 못하는 것입니다.

5 만일 여러분이 얼마나 오래 살 것인가 하는 것보다 여러분의 죽음에 관하여 더 자주 생각한다면, 아마도 자신의 행실을 바로잡기 위해 더욱 열심히 노력할 것입니다. 또한 장차 지옥에서 받을 고통에 대하여 더욱 신중하게 생각한다면 고통과 슬픔을 기꺼이 참을 것이고, 어떠한 금욕적인 생활도 두려워하지 않을 것입니다. 그러나 이러한 말들이 마음에 와 닿지 않고, 또한 감각을 기쁘게 하는 것을 사랑하기 때문에 안타깝게도 계속 냉담하고 나태한 상태에 머물러 있는 것입니다.

6 비천한 몸이 그토록 쉽게 고통을 호소하는 것은 영적 빈곤 때문입니다. 그러므로 주님께 겸손하게 기도하십시오. 그러면 주님께서 통회의 영을 주실 것입니다. 그리고 선지자가 말한 것처럼 기도하십시오. "주께서 그들에게 눈물의 양식을 먹이시며, 많은 눈물을 흘리게 하셨나이다."

22 인간의 삶

저자는 현세의 불완전함을 사랑의 힘으로 변화시키는 데 초점을 맞추면
서 하나님을 의지하는 사람만이 진정한 행복을 누릴 수 있다고 상기시킵
니다.

1 여러분이 어디에 있든지, 어느 쪽으로 방향을 전환하든지, 하나님에게로 향하지 않으면 불행할 수밖에 없습니다. 세상일이 자신이 바라는 대로 되지 않는다고 왜 불평합니까? 자신이 원하는 것을 모두 가진 사람이 있습니까? 나도 아니고 여러분도 아니며, 지구상에 그러한 사람은 없습니다. 이 세상에는 누구도, 제왕이나 교황마저도, 근심 걱정에서 자유로운 사람은 없습니다. 더 나은 운을 가진 사람은 누구일까요? 그 사람은 바로 하나님을 위하여 고난을 당하는 용기 있는 사람입니다.

2 바보스러운 병약자들은 말합니다. "보십시오. 저들은 얼마나 행복해하며, 얼마나 부자이며, 얼마나 위대하며, 얼마나 큰 권력을 갖고 있으며, 얼마나 의기양양합니까?" 그러나 하나님 나라의 선한 일에 주의를 기울인다면, 일시적으로 지나가는 일들은 모두 아무것도 아님을 깨달을 것입니다. 세상일들은 불확실하고 짐스러운 것임을 깨달을 것입니다. 왜냐하면 걱정이나 두려움 없이는 이러한 것들을 가질 수 없기 때문입니다. 사람의 행복은 일시적으로 지나가는 것을 충족하게 가지는 데서 오지 않습니다. 절제가 우리의 필요를 충족해 주는

것으로 족합니다.

이 세상에 산다는 것은 참으로 고통스러운 일입니다. 영적인 사람이 되기를 원하면 원할수록 인간의 결점인 부패를 더 잘 이해하게 되고, 더 분명히 볼 수 있기 때문에 현세의 삶은 우리에게는 더 고통스럽기만 합니다. 먹고 마시며, 깨어 있고 잠자며, 쉬고 일하며, 그리고 그 밖에 다른 자연적인 필요에 순응한다는 것은, 모든 죄악에서 기꺼이 벗어나 자유로워지기를 원하는 신앙인에게는 큰 불행이며 고통입니다.

3   내면이 깊은 사람은 이 세상에서 받는 육체의 욕구를 많이 부담스러워합니다. 그래서 선지자는 이러한 욕구에서 해방될 수 있는 용기를 달라고 기도하면서 '나를 이 고난에서 끌어 내소서'라고 말했습니다. 그러나 자신의 불행을 깨닫지 못하는 사람에게는 화가 있을 것이며, 비참하고 썩어 죽어 가는 삶을 사랑하는 사람에게는 더 큰 화가 있을 것입니다. 어떤 사람은 이러한 삶에 너무나 강하게 얽매인 나머지 노동이나 걸식을 통해 일상적인 필요를 충족하지 못하면서도 세상적인 생활을 버리지 못하고 하나님 나라에 아무런 관심이 없습니다.

4   아, 마음에 믿음이 없는 자여, 세상일에 너무도 파묻혀 육체에 관한 것 이외에는 아무것도 좋아하지 않는구나! 그러나 그들은 지금도 비참하지만, 종국에 가서는 그들이 사랑했던 것이 얼마나 값싸고 가치 없는 것이었던가를 더욱 통렬히 깨달을 것입니다.

그러나 하나님의 성인들과 그리스도의 모든 신실한 친구들은 육체를 즐겁게 하는 일이나 현세에서 번성하는 일에 관심을 두지 않았습니다. 그들은 모든 희망과 열망을 영원한 선을 구하는 데 두었습니다.

그들은 눈에 보이는 것에 대한 사랑 때문에 현세의 일들에 구속되지 않기 위하여 모든 소망을 눈으로 볼 수 없는 영원히 존재할 것들에 두었습니다.

5 형제여, 영적 성장에 대한 자신을 가지십시오. 여러분에게는 아직도 시간과 기회가 충분합니다. 왜 여러분은 영적 성장을 내일로 미루려고 합니까? 일어나십시오. 그리고 지금 바로 시작하십시오. 그리고 '지금이야말로 행동할 때요, 투쟁해야 할 때요, 또한 자기 자신을 개전改悛할 적절한 때'라고 선포하십시오. 여러분이 나쁜 상황에 처해 있고 고통을 받고 있을 때, 그때가 바로 공덕을 얻을 수 있는 때입니다. 여러분이 육적으로 정신적으로 그리고 영적으로 회복하기 위해서는 먼저 불을 지나고, 물을 건너야 합니다. 여러분 스스로 힘써 노력하지 않으면 죄악을 정복할 수 없습니다.
이 연약한 육체를 지탱하는 한 죄에서 떨어질 수 없으며, 피곤함과 슬픔 없이 살 수도 없습니다. 모든 불행으로부터 안식을 얻었으면 좋으련만, 죄로 인하여 결백함을 잃었기 때문에 진정한 축복 또한 잃어버린 것입니다. 그러므로 죄악이 사라지고 죽을 수밖에 없는 육체가 생명 안으로 흡수될 때까지 하나님의 자비를 인내하며 기다려야 합니다.

6 아, 언제나 죄악에 빠져드는 인간은 얼마나 연약합니까! 오늘 죄를 고백하고, 내일 이미 고백한 죄를 다시 범하고 맙니다. 지금 죄로부터 자기 자신을 지키기로 결심하고도 한 시간 후에는 마치 아무런 결심을 하지 않았던 것처럼 행동합니다. 이렇게 우리 인간은 매우 연약

하고 변하기 쉬운 존재이기 때문에 겸손해야 하며, 결코 자신을 높이 평가해서는 안 됩니다. 또한 우리는 무진 애를 써 은혜로 겨우 얻은 것을 우리의 태만 때문에 순식간에 잃어버리기도 합니다.

7 이렇게 일찍부터 우유부단하게 성장한 우리들이 종국에 가서 무엇이 되겠습니까? 아직도 순수한 경건함으로 생활하지 못하면서 마치 이 미 평안과 안전을 얻기라도 한 것처럼 휴식 취하기를 바란다면 화가 미칠 것입니다. 만일 앞으로 자신의 행실이나 태도를 고치고, 영적 으로 성장하고 싶다면, 믿음의 초보였을 때와 같이 최고의 도덕성에 대한 교육을 다시 받아야 할 것입니다.

23 인간의 죽음

오늘이 우리의 마지막 날일 수 있다는 마음가짐으로 살아야 합니다. 죽음의 목전에서 산다는 것을 알면 지금 이 순간의 귀중함을 깨닫게 됩니다.

1 이 땅에서의 삶은 매우 빨리 지나갈 것입니다. 또 다른 세상에서 여러분의 모습이 어떠할 것인지 생각해 보십시오. 사람은 오늘 있다가도 내일 없어질 수 있는 존재입니다. 둔감하고 무정한 인간의 마음은 오직 눈앞에 있는 것만 생각하고, 장래 일은 미처 생각지 못합니다. 여러분은 지금 당장 죽을 것처럼 행동하고 생각해야 합니다. 만일 여러분이 선한 양심의 소유자라면, 죽음을 그렇게 두려워하지 않을 것입니다. 이처럼 죽음을 피하는 것보다는 죄악을 경계하는 편이 더 좋습니다.

오늘 죽을 준비가 되어 있지 않으면서 내일은 어떻게 준비하겠습니까? 내일은 불확실한 날입니다. 여러분에게 내일이 있으리라고 어떻게 알 수 있습니까?

2 자신을 개선하는 일을 게을리 하면서 오래 살면 무슨 유익이 있습니까? 기나긴 삶이라고 해서 항상 자신을 개선시키는 것은 아니요, 오히려 죄를 더할 뿐입니다. 이 세상에서 하루라도 선행을 할 수 있다면 얼마나 좋겠습니까? 많은 사람들은 자신이 처음으로 그리스도인이 된 이후 얼마나 세월이 흘렀나 계산해 봅니다. 그러나 개선의 열매는 조금밖에 맺지 못하는 것이 보통입니다.

죽는다는 것은 두려운 일입니다. 그러나 계속 살아간다는 것은 더욱 위험한 일입니다. 언제나 자신의 눈앞에 죽음의 시간이 다가와 있다고 생각하며 매일 스스로 죽음을 준비하는 사람은 행복한 사람입니다.

3 아침을 맞이하며 저녁까지 살 것이라고 생각하지 마십시오. 저녁이 되었을 때, 다음날 아침에 살아 있을 것이라고 감히 기약하지 마십시오. 그러므로 항상 대비하십시오. 그래서 미처 준비하지 못한 상태에서 죽음이 찾아오는 일이 없도록 삶을 사십시오. 많은 사람들이 갑자기, 그리고 예기치 않게 죽어 갑니다. '여러분이 생각하지 못한 때에 인자가 오실 것'이기 때문입니다. 그 마지막 때가 오면, 여러분은 자신의 모든 지난 삶에 대하여 전혀 다른 생각을 할 것이고, 너무도 무관심하고 태만한 삶을 살았던 자신을 크게 슬퍼할 것입니다.

4 사람이 기도 속에서 그려 보는 죽을 때의 자신의 모습 그대로 지금 이 세상에서 살려고 노력하는 사람은 지혜로운 사람입니다. 세상에 대한 완전한 경멸, 도덕적으로 성장하려는 열렬한 갈망, 계율에 대한 사랑, 순종의 준비, 자기 희생, 그리고 그리스도에 대한 사랑을 위해 온갖 고난을 참는 것, 이러한 것들은 행복하게 죽는 것에 대하여 커다란 확신을 줍니다.

건강할 때는 많은 좋은 일들을 할 수 있습니다. 그러나 건강이 나빠지면 무엇을 할 수 있겠습니까? 건강하지 못한 사람은 임무를 완수해 내기가 버겁습니다. 이는 사람이 성지 순례를 자주 한다고 해서 더욱 신성하게 되는 일이 드문 것과 같은 이치입니다.

5 친구와 이웃에 신뢰를 두지 말고, 여러분의 구원을 내일로 미루지 마십시오. 사람들은 여러분이 생각하는 것보다 훨씬 빨리 여러분을 잊기 때문입니다. 다른 사람의 도움에 의지하기보다는 때에 맞추어 준비하고 미리 선행을 하는 편이 더 좋습니다. 여러분이 지금 자기 자신을 염려하지 않으면, 장래에 누가 여러분을 염려하겠습니까? 지금 이 순간이 가장 소중합니다. 지금이 구원의 때요, 지금이 은혜 받을 수 있는 때입니다.

아! 그런데 여러분이 영생을 살 수 있는 공덕을 얻을 수 있는 힘을 가진 이 시간을 더욱 유익하게 사용하지 않아 너무 슬픕니다. 단 하루, 아니 단 한 시간이라도 여러분이 개선을 위한 시간을 가졌으면 좋겠습니다.

6 죽음의 시간에 두려워하기보다는 기뻐할 수 있도록 지금 열심히 노력하십시오. 지금, 세상에 대하여 죽는 것을 배우십시오. 그러면 여러분은 그리스도와 더불어 사는 삶을 시작할 수 있을 것입니다. 지금 모든 것을 경멸하는 것을 배우십시오. 그러면 여러분은 그리스도께 자유롭게 갈 수 있을 것입니다. 지금 회개하여 여러분의 육체를 응징하십시오. 그러면 강한 확신을 가질 수 있을 것입니다.

7 아, 어리석은 사람들이여! 이 세상에서 하루도 보장된 날이 없음에도 어찌하여 오래 살 것이라 생각합니까? 얼마나 많은 사람들이 이 잘못된 생각에 속고 있으며, 얼마나 많은 사람들의 육체가 이 세상에서 갑자기 사라져 갑니까?

어떤 사람은 칼에 찔려 죽었고, 어떤 사람은 물에 빠져 죽었으며, 어떤 사람은 높은 곳에서 떨어져 목이 부러져 죽었고, 어떤 사람은 먹는 도중에 쓰러져 죽었으며, 어떤 사람은 놀다가 죽었고, 어떤 사람은 불에 타 죽었으며, 어떤 사람은 강철에 맞아 죽었으며, 어떤 사람은 괴질에 걸려 죽었으며, 어떤 사람은 강탈을 당하여 죽었습니다. 사람의 일생은 그림자와 같아서 갑자기 사라져 버리는 것입니다.

8 죽고 난 후에는 누가 여러분을 기억하겠습니까? 누가 여러분을 위해 기도하겠습니까? 지금 하십시오. 사랑하는 사람들이여, 무엇이든지 할 수 있는 것이면 지금 하십시오. 언제 죽을지 알지 못할 뿐 아니라, 죽고 난 후에 여러분에게 무슨 일이 일어날지도 모르기 때문입니다. 시간이 있을 때 여러분을 위하여 썩어 없어지지 않는 부를 모으십시오. 여러분의 구원 외에는 아무것도 생각하지 마십시오. 오직 하나님을 위한 일들만 돌보십시오. 하나님의 성인들을 존경하고 그들의 행동을 본받음으로써 그들이 여러분의 친구가 되게 하십시오. 그러면 여러분이 이 세상 삶을 마칠 때, 그들이 여러분을 영원한 처소로 맞아들일 것입니다.

9 여러분은 이 세상에서 순례자나 나그네처럼 처신하십시오. 순례자나 나그네는 세상일에 대하여는 관심이 없습니다. 이 세상에는 '영원한 도성'都城이 없습니다. 그러니 마음을 자유롭게 하여 하나님에게로 향하십시오. 날마다 하나님을 향하여 기도하고, 눈물로 울부짖으십시오. 그러면 죽고 난 후에 여러분의 영혼이 하나님에게로 합쳐질 것입니다.

24 심판의 날을 생각하라

하나님은 심판 날에 우리의 사랑과 갈망을 확인하십니다. 만일 이 땅에서 하나님을 사랑했다면 죽어서도 그렇게 할 것이고, 만일 여기서 자신만을 위해 살았다면 죽음 후에도 그렇게 할 것입니다.

1 모든 일의 종말에 주의를 기울이십시오. 또한 엄한 재판관 앞에서 여러분이 어떤 모습으로 설 것인지에 대하여도 주의를 기울이십시오. 그분에게는 아무것도 숨길 수 없으며, 선물로 그분을 무마할 수도 없으며, 그분 앞에서는 아무런 변명도 소용 없습니다. 그분은 오직 정의로 심판하실 뿐입니다.

아, 어리석은 죄인들이여, 때로는 화난 자의 얼굴을 보고도 몹시 두려워하는 자들이여! 여러분의 모든 비행을 다 아시는 하나님에게 무엇이라고 대답하려는 것입니까? 왜 여러분은 심판 날에 대비하지 않습니까? 그날에는 누구도 심판을 면할 수 없으며, 다른 사람의 변호를 받을 수도 없고, 오직 여러분 각자가 자신의 무거운 짐을 감당해야 합니다. 이제는 여러분의 고된 노력이 열매를 맺고, 여러분의 눈물이 받아들여지고, 여러분의 신음이 들려지고, 여러분의 슬픔이 만족함을 얻는 때입니다.

2 부당한 대우를 받으면서도 자신에게 가해진 손해보다는 다른 사람의 악의를 더 슬퍼하며, 적대자들을 위하여 그들의 잘못을 용서하는 일을 더디 하지 않으며, 분노하기보다는 동정하며, 자신에 대하여 가

혹하며, 육체를 영혼에 완전히 예속시키려고 노력하는 인내의 사람이 있습니다. 이러한 사람들은 영적 정화를 위한 위대하고 건전한 원천을 가지고 있습니다.

죄와 부도덕한 행위는 지금 바로 끊어 내십시오. 우리는 무절제한 사랑으로 육체를 아끼는 나머지 우리 자신을 속이고 있습니다.

3 저 불이 여러분의 죄 이외에 집어 삼킬 것이 무엇이 있겠습니까? 여러분이 자신을 아끼고 육체를 따르면 따를수록 후에 더 많은 대가를 치를 것이며, 불타는 데 필요한 더 많은 연료를 저장하는 것입니다. 사람은 어떤 죄를 짓든지 그 죄에 대하여 가혹한 처벌을 받습니다. 그때에 나태한 자는 불타는 막대기로 매를 맞을 것이고, 방탕한 자와 쾌락을 즐기는 자는 불타는 역청석탄의 일종 – 옮긴이주과 고약한 냄새나는 유황 속으로 던져져 온 몸이 흠뻑 젖을 것이며, 시기하는 자는 미친 개처럼 고통으로 울부짖을 것입니다.

4 거기에서는 교만한 자는 온갖 혼란 속으로 빠져들 것이며, 탐욕자는 고통스러운 욕구로 짓밟힐 것입니다. 거기에서는 한 시간의 형벌이 이 땅에서의 1백년간의 가장 고통스러운 고행보다 더 고통스러울 것입니다. 이 땅에서는 열심히 일한 뒤에는 쉴 수 있고 친구로부터 위안도 받을 수 있지만, 거기에서는 잠시 쉴 수도 없고 어떤 위안도 받지 못할 것입니다.

지금 여러분의 죄를 걱정하고 슬퍼하십시오. 그러면 심판 날에 축복받은 자와 함께 있을 것입니다. 또한 여러분을 억압하고 짓눌렀던 사람들에 대항하여 의인이 용감하게 일어설 것입니다. 또한 그때에는

사람들의 심판에 공손히 자신을 내맡겼던 사람들이 일어나서 심판을
할 것입니다. 그때에는 또한 가난한 사람과 겸손한 사람이 자신감으
로 가득 찰 것이며, 교만한 자는 사방에서 덮쳐 오는 두려움에 시달
릴 것입니다.

5 심판 날에는 이 세상에서 그리스도를 위하여 어리석은 자가 되고 멸
시당하는 것을 배웠던 사람들이 현명했다는 것이 드러날 것입니다.
그때에는 인내로써 견딘 모든 시련이 즐거움이 될 것이고, 모든 부정
한 것은 입을 다물 것입니다. 그때에는 믿음이 있는 자는 모두 기뻐
할 것이고, 믿음이 없는 자는 모두 통곡할 것입니다.
그때에는 억제되었던 육체가 즐거운 일들로 영양을 공급 받은 것처
럼 돋보일 것입니다. 그때에는 천한 옷이 빛나고, 잘 짜인 옷은 빛을
잃을 것입니다. 그때에는 초라한 작은 집이 금빛 왕궁보다 높임을 받
을 것입니다. 그때에는 확고한 인내가 세상 모든 권력보다 더 가치
있을 것입니다. 그때에는 단순한 복종이 세상적인 지혜보다 더 높임
을 받을 것입니다.

6 심판 날에는 이 순수하고 선한 양심이 철학에서 배운 지식보다 더 큰
기쁨을 줄 것입니다. 그날에는 부를 멸시하는 일이 이 세상 모든 보
물보다 더 중히 여김을 받을 것입니다. 그날에는 화려하게 잔치를 베
푼 것보다는 경건하게 기도 드렸던 것에서 더 많은 위안을 발견할 것
입니다.
심판 날에는 말을 많이 한 것보다는 침묵을 지켰던 것에서 더 큰 기쁨
을 찾을 것입니다. 또한 수천 마디 좋은 말보다는 몇 번의 성스러운

행동이 더욱 값진 것임을 알게 될 것입니다. 심판 날에는 규율에 따르는 생활과 통렬한 회개가 세상 어떤 즐거움보다 더 큰 즐거움을 줄 것입니다. 작은 고통을 견뎌 내는 법을 터득하십시오. 그러면 더 큰 고통에서 구원 받을 것입니다. 이 세상에서 여러분이 계속 견뎌 낼 수 있는 것부터 먼저 시도해 보십시오. 작은 것마저도 감당해 내지 못하면서 어떻게 영원한 고통을 견딜 수 있겠습니까? 지금의 작은 고난을 참지 못한다면, 지옥의 불은 어떻게 견디겠습니까? 두 가지 기쁨, 즉 이 세상에서 자신을 즐겁게 하는 일과 후일에 그리스도와 함께 왕 노릇하는 일을 동시에 할 수는 없습니다.

7 오늘날까지 명예와 즐거움 안에서 살았다 하더라도 만일 바로 이 시각에 죽음이 닥쳐온다면, 명예와 즐거움은 여러분에게 아무런 유익이 되지 못합니다. 그러므로 하나님을 사랑하고 오직 하나님만을 섬기는 일 외에는 모든 것이 헛된 일입니다. 온 마음을 다하여 하나님을 사랑하는 사람은 죽음을 두려워하지 않을 뿐 아니라 형벌도 두려워하지 않으며, 심판이나 지옥도 두려워하지 않습니다. 완전한 사랑은 하나님에게로 향한 확실한 통로를 열어 주기 때문입니다. 그러나 아직 죄에서 기쁨을 찾는 사람이 죽음과 심판을 두려워하는 것도 이상할 것은 없습니다.

그러나 또한 아직 사랑이 여러분을 죄에서 구해 내지 못했으나 적어도 지옥에 대한 두려움이 여러분이 절제할 수 있게 한다면 그것으로도 좋습니다. 참으로 하나님에 대한 두려움을 피하려는 사람은 선한 일을 오랫동안 인내할 수 없으며, 악마의 유혹에 오히려 아주 빨리 빠져들기 때문입니다.

25 자기 훈련은 열정적으로

도덕적 성장을 위해 우리가 할 수 있는 노력을 다해야 합니다. 모든 일에 하나님을 신뢰하며 열정적으로 거룩함을 추구하고, 그리스도의 구속에 대한 희망을 잃지 마십시오.

1 하나님을 섬기는 일에 항상 깨어 있고 부지런하십시오. 그리고 '왜 여러분이 이곳 수도원에 왔는지, 왜 여러분이 세상을 포기했는지, 그것이 여러분이 하나님을 위해서 살며 영적인 사람이 되기로 한 것 때문은 아닌지' 생각해 보십시오. 여러분은 여러분의 수고에 대한 보상을 곧 받을 것이며, 또한 어떠한 두려움이나 슬픔도 더 이상 여러분의 영역 안으로 들어오지 않을 것입니다. 그러므로 자기 개선을 위하여 열성을 다 하십시오. 여러분은 지금 작은 수고를 하지만, 훗날 큰 휴식을, 실로 영원한 기쁨을 누릴 것입니다.

그리고 하는 일에 열성과 믿음을 다하면, 하나님께서 약속하신 대로 보상해 주실 것입니다. 그러므로 보상을 받을 때까지 희망을 확고히 붙들어야 합니다. 나태해지거나 교만해지는 일이 없도록 안심해서는 안 됩니다.

2 걱정과 고민으로 공포와 희망 사이를 넘나들면서 번민을 계속해 온 사람이 있었습니다. 한번은 그가 슬픔에 압도되어 교회 안으로 들어가 제단 앞에 무릎을 꿇었습니다. 그는 마음에 떠오른 것을 이렇게 말했습니다. "아, 끝까지 내가 참고 견뎌야 했다는 것을 좀 더 일찍

알았더라면!" 그러자 하나님의 대답이 순식간에 마음속에서 들려왔습니다. "만일 네가 이것을 일찍 알았더라면 네가 무엇을 하기를 바라겠느냐? 그때 네가 하고자 원했던 것을 지금 행하라. 그러면 평안을 찾을 수 있을 것이다." 그는 즉각 위안과 위로를 받고 하나님의 뜻에 헌신하기로 결심했습니다. 그의 근심 걱정은 이내 사라졌습니다. 그는 장차 그에게 무슨 일이 닥칠까 두려워하기보다는 선을 행하는 것에 대한 하나님의 뜻이 무엇인지 알려고 노력했습니다.

3 "하나님을 신뢰하고 선을 행하라. 땅에서 살면서 그 부요함을 먹을거리로 삼아라."시 37:3 참조 시편 기자의 말입니다. 많은 사람들이 영적으로 성장하고 또 마음으로 느끼는 변화를 실천하지 못하게 가로막는 장애물이 있습니다. 고난에 대한 공포, 또는 투쟁을 위한 수고가 바로 그것입니다. 남들이 반대하는 어려운 일을 용감하게 극복하려고 노력하는 사람들은 다른 모든 사람들보다 도덕적으로 더 발전할 수 있습니다. 사람이 자신을 최대한 통제하고 마음을 다스리면, 더 큰 유익과 더 풍성한 은혜를 받기 때문입니다.

4 그러나 사람마다 극복하고 억제해야 할 일이 다 같지는 않습니다. 그럼에도 불구하고 열성적인 경쟁자는, 그가 비록 더 큰 고뇌를 가졌다 하더라도, 성격은 온순하지만 도덕에 대한 열정이 약한 사람보다 더욱 크게 발전할 것입니다. 자기 개선에 영향을 미치는 행동에는 두 가지가 있습니다. 하나는 인간 본질을 타락시키는 방향으로 기울게 하는 일들로부터 모든 힘을 다하여 도망치는 것이고, 다른 하나는 우리에게 가장 부족한 선을 열정적으로 추구하는 것입니다. 또한 다른

사람들이 여러분을 불쾌하게 하는 일들을 조심하고 이것을 극복하도
록 노력하십시오.

5 자기 개선에 도움이 되는 것이라면 무엇이든지 이용하십시오. 그리
하여 좋은 본보기를 듣거나 보면 이를 불같이 본받으십시오. 그러나
만일 여러분이 무슨 일이든지 비난받을 만하다고 생각하면 이러한
일은 하지 않도록 조심하십시오. 또는 여러분이 그러한 일을 했다면
신속하게 자신을 바로잡도록 전력을 기울이십시오. 여러분이 다른
사람의 행동을 눈여겨보는 것처럼 다른 사람도 여러분의 행동을 눈
여겨본다는 것을 명심하십시오.

열성적이며 경건한, 그리고 행실이 좋으며 훈련이 잘된 형제들을 만
난다는 것은 참으로 유쾌하고 즐거운 일입니다. 반면에 형제들이 무
질서한 생활을 하고, 그들이 해야 할 일을 실천하지 않는 것을 보면
참으로 슬프고 마음 아픕니다. 그들이 받은 소명의 목적을 무시하
고, 그들이 해야 할 일이 아닌 것에 마음을 돌린다는 것은 얼마나 가
슴 아픈 일입니까!

6 여러분이 이 세상에 온 목적을 마음에 새기며, 그리고 십자가에 못
박혀 돌아가신 예수님의 모습을 상상해 보십시오. 예수 그리스도의
생애를 돌이켜보면, 참으로 부끄러움을 느끼지 않을 수 없을 것입니
다. 그것은 여러분이 비록 오랫동안 하나님의 길을 걸어왔지만, 그
리스도를 본받는 공부에 열정이 없었기 때문입니다.

지극히 신성한 주님의 생애와 주님의 고난을 통하여 자기 자신을 집
중적으로, 그리고 헌신적으로 단련하는 신앙인은 자신이 필요로 하

고 또한 유용한 모든 것을 풍성하게 발견할 것입니다. 예수님 밖에서 그보다 더 좋은 것을 찾을 필요가 없습니다. 십자가에 못 박혀 돌아가신 예수님이 우리 마음에 오신다면, 우리는 참으로 신속하고 완전하게 가르침을 받을 수 있을 것입니다.

7 열렬한 신앙인은 자신에게 내려진 명령을 모두 받아들이고 이행합니다. 태만하고 미온적인 신앙인은 내면적으로 위안을 받지 못합니다. 또한 외적 위안을 추구하는 것도 그에게는 금지되어 있기 때문에 이러한 사람은 고난에 고난을 당하고, 사방으로부터 고통을 경험합니다. 규율을 벗어나 사는 신앙인은 비통한 멸망에 노출되어 있습니다. 하기 쉽고 안일한 일만 추구하는 사람은 항상 근심 걱정에서 벗어나지 못할 것입니다. 이 일 또는 저 일이 언제나 그를 괴롭힐 것이기 때문입니다.

8 그러면 수도원의 규율하에서 통제받는 삶을 사는 다른 많은 신앙인은 어떻습니까? 그들은 거의 외출을 하지 않으며, 떨어져서 살며, 보잘것없이 먹으며, 거친 옷을 입으며, 말을 적게 하며, 밤늦게까지 자지 않으며, 아침에 일찍 일어나며, 기도 시간을 늘리며, 많이 읽으며, 스스로 모든 규율을 준수합니다. 많은 신앙인들이 이처럼 하나님을 찬양하는 때에, 여러분이 그러한 신성한 일을 게을리 한다는 것은 부끄러운 일입니다.

9 아, 온 마음과 입으로 우리 주 하나님을 찬양하는 것을 제외하고는 다른 할 일이 전혀 없으면 얼마나 좋겠습니까! 먹을 필요가 없으며,

마시거나 잠 잘 필요도 없고, 항상 하나님을 찬양하고 영적 성장만을 위하여 자유롭다면 얼마나 좋겠습니까! 그렇게 되면 자신의 육체와 그 밖에 자신의 여러 욕구를 섬기는 지금보다 훨씬 더 행복할 것입니다. 이러한 욕구가 전혀 없이 오직 영적 회복만 있으면 얼마나 좋겠습니까! 그러나 우리는 영혼의 회복을 잘 음미하지 못하고 있습니다.

10 사람이 피조물에서 위로를 찾지 않는 경지에 이르면, 하나님이 그에게 온전한 만족을 주실 것입니다. 또한 그는 모든 일의 결과에 만족할 것입니다. 그러한 사람은 많다고 기뻐하지 않고, 적다고 슬퍼하지 않습니다. 그들은 만유이신 하나님을 전적으로 신뢰하고 그분께 전적으로 헌신할 것입니다. 하나님에게는 멸망도 없고, 사망도 없습니다. 만물은 하나님을 위하여 생존하며, 또한 하나님의 지시에 순종합니다.

11 언제나 끝을 생각하며, 잃어버린 시간은 되돌아오지 않는다는 것을 기억하십시오. 관심과 근면함 없이는 결코 덕을 쌓을 수 없습니다. 만일 여러분이 미온적으로 되기 시작하면, 그것은 타락하기 시작했다는 신호입니다. 여러분이 열성을 다하면, 하나님의 은혜와 여러분의 도덕에 대한 사랑으로 인하여 여러분은 큰 평화를 얻을 것이며, 고된 노동도 가볍게 느껴질 것입니다.

열정적이며 근면한 사람은 만사에 준비가 되어 있는 사람입니다. 육체적 노동보다 죄와 격정에 대항하는 것이 더 힘이 듭니다. 작은 잘못을 피하지 않으면 점점 더 큰 잘못으로 빠져들고 맙니다. 하지만 낮을 유익하게 보내고 나면 저녁은 기쁨으로 가득할 것입니다. 여러분 자신을 경계하십시오. 자신을 분발하게 하십시오. 자신을 훈계하십시오. 또한 자신을 등한시하지 마십시오. 자기 자신을 얼마나 엄격하게 대하느냐에 비례하여 영적으로 성장할 것입니다.

내면 생활에 유익한 권면

2부에서는 1부에서 설명한 기본적인 가르침을 전제로, 하나님과의 관계를 어떻게 더 깊게 할 수 있는가에 관해 구체적으로 조언한다. 저자는 총 12장에 걸쳐 그리스도와 친밀한 우정 관계를 개발해 가는 일이 얼마나 중요한지 강조한다. 오직 그리스도께서 우리 안에 거하실 때 우리는 하나님께 우리 마음을 온전히 드릴 수 있으며, 그리스도가 가신 길을 따라갈 수 있다. 이러한 그리스도와의 친밀함은 겸손, 기쁨, 평화, 수수함, 단순함 및 감사하는 삶으로 나타난다. 그리스도인으로서 이러한 성숙한 단계에 도달한 사람은 '십자가의 길'의 의미를 더 깊이 이해할 수 있다.

1 내면을 가꾸는 지혜

그리스도를 본받는다는 것은 우리 삶의 모습을 바꾸기 위하여 그리스도와 친밀한 관계를 맺는 것을 의미합니다.

1 "하나님 나라는 너희 안에 있다."눅 17:21 참조 주님께서 말씀하십니다. 여러분의 온 마음을 하나님에게로 향하게 하십시오. 그리고 이 불행한 세상을 버리십시오. 그러면 영혼이 평화를 되찾을 것입니다. 외적인 것은 무시하고 내면적인 것에 자신을 바치십시오. 그러면 하나님 나라가 여러분 안으로 오는 것을 볼 것입니다. 하나님 나라는 성령 안에서 평화요 기쁨이며, 하나님 나라는 하나님을 믿지 않는 사람에게는 주어지지 않기 때문입니다. 만일 여러분이 하나님을 위하여 거처를 준비하면, 하나님이 여러분에게로 오셔서 친히 위로하실 것입니다.

그리스도의 모든 영광과 아름다움은 내면에 있으며, 하나님은 그곳에서 사시기를 기뻐하십니다. 하나님이 자주 찾아오시는 사람은 내면적인 삶을 사랑하는 사람입니다. 하나님은 그런 사람을 조용히 타이르고 사랑으로 위로하며, 큰 평화로 인도하시고 놀라운 친교로 초대하십니다.

2 믿음이 충실한 영혼들이여, 지금 나와서 신랑을 맞이할 마음의 준비를 하십시오. 그러면 신랑은 황송하게도 여러분에게로 와서 여러분 안에서 사실 것입니다. 그리스도께서 말씀하셨습니다. "사람이 나를

사랑하면 내 말을 지키리니, 우리가 그에게 가서 거처를 그와 함께하리라."요 14:23 그러므로 그리스도께 거처를 드리고 그분 외에는 다른 어떠한 것도 들어오는 것을 거절하십시오. 여러분 가운데 그리스도가 계시면 여러분은 부자요, 풍성할 것입니다. 그리스도는 여러분의 공급자가 되시며, 모든 일의 감시자가 되어 주실 것입니다. 사람에게 희망을 두지 마십시오. 사람은 빨리 변하고 황급히 사라지지만, 그리스도께서는 영원히 사시고 끝까지 여러분 곁에 확고히 서 계시기 때문입니다.

3 매우 쓸모 있고 소중한 사람이라 하더라도 사람은 연약하고 죽을 수밖에 없는 존재이므로 너무 의지해서는 안 됩니다. 또한 사람들이 우리들에게 반대되는 행동이나 말을 하는 경우에도 크게 슬퍼하지 마십시오. 사람은 바람과 같아서 오늘 여러분과 함께하는 자가 내일은 여러분을 반대할 수 있습니다.

하나님을 전적으로 신뢰하십시오. 그리고 오직 하나님만을 두려워하고 또 사랑하십시오. 하나님은 여러분에게 응답하실 것이요, 더 좋은 것으로 축복하실 것입니다. 이 세상 어디에도 여러분이 영구히 머물 도성은 없으며, 어디에 있든지 여러분은 나그네이고 순례자입니다. 또한 그리스도와 확고히 결합되어 있지 않는다면 여러분에게 안식은 없을 것입니다.

4 이 세상은 여러분의 안식처가 아닌데 왜 자꾸 여기저기 주위를 둘러봅니까? 여러분이 살 집은 하나님 나라에 있습니다. 여러분이 지나가 버리는 것처럼 세상적인 것은 모두 똑같이 지나가 버리고 맙니다.

깊은 생각을 지고하신 하나님에게 두며, 끊임없이 그리스도를 향해 기도하십시오. 만일 여러분이 높은 하나님 나라의 일들을 탐구하는 방법을 알지 못한다면, 그리스도의 고난 속에서 안식을 찾고, 그분의 거룩한 상처 안에서 기꺼이 거하십시오. 만일 예수님의 상처와 고귀한 성흔聖痕을 늘 마음 깊이 새겨 둔다면, 여러분은 고난 속에서도 큰 위안을 받을 것이요, 사람들이 경멸한다 해서 개의치 않을 것이요, 또한 중상모략하는 사람들의 말도 쉽게 견뎌 낼 수 있을 것이기 때문입니다.

5 예수 그리스도는 세상에서 사람들로부터 멸시를 받았으며, 그가 가장 절실한 때에 그를 아는 사람들과 친구들에게서 모욕을 당하며 버림 받았습니다. 그런데 감히 여러분은 누구를 원망하려는 것입니까? 그리스도에게도 그를 적대시하고 중상모략하는 자가 있었는데, 여러분은 모든 사람들이 여러분의 친구가 되고, 여러분에게 은혜를 베풀기를 원하는 것입니까? 어떠한 역경에도 처하지 않고 어떻게 인내의 결실을 맺으리라 생각합니까? 어떠한 반대도 겪지 않으려고 한다면, 어떻게 그리스도의 친구가 되려는 것입니까? 여러분이 그리스도와 함께 왕 노릇하기를 원한다면, 그리스도와 같이 인내하고 그리스도를 위하여 인내하십시오.

6 만일 그리스도의 마음속으로 완전히 들어가서 그분의 불타는 사랑을 조금이라도 경험한 일이 있었다면, 여러분은 자신이 편안하든 불편하든 조금도 개의치 않을 것입니다. 오히려 비판을 받으면서도 기뻐할 것입니다. 하나님의 사랑이 여러분을 반대한 사람을 멸시할 것

이기 때문입니다. 예수님을 사랑하고 진실을 사랑하는 사람, 진실한 영혼의 사람, 비틀어진 감정에서 자유로운 사람들은 자유롭게 하나님에게로 나아가서 영적으로 한층 더 자신을 들어올려 유익한 안식을 취할 수 있습니다.

7 모든 일을 사람들이 생각하고 인식하는 대로 보지 않고 있는 그대로 보는 사람은 지혜로운 사람입니다. 이들은 사람보다는 하나님에게서 더 가르침을 받습니다. 내면에서 어떻게 걷는 줄을 알며, 외적인 것에 무게를 두지 않는 사람은 경건한 예배를 드릴 수 있는 시간이나 또는 장소에 구애받지 않습니다.
영적인 사람은 신속히 정신을 집중할 줄 압니다. 외적인 일에 동요하지 않기 때문입니다. 어떤 육체 노동이나 또는 필요한 때의 어떤 직업도 영적인 사람에게는 방해가 되지 못합니다. 오히려 일이 진전되는 데 따라 적응해 갑니다. 내면이 잘 준비되고 정리된 사람은 다른 사람들이 이상하고 사악하게 행동한다고 해서 걱정하지 않습니다. 사람은 세상일에 이끌리는 만큼 방해를 받고 괴롭힘을 당하기 마련입니다.

8 여러분의 일이 잘되고 여러분의 몸과 마음이 참으로 깨끗해졌다면, 모든 일이 합력하여 여러분의 선과 이익을 만들어 낼 것입니다. 그러나 현실은 그렇지 않기 때문에 많은 일들이 여러분을 불쾌하게 하고, 혼란스럽게 만듭니다. 그것은 여러분이 아직도 자신에게 진정으로 죽지 않았으며, 세상적인 일에서도 벗어나지 못했기 때문입니다. 피조물에 대한 순수하지 못한 사랑만큼 사람의 마음을 더럽히고 혼란

스럽게 하는 것은 없습니다. 만일 여러분이 밖으로부터 오는 위로를 거절하면, 하나님 나라의 일들을 깊이 생각할 수 있을 것이고, 내면 에서 자주 크게 기뻐할 것입니다.

2 겸손의 열매

하나님 앞에서 온전한 양심을 지키면, 온갖 시련과 고난을 극복할 수 있습니다. 하나님의 비밀은 우리가 큰 시련과 고난을 당할 때에도 우리에게 평화를 주시는 하나님의 능력입니다.

1 여러분을 위하는 사람이나 반대하는 사람들에게 너무 신경 쓰지 마십시오. 그보다 여러분이 하는 모든 일에 하나님이 함께하신다는 것을 늘 염두에 두고 그것에 관심을 가지십시오. 선한 양심을 가지십시오. 그러면 하나님이 여러분을 보호하실 것입니다. 하나님이 도우려고 마음먹은 사람에게는 다른 사람들의 어떠한 사악한 행동도 해를 끼치지 못할 것입니다. 침묵을 지킬 수 있고, 또한 인내할 수 있으면 여러분은 하나님의 도움을 받을 것입니다.

하나님이 여러분을 구원할 때와 그 방법은 하나님만 아시므로 여러분은 하나님에게 자신을 온전히 맡겨야 합니다. 혼란스러운 중에 우리에게 도움을 주시고 구원하시는 일은 오직 하나님의 몫입니다. 다른 사람들이 우리의 결점을 알고 비난하는 것은 우리를 더욱 겸손하게 하는 것이므로 매우 유익한 일입니다.

2 자신의 잘못에 대하여 자신을 나무랄 수 있는 사람은 다른 사람을 쉽게 진정시킬 수 있으며, 자신에게 화를 낸 사람들의 마음을 쉽게 풀어줄 수 있습니다. 하나님은 겸손한 자를 보호하고 해방시키며, 겸손한 자를 사랑하고 위로하시며, 겸손한 자에게 마음을 기울이시며

큰 은혜를 베푸십니다. 그리고 그가 낙담해 있을 때 하나님은 그에게 영광을 주십니다. 겸손한 자에게 하나님은 그의 비밀을 드러 내시고 그를 다정하게 자신에게로 이끌어 초대합니다. 겸손한 자는 사람들에게서 비난을 받을 때에도 이 세상에 있지 않고 하나님 안에 있기 때문에 큰 평강을 누립니다.

3 평화를 누리는 사람

우리 마음이 평화로우면 이를 다른 사람들과 나눌 수 있으며, 어려운 상황을
낙관적인 상황으로 바꿀 수도 있습니다. 마음이 평화롭다는 것은 삶을 하나님
께 맡기고 환경에 휘둘리지 않는 것을 의미합니다.

1 무엇보다도 자신의 평온을 지키십시오. 그러면 다른 사람에게도 평온을 끼칠 수 있습니다. 평온한 사람은 많이 배운 사람보다 더 유용한 사람입니다. 하지만 격정적인 사람은 좋은 일조차도 악으로 만들고 쉽게 악을 믿습니다. 선하고 평온한 사람은 모든 일을 선으로 만듭니다. 진정으로 평화를 누리는 사람은 누구도 의심하지 않습니다. 그러나 만족하지 못하고 불안한 사람은 온갖 의심으로 동요하며 스스로 쉬지 못할 뿐 아니라, 다른 사람도 쉬도록 내버려 두지 않습니다. 그러한 사람은 해서는 안 될 말을 하며, 오히려 반드시 해야 할 일은 하지 않습니다. 또한 다른 사람이 해야 할 일에는 신경을 쓰면서 자신이 해야 할 일은 게을리합니다. 그러므로 무엇보다 자신이 하는 일에 먼저 열성을 다한 후에 이웃이 하는 일에 대하여도 열성을 보여야 할 것입니다.

2 여러분은 자신의 행동을 어떻게 변명할지, 또 이를 어떻게 미화할지 잘 알면서도 다른 사람이 하는 변명은 받아들이지 않습니다. 여러분 자신은 비난하고, 여러분의 형제를 용서하는 것이 더 옳은 일입니다. 다른 사람들이 여러분에게 참아 주기를 원한다면 여러분도 다른

사람을 참아야 합니다.

여러분이 진정한 사랑과 겸손에서 얼마나 동떨어져 있는지 생각해 보십시오. 진정으로 사랑할 줄 알고 겸손한 사람은 자기 자신을 제외 하고는 어느 누구에게도 화를 낼 줄 모르는 사람입니다. 그러나 선한 사람이나 온유한 사람들과 어울리는 것은 그렇게 중요한 일이 아닙 니다. 이러한 어울림은 자연스럽게 모든 사람들을 즐겁게 하기 때문 입니다. 사람은 평화롭게 살기를 원하고 마음이 비슷한 사람들을 사 랑합니다. 그러나 수련이 부족한 사람이나 우리에게 대항하는 혹독 한 반대자들과도 평화롭게 살 수 있다는 것은 큰 은혜이며, 가장 칭 찬 들을 일입니다.

3 자기 자신이 언제나 평화롭게 살 뿐 아니라 다른 사람들과도 화평을 유지하는 사람이 있습니다. 반대로 자기 자신이 평화롭게 살지 않음 은 물론 다른 사람이 평화롭게 살도록 내버려 두지 않는 사람도 있습 니다. 마지막으로 자기 자신이 화평 가운데 살면서 다른 사람들이 다 시 화평으로 되돌아오도록 노력하는 사람이 있습니다.

불행한 세상 삶에서 우리가 누리는 모든 화평은 역경을 경험하지 않 는 데서 찾기보다는, 겸허한 고난 속에서 찾을 수 있습니다. 고난 속 에서도 어떻게 화평을 가질 수 있는지 가장 잘 아는 사람은 가장 큰 화평 가운데서 살 수 있는 사람입니다. 이러한 사람은 자아의 정복자 이고 세상의 주인이며, 그리스도의 친구이고 하나님 나라의 상속자 입니다.

4 순수한 생각과 단순한 의도

우리의 의도가 단순하고 우리의 감정이 순수하면, 어떠한 선한 일도 할 수 있습니다. 순수함과 단순함을 통해 삶의 숨은 비밀과 삶이 주는 귀중한 메시지를 알 수 있습니다.

1 두 날개가 인간을 세상적인 걱정에서 벗어나게 합니다. 두 날개란 단순함과 순수함입니다. 목적을 이루기 위해서는 그 의도가 단순해야 하고, 누군가를 향한 애정은 순수해야 합니다. 단순함은 하나님에게로 내닫고, 순수함은 하나님을 붙들고 이해합니다. 만일 여러분의 내면이 무절제한 감정에서 자유로우면, 선한 일을 하기가 어렵지 않을 것입니다.

만일 여러분이 오직 하나님을 즐겁게 하며 여러분의 이웃에 유익한 것 이외의 다른 것을 마음에 두지 않으면, 여러분은 내면에서 진정으로 자유를 즐길 것입니다. 여러분의 마음이 올바르면 모든 피조물은 삶의 거울이 되고, 신성한 배움의 참고서가 될 것입니다. 세상 모든 피조물은 아무리 작은 것이라 할지라도, 아무리 가치가 없는 것이라 할지라도 하나님의 선을 드러내지 않는 것은 없습니다.

2 만일 여러분의 내면이 선하고 순수하면, 모든 일을 어떤 방해도 받지 않고 볼 수 있을 뿐 아니라 잘 이해할 수도 있을 것입니다. 순수한 마음은 천국과 지옥을 꿰뚫어봅니다. 우리 한 사람 한 사람은 내면적인 존재로서 외부를 판단합니다. 세상에 기쁨이 있다면, 확실히 이것은

순수한 마음의 소유자가 가지는 것입니다. 어디에든지 고난과 고통이 있다면 이것은 사악한 양심의 소유자가 더 잘 아는 것입니다. 철이 용광로 안에 던져져 녹이 없어지고 빛을 내는 것과 같이 하나님에게 자기 자신을 온전히 내맡기는 사람은 새 사람으로 변합니다.

3 사람에게 열의가 없어지면 조금 일하는 것도 두려워하며, 밖에서 오는 위로를 기쁘게 받아들입니다. 그러나 사람이 자기 자신을 억제하고 하나님의 길을 용감하게 걸어가면, 전에는 고통스럽게 생각했던 일들도 그렇게 고통스럽게 여기지 않습니다.

5 자신을 직시하라

자기 자신을 알면 행동을 조심하게 되고 다른 사람의 일에 성급하게 간섭하게 되지 않습니다. 하나님께 가까이 갈수록 우리는 자신의 결점을 더 잘 알게 됩니다.

1 자기 자신을 지나치게 신뢰하지 마십시오. 우리에게는 은혜가 없고 너그러이 이해할 수 없을 때가 많기 때문입니다. 우리에게는 작은 불빛만 있을 뿐인데, 이것마저도 무관심 때문에 잃어버립니다. 우리는 내면의 눈먼 사람이기 때문에 빛을 알아보지 못합니다. 우리는 자주 잘못 행동하며 나쁜 변명을 합니다. 때때로 격정으로 떨면서도 이것을 열정이라고 생각합니다.

우리는 다른 사람들의 작은 일을 비난하면서도 우리 속의 더 큰 일은 지나쳐 버립니다. 우리는 다른 사람들 때문에 참았던 일들을 중히 생각하면서도 다른 사람들이 우리 때문에 참았던 일은 미처 생각지 못합니다. 자기 자신의 단점을 정당하다고 판단하는 사람은 다른 사람에게 엄중한 심판을 내릴 수 없습니다.

2 영적인 사람은 무엇보다 스스로를 돌아보며 조심하고 부지런히 자신에게 주의를 기울입니다. 이러한 사람은 다른 사람을 판단하지 않습니다. 여러분이 자신에게 관계가 없는 일에 침묵하지 못하면, 특히 자신을 조심하지 못하면, 여러분은 영적인 사람도, 경건한 사람도 아닙니다.

여러분 자신과 하나님에게 온전히 주의를 기울인다면, 외부에서 오는 온갖 현상들 때문에 동요되는 일은 없을 것입니다. 여러분이 자기 자신에게 현존하지 않으면 여러분은 대체 어디에 있는 것입니까? 모든 일을 서둘러 마쳤다 하더라도 자기 자신을 경시했다면, 어떤 발전을 이룩했다 하겠습니까? 만일 여러분이 화평과 하나님과의 진정한 연합을 원한다면, 다른 모든 것을 제쳐 두고 여러분 자신을 직시해야 합니다.

3 모든 세상적인 걱정에서 자유로워진다면 여러분은 그만큼 발전할 것입니다. 반면에 무엇이든지 세상적인 것에 마음을 두면 크게 실패할 것입니다. 하나님과 하나님의 일을 제외하고는 어떠한 일도 위대하고 높게 여기지 말고, 기꺼이 즐기거나 받아들이지 마십시오. 피조물로부터 오는 위로는 무엇이든지 모두 공허합니다. 하나님을 사랑하는 영혼은 하나님 아래 있는 것은 모두 경멸합니다. 하나님만이 영원하시고 한량없이 모든 것을 채우시며, 영혼의 위로자이시고 마음의 진정한 기쁨이십니다.

6 선한 양심의 기쁨

선한 양심은 우리로 하여금 하나님을 의존케 하며, 어떠한 난관이 닥쳐오더라도 이를 용기와 기쁜 마음으로 대처할 수 있도록 도와줍니다.

1 선한 양심은 사람이 가질 수 있는 가장 좋은 것입니다. 선한 양심을 가지십시오. 그러면 항상 기쁨이 있을 것입니다. 선한 양심은 엄청나게 많은 열매를 맺으며, 역경 속에서도 엄청난 기쁨을 줄 것입니다. 악한 양심은 언제나 두려워하고 불안해합니다. 만일 스스로를 책망할 일이 없으면, 여러분은 편히 쉴 수 있을 것입니다. 하지만 최선을 다하지 못했다면 결코 기뻐하지 마십시오.

악인에게는 진정한 기쁨이 없으며, 내면에서도 화평을 경험하지 못합니다. 주님께서 "악인에게는 화평이 없느니라"사 48:22 참조고 말씀하셨습니다. 만일 악인이 '우리는 화평 가운데 있으므로 악이 우리에게 오지 못할 것이다. 그런데 감히 누가 우리를 해할 수 있겠는가?'미 3:11 참조라고 말한다면 이들의 말을 믿지 마십시오. 갑자기 하나님의 분노가 파도처럼 밀려와서 악인의 행동은 아무 결실도 맺지 못할 것이며, 또한 그들의 생각도 사라져 버릴 것이기 때문입니다.

2 고난 속에서 하나님의 영광을 찬양하는 것은 하나님을 사랑하는 사람에게는 힘든 일이 아닙니다. 그렇게 찬양하는 것은 주님의 십자가 안에서 찬양하는 것이기 때문입니다. 사람이 주고받는 영광은 짧고, 세상의 영광에는 항상 슬픔이 함께합니다. 선한 사람의 영광은 그 사

람의 입에 있지 않고 양심에 있습니다. 의로운 사람의 기쁨은 하나님으로부터 오며 하나님 안에 있습니다. 또한 그들의 즐거움은 진리로부터 옵니다. 참되고 영원한 영광을 원하는 사람은 일시적인 영광에 관심을 두지 않습니다. 일시적인 영광을 추구하며, 또한 그것을 온 마음을 다하여 경멸하지 않는 사람은 하나님 나라의 영광을 사랑하지 않는 사람입니다. 칭찬이나 비난에 전혀 개의치 않는 사람은 마음속 평화가 큰 사람입니다.

3 양심이 깨끗한 사람은 쉽게 만족하고, 쉽게 평화에 이릅니다. 칭찬받는다고 하여 더 정결해지는 것도 아니며, 비난받는다고 더 천해지는 것도 아닙니다. 여러분은 있는 모습 그대로의 존재이며, 하나님이 여러분에 대해 증거하시는 이상으로 여러분 자신을 더 크고 좋게 말할 수 없습니다. 만일 여러분이 자기 내면의 모습에 주의를 기울인다면, 사람들이 여러분에 대하여 무엇이라고 말하든 개의치 않을 것입니다. "사람은 외모를 보지만, 하나님은 마음을 보십니다." 사람은 행동을 생각하지만 하나님은 마음의 의도를 중히 여기십니다. 항상 선행을 행하며 자신은 조금만 소유하는 것이 겸손한 영혼의 표상입니다. 어떤 것이든지 피조물로부터는 위로 받기를 원하지 않는 것이 높은 순수성과 굳건한 믿음의 상징입니다.

4 자신 이외의 다른 사람을 증인으로 내세우지 않는 사람은 하나님에게 자신을 온전히 내맡긴 사람입니다. 바울이 말한 것처럼 "옳다는 인정을 받는 사람은 자기를 칭찬하는 사람이 아니요 오직 하나님이 칭찬하는 사람"고후 10:18 참조이기 때문입니다. 평안 속에서 하나님과 함

께 걸어가는 사람, 외부에서 오는 어떠한 유혹에도 이끌리지 않는 사람, 이러한 사람이 영적인 사람의 본래 모습입니다.

7 다른 모든 것보다 예수님 사랑하기

예수님을 친밀한 친구로 받아들이면 튼튼한 기초 위에 설 수 있습니다. 하지만 그분을 찾지 않으면, 우리도 이 세상에서 지나가 버리는 모든 것들과 함께 시들어 사라질 것입니다.

1 예수님을 사랑한다는 것이 무엇을 뜻하며, 예수님을 위해 자신을 경멸하는 것이 무엇을 의미하는지 이해하는 사람은 복이 있습니다. 예수님은 다른 모든 것을 초월하여 홀로 사랑받기를 원하시기 때문에 그 사랑을 위해서 다른 모든 사랑을 버려야 합니다. 피조물에 대한 사랑은 불안정합니다. 예수님에 대한 사랑은 진실하며 영원합니다. 피조물에 집착하는 사람은 비틀거리다 넘어질 것이며, 예수님을 껴안는 사람은 영원히 굳건하게 설 것입니다.

예수님을 사랑하십시오. 그리고 그분을 친구로 삼으십시오. 모든 사람이 물러가도 예수님은 여러분을 버리지 않을 뿐 아니라, 종말에 가서 여러분을 괴롭혀서 망하게 하지도 않을 것입니다. 여러분이 원하든, 원하지 않든 결국 언젠가는 여러분도 모든 것으로부터 떠나야 합니다.

2 삶에 있어서나 죽음에 있어서 예수님 가까이 있으면서 그분의 신뢰에 자신을 맡기십시오. 예수님은 모든 것이 실패로 끝났을 때, 여러분을 구원하기 위하여 홀로 계시는 분입니다. 여러분이 사랑하는 분은 바로 이러한 분이시므로 그분은 어떤 경쟁자도 인정하지 않으십

니다. 그분은 마치 왕좌에 앉은 왕과 같이 오직 홀로 여러분의 마음을 붙들기를 원하십니다.

여러분이 모든 피조물에서 어떻게 벗어날 것인지 터득했을 때, 예수님은 기꺼이 여러분 가운데 거하실 것입니다. 하지만 예수님이 아닌 사람들을 신뢰하면 모든 것을 잃을 것입니다. '바람에 흔들리는 갈대'를 신뢰하지도 말고 의지하지도 마십시오. '모든 육체는 풀이요, 그 모든 영광은 들의 꽃과 같이 떨어질 것'^{사 40:6 참조}이기 때문입니다.

3 만일 여러분이 사람의 외관만 본다면 여러분은 바로 속았다는 것을 알 것입니다. 여러분이 즐거움을 찾고 다른 사람에게서 이득을 구할수록 더 자주 잃는다는 것을 경험할 것입니다. 만사에 예수님을 찾으십시오. 그러면 예수님을 발견할 것입니다. 하지만 자기 자신을 찾으면 자신을 발견할 것이지만, 그것은 파멸에 이른 자신일 것입니다. 사람이 예수님을 찾지 않으면, 자신에게 돌아올 해는 온 세상과 그의 모든 적들에게 가해질 해보다 훨씬 더 크기 때문입니다.

8 친밀함 쌓기

예수님과 함께 있으면, 우리는 어떤 어려움도 극복할 수 있습니다. 예수님과의 관계가 좋으면 다른 사람들과의 관계도 좋을 수밖에 없습니다.

1 예수님이 함께 계실 때는 모든 일이 순조로우며, 어떠한 일도 어려워 보이지 않습니다. 그러나 예수님이 계시지 않을 때는 모든 일이 어렵습니다. 예수님이 우리 안에서 말씀하지 않으시면 어떤 위로도 가치가 없습니다. 그러나 예수님이 한 말씀만 하셔도 큰 위로를 느낄 수 있습니다.

마르다가 '선생님이 오셔서 너를 부르신다'라고 말하자 막달라 마리아가 울던 자리에서 바로 일어나지 않았습니까? 예수님께서 여러분을 눈물로부터 불러내 영혼의 기쁨으로 초대할 때가 가장 행복한 시간입니다. 예수님이 안 계시면, 여러분의 삶은 얼마나 무미건조하고 어렵겠습니까? 만일 여러분이 무엇이든지 예수님 밖에서 이루기를 원한다면, 얼마나 어리석고 공허한 일입니까? 이것은 여러분이 온 세상을 잃는 것보다 더 큰 손실입니다.

2 예수님이 안 계시다면 세상이 여러분에게 줄 수 있는 것이 무엇입니까? 예수님 없이 산다는 것은 참혹한 지옥이요, 예수님과 함께 산다는 것은 온화한 천국입니다. 만일 예수님이 여러분과 함께하시면, 어떠한 적도 여러분을 해하지 못할 것입니다. 예수님을 발견하는 사람은 세상에 있는 모든 좋은 보물보다 더 좋은 보물을 발견할 것입니

다. 그리고 예수님을 잃는 사람은 이 세상 전체보다 더 많은 것을 잃을 것입니다. 예수님 없이 사는 사람은 가장 가련한 사람이고, 예수님과 함께 사는 사람은 가장 부자입니다.

3 예수님과 함께 사는 방법을 안다는 것은 큰 재능이며, 예수님을 붙드는 방법을 안다는 것은 큰 지혜입니다. 겸손하고 화평을 가져오는 사람이 되십시오. 그러면 예수님이 여러분과 함께하실 것입니다. 경건하게, 그리고 조용히 지내십시오. 그러면 예수님이 여러분과 함께 끝까지 머무실 것입니다.

만일 여러분이 세상적인 일로 빗나가려고 한다면, 그것은 예수님을 쫓아 버리는 일이요 그의 은혜를 잃어버리는 것입니다. 만일 여러분이 예수님을 쫓아내 그분을 잃어버리면, 여러분은 누구에게로 피신할 것이며, 누구를 친구로 삼겠습니까? 친구 없이는 여러분은 잘 살 수 없습니다. 그리고 만일 예수님이 다른 어떤 사람보다도 우선하여 여러분에게 친구가 되어 주지 않으신다면, 여러분은 진실로 슬프고 절망적으로 될 것입니다.

그러므로 만일 여러분이 예수님 외에 다른 어떤 일을 믿거나 그것에서 기쁨을 찾는다면, 여러분은 바보짓을 하는 것입니다. 여러분이 예수님을 거역하는 것보다는 온 세상이 여러분을 반대하도록 하는 것이 더 바람직한 일입니다. 그러므로 모든 소중한 일 가운데 예수님만이 여러분의 특별한 사랑이 되게 하십시오.

4 예수님을 위하여 모든 사람을 사랑하십시오. 그리고 예수님 자신을 위하여 예수님을 사랑하십시오. 다른 어떤 사람보다 예수 그리스도

를 사랑해야 합니다. 그분만이 선하시며, 다른 어떤 친구보다 충성
스러운 분이십니다. 예수님 때문에, 예수님 안에서, 여러분의 친구
뿐만 아니라 여러분의 적들도 다함께 여러분에게 귀한 사람이 되게
하십시오. 이 일을 위하여 기도하십시오. 그러면 모든 사람들이 예
수님을 알고 사랑할 것입니다.

다른 사람들보다 더 칭찬받고 사랑받기를 바라지 마십시오. 사랑은
하나님에게만 속한 것이며, 하나님과 같은 분은 안 계시기 때문입니
다. 또한 여러분이 어떤 사람의 마음을 사로잡고 있어야 한다거나,
또는 다른 사람에 대한 사랑으로 매여 있어야 한다고 생각하지 마십
시오. 오직 예수님만이 여러분과 모든 선한 사람과의 교제에서 중심
이 되도록 하십시오.

5 내면이 순수하고 마음이 자유롭기 위해서는 어떤 피조물에도 휘말려
들지 않아야 합니다. 하나님이 얼마나 다정하신 분인지 알고 싶다면
벌거벗은 몸과 순수한 마음으로 하나님께 나아가야 합니다. 그러나
이것은 하나님의 은혜에 힘입어 인도 받지 않고는, 또한 오직 한 분
이신 하나님과 연합되지 않으면 성취할 수 없는 것입니다.

하나님의 은혜가 사람에게 임하면 그는 모든 것을 얻을 것이고, 은
혜가 떠나면 마치 매서운 채찍질에 내동댕이쳐진 사람처럼 가난하
고 약해질 것입니다. 그러나 이러한 상황에서도 포기하거나 실망하
지 말고 마음을 진정시켜 하나님의 뜻을 좇아야 합니다. 또한 여러분
앞에 닥친 모든 일을 견디고, 예수 그리스도를 찬양해야 합니다. 겨
울이 지나면 봄이 오고, 밤이 지나면 날이 밝고, 폭풍 후에 큰 평온이
오기 때문입니다.

9 모든 위로의 하나님

그리스도인의 길은 믿음의 길로, 우리가 믿는 것으로 인하여 남들에게 조롱을 받을 수도 있습니다. 이때에는 하나님을 찾고 하나님의 보호를 전적으로 신뢰해야 합니다. 우리의 여정을 끝까지 지켜보실 분은 하나님밖에는 없습니다.

1 하나님의 위로가 우리 곁에 있을 때는 사람들로부터 오는 위로를 대수롭지 않게 생각하기가 쉽습니다. 그러나 우리 삶에 하나님이 계시지 않다 느낄 때면 우리는 사람들을 필요로 합니다.

사람들의 위로 없이도 살고, 하나님의 사랑을 위해 마음의 유배를 기꺼이 참으며, 어떤 것에서도 자기 자신을 구하거나 자신의 공로를 주장하지 않을 수 있으면, 그것은 참으로 위대한 일입니다. 하나님의 은혜가 여러분에게 임하여 여러분이 기뻐하고 신앙심이 깊어지면 얼마나 좋은 일입니까? 모든 사람들이 갈망하는 때가 바로 이때입니다. 하나님의 은혜 속에 사는 사람은 즐겁게 말을 타고 가는 사람과 같습니다. 모든 안내자 중에서 가장 높은 안내자의 인도를 받는 사람이 짐의 무게를 느끼지 못하는 것은 조금도 놀랄 일이 아닙니다.

2 사람이 자기 자신으로부터 자유로워지기란 어려운 일입니다. 순교자 라우렌치우스는 사제와 함께 세속의 일을 극복했습니다. 그가 세속을 극복할 수 있었던 것은 세상이 주는 기쁨을 모두 경멸했기 때문입니다. 그는 그리스도를 위한 사랑 때문에 그가 존경했던 교황 식스투스가 세상을 떠난 것도 참고 견디었습니다.

창조주의 사랑에 의지하여 그는 인간에 대한 사랑을 극복하고, 인간의 위로 대신 하나님을 즐겁게 하는 것을 택했습니다. 여러분도 그렇게 하십시오. 그리고 하나님을 사랑하기 위하여 여러분 곁에 있는 귀한 친구들도 더러는 포기하는 것을 배우십시오. 친구에게 버림을 받았을 때도 결코 마음 아파하지 마십시오. 우리는 모두 결국에는 서로를 떠나야 하기 때문입니다.

3 사람이 자기 자신을 완전히 극복하고 자신의 모든 사랑을 하나님께 바치는 것을 배우려면, 먼저 자신의 내면과 오랫동안 투쟁해야 합니다. 사람이 자신의 힘으로 서 있을 때는 사람들이 주는 위안에 쉽게 넘어집니다. 그러나 진정으로 그리스도를 사랑하는 사람, 열정적으로 도덕을 준수하는 사람은 사람들이 주는 위로에 넘어지지 않으며, 감정으로 느낄 수 있는 기쁨을 추구하지도 않습니다. 그러한 사람은 오히려 엄격한 규율을 지키며 하나님을 위하여 어려운 일을 견뎌 냅니다.

4 그러므로 하나님께서 영적으로 위로하실 때는 감사함으로 이를 받으십시오. 그 위로는 하나님이 주시는 선물로, 이는 여러분이 받을 자격이 있어 주어지는 것이 아닙니다. 그러므로 우쭐대지 말고 너무 기뻐 뛰지 말며, 바보처럼 앞질러 행동하지도 마십시오. 오히려 하나님께서 주신 선물로 인하여 더욱 겸손해지고, 더욱 조심하고, 여러분이 하는 모든 일을 더욱 두려워하십시오. 위로의 시간이 지나면 유혹의 시간이 올 것이기 때문입니다.
위로가 떠났다고 곧바로 실망하지 마십시오. 오히려 하나님은 여러분에게 더 큰 은혜와 위로를 되돌려 주실 것입니다. 그러므로 겸손과 인내로써 하나님이 찾아오시기를 기다리십시오. 이러한 일은 하나님의 길을 경험한 일이 있는 사람에게는 새로운 일도 아니며, 또한 이상한 일도 아닙니다. 옛 성인과 선지자들은 이러한 국면의 변화를 흔히 경험했습니다.

5 시편 기자는 하나님의 은혜가 임했을 때 이렇게 말했습니다. "내가 형통할 때에 말하기를 영영히 요동치 아니하리라."시 30:6 그러나 하나님의 은혜가 떠나자 그는 이렇게 말했습니다. "주께서 얼굴을 가리우심으로 내가 근심합니다."시 30:7 참조 그러나 이런 중에서도 그는 낙망하지 않고 더욱 다급하게 하나님에게 간청하면서 말했습니다. "여호와여 내가 주께 부르짖고 여호와께 간구하나이다."시 30:8 참조

마지막에 가서 그는 자신의 기도가 열매 맺은 것을 알리면서 하나님이 자신의 기도를 들어주셨다고 이렇게 간증했습니다. "여호와는 들으시고 나를 긍휼히 여기시고 나를 돕는 자가 되었습니다."시 30:10 참조 그런데 하나님이 무엇을 하셨다는 것입니까? 그는 이렇게 말했습니다. "주께서 나의 슬픔을 변하여 춤이 되게 하시며, 나에게 기쁨의 옷을 입히셨습니다."시 30:11 참조

위대한 옛 성인들에게도 이러하였을진대 약하고 가난한 우리들도 때로는 따뜻하고 때로는 춥다 하여 낙담해서는 안 될 것입니다. 성령은 그 자신의 뜻에 따라 오고 가기 때문입니다. 축복받은 욥은 이렇게 말했습니다. "주께서는 아침마다 그를 찾아보시고 순간마다 연단하십니다."욥 7:18 참조

6 그러므로 하나님의 위대하신 자비와 하나님의 은혜에 대한 희망 이
외에 내가 무엇을 희망할 수 있으며, 무엇을 신뢰하겠습니까? 모든
은혜가 나를 버리고 내가 어려움에 빠졌을 때는, 경건한 형제들, 믿
을 수 있는 친구들과 같은 선한 사람들, 신성한 책들, 올바른 대화와
아름다운 노래, 찬송가도 도움이 되지 않으며, 내게 어떤 만족도 주
지 못합니다. 이때에는 인내로써, 그리고 하나님의 뜻에 따라 자기
자신을 부인하는 것보다 더 좋은 해결책은 없습니다.

7 매우 종교적이며 경건한 사람이라 할지라도 때로는 은혜가 자신에게
서 떠나가고, 열정이 식는 것을 경험합니다. 과거 옛 성인들도 온전
히 마음의 평정을 얻지 못하였으며 깨달음에 이르지 못하였습니다.
그래서 빠르고 늦은 차이는 있었지만 그들도 모두 유혹을 받았습니
다. 하나님을 위해 고난을 경험하지 못한 사람은 하나님의 고결한 깊
은 생각의 대상이 될 자격이 없습니다.
유혹은 위로의 표상입니다. 일반적으로 유혹은 위로가 있기 전에 일
어나며, 위로가 유혹의 뒤를 따라옵니다. 하나님은 유혹의 시험을
이겨 낸 사람들에게 위로를 약속하셨습니다. "이기는 사람에게는 내
가 생명나무의 과일을 먹게 하리라."계 2:7 참조 하나님은 이렇게 말씀하
셨습니다.

8 하나님의 위로는 사람이 역경을 견뎌 낼 수 있도록 그를 강하게 만들
기 위하여 주어집니다. 그런데도 유혹이 다시 찾아오는 것은 사람이
축복 받았을 때 우쭐대지 않도록 하기 위해서입니다. 악마는 잠을 자
지 않으며, 여러분의 육체도 아직 죽지 않았습니다. 그러므로 멈추

지 않고 싸울, 만반의 준비를 하십시오. 여러분의 좌우 양편에는 쉬지 않고 깨어 있는 적이 있기 때문입니다.

10 모든 은혜에 감사하는 마음

하나님은 감사하는 마음에 더 큰 은혜를 주십니다. 감사할 줄 모르기 때문에 사람은 은혜에서 멀어지는 것입니다. 우리는 하나님께 받은 아주 작은 은혜에 대하여도 감사해야 합니다.

1 여러분은 일하기 위하여 태어났는데 왜 쉬기를 원합니까?욥 5:7 참조 편안함보다는 인내를 위해 노력하고, 기쁨보다는 십자가를 지기 위해 노력하십시오. 살아 있는 사람치고 위로와 영적 기쁨을 항상 얻을 수만 있다면, 이를 기꺼이 받아들이려고 하지 않는 사람이 있겠습니까? 영적 위로는 세상의 모든 기쁨과 육체의 즐거움을 능가합니다. 세상의 모든 기쁨은 공허하거나 수치스러운 것입니다. 영적인 기쁨만이 즐겁고 명예로운 것이며, 도덕에서 샘솟아 나오는 것이고 하나님이 순수한 마음속에 퍼부어 주시는 것입니다. 사람이 하나님의 위로를 갈구하지만 그것을 갖지 못하는 이유는 유혹이 항상 존재하기 때문입니다.

2 영혼의 그릇된 자유와 자신에 대한 과신은 하나님이 오시는 데 큰 장애물로 작용합니다. 하나님은 우리들에게 위로의 은혜를 주십니다. 하지만 사람들은 이 은혜에 대하여 감사한 마음으로 하나님에게 보답하는 일을 하지 않는 잘못을 저지르고 있습니다. 은혜를 주시는 분에게 감사하지도 않으며, 또한 은혜의 원천인 샘으로 그 은혜를 되돌려 보내지도 않기 때문에 은혜의 선물이 우리 안으로 흘러 들어오지

못하는 것입니다. 은혜는 항상 받은 은혜에 대해 감사함으로 보답하는 사람에게 주어지며, 겸손한 자가 받는 은혜는 교만한 자에게는 주어지지 않습니다.

3 내게서 양심의 가책을 빼앗는 위로라면 나는 그러한 위로를 원하지 않습니다. 또한 교만으로 이끄는 위로도 갈망하지 않습니다. 높다고 해서 모두 신성한 것은 아니며, 단것이 모두 좋은 것은 아니고, 소망이 모두 순수한 것은 아니며, 또한 귀한 것이 모두 하나님을 즐겁게 하는 것은 아니기 때문입니다. 나를 더욱 겸손하게 하고 두려워하게 하며, 내가 자신을 더욱 버리도록 마음먹게 하는 그러한 은혜를 나는 기꺼이 받아들입니다.

은혜의 선물로 가르침을 받고, 은혜가 떠남으로써 오는 타격 때문에 현명해진 사람은 어떤 선한 일이라도 감히 자기 자신의 공으로 돌리지 않습니다. 오히려 자신이 가련하고 발가벗은 몸인 것을 고백할 것입니다. 하나님께 속한 것은 하나님께 돌리십시오. 그리고 자기 것은 자기에게로 돌리십시오. 즉 은혜에 대한 감사를 하나님께 돌리고, 과오는 여러분 자신에게 있으며, 과오에 대응하는 벌 또한 여러분 자신에게 있음을 깨달아야 합니다.

4 항상 자신을 가장 낮은 자리에 두십시오. 그러면 가장 높은 자리가 주어질 것입니다. 낮은 자리가 없으면 높은 자리가 있을 수 없기 때문입니다. 하나님 앞에서는 가장 높은 자리에 있는 성인들도 자신의 눈으로는 가장 보잘것없는 사람이며, 영광을 받으면 받을수록 그들은 더 겸손해졌습니다. 그들은 진리와 하늘의 영광으로 충만해 있었

기 때문에 헛된 영광을 구하지 않았습니다. 그들은 또한 하나님 안에서 세워지고 훈련받았기 때문에 결코 교만할 수 없었습니다.

지금까지 받은 모든 선한 일들을 하나님의 은덕으로 돌리는 사람은 '사람들로부터 영광을 구하지 아니하고 하나님으로부터의 영광만을 원합니다.' 그들은 또한 다른 어떤 것보다도 하나님 자신과 성인들 안에 있는 하나님을 찬양하기 원하며, 항상 이 목적을 위해 노력합니다.

5 그러므로 가장 작은 은사에 대해서도 감사하십시오. 그러면 더 큰 은사를 받기에 합당한 사람이 될 것입니다. 작은 은사도 여러분이 보기에는 가장 위대한 것으로 보고, 가장 보잘것없는 은사도 특별한 은사로 생각하십시오. 은사를 주신 분의 권능을 생각하면 어떤 은사도 중요하지 않거나 작다고 생각되는 은사는 없을 것입니다. 높으신 하나님으로부터 주어지는 은사는 작지 않기 때문입니다.

하나님이 벌주시거나 고난을 주신다 해도 우리는 감사해야 합니다. 그분이 우리들에게 무슨 일이 일어나게 하시더라도 그것은 언제나 우리들의 구원을 위해 행하시는 일이기 때문입니다. 만일 여러분이 하나님의 은혜를 계속 갖기를 원한다면, 주어진 은혜에 감사하며, 또한 은혜가 여러분을 떠나더라도 참고 기다십시오. 은혜가 다시 돌아오도록 기도하고, 그것을 다시 잃지 않도록 조심하고 겸손하십시오.

11 십자가를 사모하는 사람들

그리스도를 받아들인다는 것은 그분의 십자가를 지는 것을 의미합니다. 진정으로 그리스도를 따르는 사람은 그분의 십자가를 지는 것을 사랑해야 합니다.

1 하나님 나라를 사랑하는 사람은 많으나, 예수님의 십자가를 지는 사람은 소수에 불과합니다. 예수님께 위로를 구하는 사람은 많으나 고난을 원하는 사람은 없습니다. 그분과 식사를 함께 나누고자 하는 사람은 많으나 금식을 하려는 사람은 없습니다. 모두가 그분과 함께 기뻐하기를 원하지만, 아무도 그분을 위해 고통을 지려고는 하지 않습니다. 많은 사람들이 빵을 나누는 데까지는 예수님을 따라가지만, 고난의 잔을 마시려는 사람은 없습니다. 많은 사람이 예수님의 기적을 존경하면서도 그분의 십자가의 치욕을 따르는 사람은 없습니다. 사람들은 역경에 처하지 않을 때만 예수님을 사랑합니다. 그분에게서 어떤 위로라도 받을 때에만 그분을 찬양하고 축복합니다. 그러나 예수님이 자취를 감추고 잠시라도 그들을 떠나면, 사람들은 불평하기 시작하고 깊은 실의에 빠집니다.

2 자기 자신의 위로를 위해서가 아니고, 예수님을 위해 예수님을 사랑하는 사람은 어떤 고난이나 마음의 고통 속에서도 마치 최고의 위로를 받을 때와 마찬가지로 예수님을 축복합니다. 또한 이러한 사람들은 예수님이 그들을 위로하시지 않을지라도 항상 그분을 찬양하며

또한 항상 그분에게 감사합니다.

3 오, 예수님의 순수한 사랑의 권능이시여! 예수님의 사랑은 이기적인 유익이나 이기적인 사랑으로 더럽혀지지 않았습니다. 항상 위로를 추구하는 사람은 돈을 받고 고용된 사람보다 나을 것이 없지 않겠습니까? 항상 자기 자신이 더 높아지기를 바라고 자신의 이득을 생각하는 사람은 그리스도를 사랑하기보다는 오히려 자기 자신을 더 사랑하는 사람이 아니겠습니까? 어떤 대가도 바라지 않고 하나님을 섬기기를 원하는 사람을 어디서 찾아야 하겠습니까?

4 모든 것을 버릴 정도로 영적인 사람을 찾기란 힘든 일입니다. 진실로 영혼이 가난하고 모든 피조물로부터 초연한 사람을 보았습니까? 그러한 사람은 먼 해변에서 가져온 진주보다 더 값진 사람입니다. 만일 사람이 가진 모든 것을 포기한다 하더라도 그것은 아무것도 아닙니다. 사람이 크게 회개한다 할지라도 그것은 작은 일에 불과합니다. 사람이 많은 지식을 얻었다 하더라도 아직도 갈 길이 멉니다. 사람이 매우 도덕적이고 매우 열정적으로 헌신한다 할지라도 아직도 그에게 가장 필요한 한 가지가 부족합니다. 그것이 무엇입니까? 그것은 모든 것을 포기한 후 자기 자신을 부인하고 완전히 포기하며 자신에 대한 사랑을 버리는 것입니다. 자신이 반드시 해야 한다고 생각하는 모든 일을 다 한 후에도 스스로 아무 일도 한 것이 없다고 느껴야 합니다.

5 자신이 외면상 훌륭하다고 느끼는 것을 정말 훌륭한 것이라고 생각

하는 것은 옳지 않습니다. 오히려 우리는 진실로 무익한 종이라는 것을 인정해야 합니다. "너희가 명령받은 것을 다 행한 후에 '우리는 무익한 종입니다. 우리가 해야 할 일을 한 것뿐입니다'"눅 17:10 참조라고 말할 때 이것은 진리입니다. 이렇게 할 때 우리는 진실로 가난해질 수 있고 영혼이 순수해질 수 있습니다. 그리고 선지자들과 같이 '나는 외롭고 가난합니다'시 25:16 참조라고 말할 수 있을 것입니다. 자기 자신을 버리고 자신이 가장 낮다는 것을 깨달을 수 있는 사람보다 더 부자이고 더 능력 있으며 더 자유로운 사람은 없습니다.

12 거룩한 십자가의 길

그리스도의 십자가는 하나님 나라로 들어가는 열쇠입니다. 모든 일이 십자가에서 결론이 나며, 모든 일이 십자가에 그 근원이 있습니다. 십자가는 구원의 징표이므로 십자가를 두려워해서는 안 됩니다.

1 "자기를 부인하고, 자기 십자가를 지고 나를 따르라."마 16:24 참조 예수께서 제자들에게 하신 이 말씀은 사실 참 이해하기 어려운 말입니다. 또한 "저주를 받은 자들아, 나를 떠나 영원한 불로 들어가라"마 25:41 참조고 하신 예수님의 마지막 말씀은 이해하기가 더욱 어렵습니다. 그러나 십자가의 말씀을 기꺼이 따르는 사람은 영원한 형벌에 처해지는 것을 두려워하지 않을 것입니다.

주님이 심판하러 오실 때에 이 십자가의 표시는 하늘에 있을 것입니다. 살아생전 십자가에서 처형당하신 예수님에게 순종한 모든 종들은 큰 자신감을 갖고 심판자이신 그리스도에게로 나아올 것입니다.

2 그런데 왜 여러분은 하나님 나라로 가는 통로인 십자가 지는 일을 두려워합니까? 십자가에 구원이 있고, 십자가에 생명이 있으며, 십자가에 우리의 적에게서 지켜 주는 보호함이 있습니다. 십자가로 하늘의 감미로움이 흘러들어오고, 십자가에 마음의 강건함이 있으며, 십자가에 영혼의 기쁨이 있으며, 십자가에 높은 도덕이 있고, 십자가에서 신성함이 완성됩니다. 십자가가 아니면 영혼의 구원도 없고, 영원한 생명에 대한 희망도 없습니다. 그러므로 자기 십자가를 지고 예수님을

따르십시오. 그러면 영원한 생명에 이를 것입니다.

예수님은 자신의 십자가를 지시고 우리보다 앞서 가서 우리들을 위해 십자가에서 돌아가셨습니다. 그러므로 여러분도 자기 십자가를 지고 십자가 위에서 죽기를 열망하십시오. 우리가 그분과 함께 죽으면 우리 또한 그분과 함께 살 것입니다. 우리가 그분의 고통의 동반자가 되면 우리 또한 그분이 받으시는 영광의 동반자가 될 것입니다.

3 모든 것이 십자가에 있습니다. 또한 모든 것이 죽음에 있습니다. 거룩한 십자가의 길과 그리고 날마다 스스로 죽는 것 이외에는 생명에 이르는 길도, 내면의 진정한 평화에 이르는 길도 없습니다. 여러분이 원하는 곳이면 어디든지 가 보십시오. 원하는 것이면 무엇이든지 구해 보십시오. 거룩한 십자가의 길을 제외하고는 그보다 높은 길을 찾지 못할 것이며, 그 밑에 더 안전한 길도 찾을 수 없을 것입니다.

여러분이 원하는 대로, 관찰하는 대로 모든 일을 준비하고 처리해 보십시오. 그러면 여러분이 원하든 원치 않든, 어떤 고난에 봉착해 있는 자신을 발견할 것입니다. 그러고는 마침내 십자가를 발견할 것입니다. 그것은 여러분이 육체의 고통을 당하거나 또는 내면적인 영혼의 시련을 견뎌 내야 하기 때문입니다.

4 여러분은 때로는 하나님께 버림을 받고, 때로는 이웃에게서 시달림을 받습니다. 때로는 자기 자신이 짐스럽게 느껴지기도 합니다. 그렇지만 여러분 자신만의 힘으로는 어떻게 한다 해도 이런 것들로부터 벗어날 수 없습니다. 고통을 줄일 수조차 없습니다. 이러한 하나님의 뜻이 계속되는 한 여러분은 인내할 수밖에는 없습니다.

하나님의 위로 없이도 고난을 견뎌 내는 것을 배워야 하고, 자신을 그분에게 온전히 내어 맡겨야 합니다. 이는 고난을 통해 여러분이 더욱 겸손해지기를 하나님이 원하시기 때문입니다. 그리스도께서 겪었던 것과 같은 고통을 겪지 않은 사람은 누구도 그분의 고통을 마음으로부터 느끼지 못합니다.

십자가는 항상 준비되어 있으며 어디서나 여러분을 기다립니다. 여러분은 어디로 가든지 자기 자신과 함께 가며, 그곳에서 항상 자신을 발견할 것이기 때문에 어디로 달아나든지 여러분은 피할 수가 없습니다. 위를 향하거나 밑으로 향하거나, 밖으로 향하거나 안으로 향하거나, 모든 장소에서 십자가를 발견할 것입니다. 여러분이 내면의 평화를 갖기 원하고 영원한 왕관을 얻기 원하면, 어디를 가든 계속 인내해야 합니다.

5 여러분이 기꺼이 십자가를 지면, 십자가는 여러분을 그 위에서 태워 여러분이 원하는 목표로 인도해 갈 것입니다. 이 땅에는 고난이 있지만 그곳에는 고난이 없습니다. 물론 십자가를 기꺼이 지지 않고 마지못해 진다면, 그것은 큰 짐이 될 수밖에 없습니다. 만일 견디지 못하고 여러분이 십자가를 집어던진다 해도 금세 다른 십자가를 발견할 것입니다. 그 십자가는 이전 십자가보다 더 무거운 십자가일 것입니다.

6 어떤 인간도 피할 수 없는 일을 여러분은 피할 수 있다고 생각합니까? 세상의 옛 성인 가운데 살아 있는 동안 십자가를 지지 않고 고난을 당하지 않은 성인이 누구입니까? 심지어 우리 주 예수 그리스도께서도 한순간도 고난의 고통을 당하지 않는 때가 없었습니다. 그래서

예수께서는 말씀하십니다. "그리스도가 고난을 받고 죽은 지 사흘 후에 죽은 자 가운데서 살아나서 영광을 받을 것이다."눅 24:26, 46 참조 그런데 어찌하여 여러분은 거룩한 십자가의 길인 이 충성된 길 이외의 다른 길을 찾으려고 합니까?

7 그리스도의 전 생애는 십자가와 순교의 생애였습니다. 그런데 여러분은 편안함과 즐거움을 구하려고 합니까? 그것은 잘못입니다. 사람의 일생은 고난으로 차 있고 십자가로 둘러싸여 있기 때문에 만일 고난을 겪는 것 이외의 다른 것을 구한다면 그것은 잘못입니다. 사람이 영적으로 높이 성장하면 할수록 더 자주 무거운 십자가를 만납니다. 이것은 하나님에게서 멀리 떨어짐으로써 오는 고통이 하나님에 대한 사랑에 비례하기 때문입니다.

8 그러나 온갖 고난을 겪은 사람도 그가 지는 십자가의 고통을 통해 많은 풍성한 열매를 맺을 것이라는 것을 알기 때문에 그에게도 위로의 구원이 없는 것은 아닙니다. 십자가에 기꺼이 순종하면, 모든 고난의 고통이 믿음으로 변하여 하나님의 위로를 받을 것이기 때문입니다. 고난을 겪음으로써 육체가 약해진 만큼 내면의 은혜를 통하여 영혼이 강건해질 것입니다.

사람은 때로는 그리스도의 십자가의 사랑과 하나 되는 것을 사모하여 고난과 역경을 열망함으로써 위안을 받으려고 하기 때문에 슬픔과 고난이 없는 것을 오히려 바라지 않습니다. 하나님을 위하여 더 많은, 더 무거운 짐을 지면 그분께 더욱 더 인정받을 것이라고 믿기 때문입니다. 이것은 사람의 능력이 아니고 하나님의 은혜입니다. 하나님의 은혜는 연약한 인간의 육체 안에서 강하게 역사하여, 영적 열정으로 육체가 싫어하고 피하는 일을 좋아하게 만듭니다.

9 십자가를 지고 십자가를 사랑하며, 육체를 채찍질하여 복종케 하고 모욕을 기꺼이 참으며, 자기 자신을 낮추어 보거나 낮추어 보기를 원하고 역경과 손실을 견디며, 또한 이 세상에서의 번영을 바라지 않는 것은 인간의 본성이 아닙니다. 스스로를 돌아보면 이러한 것들 가운데 어느 하나도 할 수 없음을 알게 될 것입니다. 그러나 여러분이 주님을 신뢰하면 하늘에서 힘이 여러분에게로 내려와서 이 세상과 육체가 여러분의 다스림 아래 놓일 것입니다. 또한 여러분이 믿음과 그리스도의 십자가로 무장하면, 여러분의 적인 악마를 두려워할 필요가 없습니다.

10 그러므로 여러분이 마음을 굳혀 그리스도의 선량하고 충실한 종으로서, 여러분에 대한 사랑 때문에 십자가에서 못 박혀 돌아가신 주님의 십자가를 용감하게 지십시오. 이 삭막한 세상에서는 온갖 역경과 시련이 여러분이 어디를 가든지 따라올 것이므로 이 역경과 시련을 견뎌 낼 준비를 하십시오.
역경과 시련은 있기 마련이므로 이를 견뎌 내는 것 말고는 사탄의 고난과 슬픔을 피할 다른 방법이 없습니다. 만일 여러분이 주님의 친구가 되어 그분과 함께 있기를 원하면 사랑 가운데서 주님의 잔을 드십시오. 위로는 하나님에게 맡기십시오. 위로는 하나님의 뜻에 따라 그분이 결정하는 대로 따르십시오. 그리고 여러분은 고난을 질 각오를 하십시오. 그 고난을 가장 큰 위로라고 생각하십시오. 비록 그 고난을 여러분 홀로 견뎌 낼 수 있다 하더라도 이 땅에서 겪는 고난은 장차 얻을 영광, 즉 우리 안에서 시현될 영광과는 비교할 가치도 없는 것입니다. _{롬 8:18 참조}

●11 여러분이 이 경지에 도달하여 고난에서 단맛을 느끼고, 고난을 그리스도를 위한 기쁨으로 생각하면, 모든 일이 잘될 것이며 이 세상에서 낙원을 발견할 것입니다. 고난이 여러분에게 짐이 되고 여러분이 이것을 피하려 하는 동안에는 모든 일이 잘못될 것이며, 어디를 가나 고난이 따라다닐 것입니다.

●12 여러분이 해야 할 일을 준비하면, 즉 고난을 받고 죽음에 대한 준비를 하면, 여러분의 모든 일이 곧 좋아질 것이며 평화를 찾을 것입니다. 여러분이 바울과 함께 '셋째 하늘'로 들어 올림을 받았다 하더라도, 그 이유만으로 여러분이 이 이상 더 고난을 받지 않을 것이라는 보장은 아닙니다. 예수께서 말씀하셨습니다. "너희가 내 이름을 위하여 얼마나 고난을 받아야 하는지 보여 주겠다." _{행 9:16 참조} 그러므로 여러분의 소원이 예수님을 사랑하고 그분을 영원히 섬기는 것이라면, 여러분은 계속 고난을 받아야 합니다.

●13 여러분은 '예수님의 이름을 위해 고난을 받는 일에 합당한 자입니까?' 그렇다면 얼마나 큰 영광이 여러분을 기다리고 있습니까? 하나님의 성인들의 기쁨이 얼마나 큰 것이겠습니까? 또한 여러분의 이웃에게 얼마나 큰 격려가 되겠습니까? 많은 사람들이 고난을 참는 것을 찬양하지만, 실제로 고난 당하기를 원하는 사람은 없습니다. 많은 사람

들이 세상일로 고통 받을 때, 여러분은 그리스도를 위해 조금은 고난
을 받아야 합니다.

14 여러분은 자기 자신을 죽이면서 일생을 살아야 합니다. 여러분이 자
기 자신을 죽이면서 살면 살수록 여러분은 더욱 더 하나님을 위한 삶
을 살 것입니다. 그리스도를 위해 역경을 지기로 헌신하지 않으면,
하늘의 일을 이해할 수 없습니다.
그리스도를 위해 기꺼이 고난을 당하는 것 이상으로 하나님이 받아
들일 수 있는 것은 없으며, 또한 이 세상에서 여러분에게 이로운 것
도 없습니다. 만일 여러분이 선택을 해야 한다면, 위로를 구하여 편
안하기보다는 그리스도를 위해 고난을 받도록 기도하십시오. 이렇
게 함으로써 더욱 그리스도를 닮아 갈 것이며, 성인들이 보인 모범과
닮을 수 있을 것입니다. 우리 삶의 유익이나 성장은 즐거움과 위로에
있지 않고, 큰 시련과 고난을 겪는 데 있습니다.

15 만일 진실로 고난을 겪는 것보다 더 좋고 더 유익한 것이 존재했다
면, 확실히 그리스도께서 말씀과 행동으로 이를 보여 주셨을 것입니
다. 그를 따르는 제자들과 또한 그를 따르고자 하는 사람들에게 그리
스도는 십자가를 지도록 촉구하면서 이렇게 말씀하셨습니다. "누구
든지 나를 따라 오려거든 자기를 부인하고 자기 십자가를 지고 나를
따를 것이니라."눅 9:23 참조 이 모든 것을 읽고 묵상한 후에 이것이 여러
분의 마지막 결론이 되게 하십시오. "우리가 하나님 나라에 들어가려
면 많은 환난을 겪어야 할 것이라."행 14:22

주님이 주시는 내적 위로

3부에서는 하나님과의 영적 연합이 무엇을 의미하는지 이야기한다. 영적으로 하나님과 연합하는 것은 영적 성장의 마지막 단계로, 이 영적 단계는 누구나 도달할 수 있는 것이 아니다. 심오한 삶의 신비를 이해할 수 있을 뿐 아니라, 성숙한 그리스도인으로서 정상에 오른 사람만이 도달할 수 있다.

총 59장으로 구성된 3부는 그리스도를 본받는 문제의 가장 본질적인 문제를 다룬다. 여기에는 그리스도인으로 생활하는 데 유용한 많은 조언이 포함되어 있으며, 우리와 그리스도와의 영적 연합이 깊어 감에 따라 얻을 수 있는 '내적 위로'에 관한 설명도 있다.

3부의 특징은 그리스도와의 영적 관계를 주님과 제자 간의 대화 형식으로 설명한다는 것이다. 하나님의 사랑이 주는 능력과 하나님을 신뢰하고 의지하는 것, 은혜의 능력 등이 대화의 주제이나.

1 신실한 영혼과 내밀히 대화하시는 예수님

주님의 속삭이는 음성에 귀를 기울이십시오. 우리가 주님에게로 향할 때, 그 분과 끊임없이 대화할 수 있으며, 마음속에 영원한 것을 느낄 수 있고, 모든 일을 그분께 맡길 수 있습니다.

1 **제자** "여호와 하나님께서 하시는 말씀을 듣겠습니다. 하나님의 말씀을 들으며 그분의 입에서 위로를 받는 사람은 복 있는 사람입니다. 하나님의 작은 속삭임에 귀를 기울이고, 세상의 속삭임에는 주의를 기울이지 않는 사람은 복 있는 사람입니다. 바깥에서 들려오는 소리를 듣지 아니하고, 진리를 가르치는 내면의 소리를 듣는 자는 복 있는 사람입니다.

외부 세계에 대하여 눈을 감고 내면 세계에 마음을 두는 사람은 복 있는 사람입니다. 내면 세계로 깊숙이 들어가서 매일매일의 기도를 통해 하나님 나라의 비밀을 알려고 자신을 더욱 단련하는 사람은 복 있는 사람입니다. 하나님을 위한 시간을 갖기를 열망하며, 세상의 모든 장애물로부터 자신을 해방시키는 사람은 복 있는 사람입니다.

"내 영혼아, 이러한 일들에 주의를 기울여서 모든 감각의 문에 열쇠를 채우고, 하나님이 네 안에서 하시는 말씀을 들을 수 있도록 하라."

2 **주님** "나는 네 구원이요 평강이요 네 생명이다. 너희는 나와 함께 있어라. 그러면 평강을 얻을 것이다. 일시적인 것에 시간을 낭비하지 말고 영원한 것을 구하라. 일시적인 것은 모두 거짓 환상이 아니냐? 만

일 너희가 나에게 버림을 받는다면, 세상 모든 피조물이 너희에게 무슨 소용이 있겠느냐? 그러므로 모든 세상적인 것을 제쳐 놓고 너희를 창조주에게 돌려 주고, 나에게 충성하며, 내가 받아들일 수 있는 사람이 되라. 그러면 너희는 진정한 축복을 받을 것이다.”

2 우리 속에서 잠잠히 말씀하시는 분

선지자들이나 스승들이 하나님에 대하여 좋은 말을 할 수는 있습니다. 하지만
하나님만이 우리 마음에 가르침을 주시고, 선지자들이 한 말의 내면의 의미를
드러내 보여 주십니다.

1 **제자** "주여 말씀하소서. 당신의 종은 듣겠습니다. 저는 주의 종이오니
깨닫게 하여 주님이 증거하시는 모든 일들을 알게 하소서. 주님의 입
에서 나오는 말씀에 귀를 기울이게 하소서. 주님의 말씀이 저에게 이
슬처럼 내리게 하소서.

옛날 이스라엘 백성이 모세에게 말했습니다. '당신이 우리에게 말씀하
소서. 우리가 듣겠습니다. 하나님이 우리에게 말하지 않게 하소서. 우
리가 죽을까 두렵습니다.'출 20:19 참조 그러나 저는 이렇게 기도하지 않
겠습니다. 오히려 저는 선지자 사무엘과 같이 겸손히 그리고 열정적
으로 기도하겠습니다. '주여, 말씀하소서. 당신의 종이 듣겠습니다.
모세나 또 다른 어떤 선지자들이 제게 말하지 않게 하시고, 모든 선
지자들에게 영감을 불어 넣으시고 그들을 깨우쳐 주신 주님만이 말
씀하소서. 그들 선지자가 아니고 주님만이 저를 온전히 가르칠 수 있
으시며, 선지자들은 주님이 없으면 아무 유익한 일도 할 수 없기 때
문입니다.'"

2 "선지자들은 말씀을 외칠 수 있을 뿐 성령을 전하지는 못합니다. 선
지자들은 무척 아름답게 말하지만, 주님이 침묵하시면 저희들 마음

에 불을 붙이지는 못합니다. 선지자들은 문헌들을 우리에게 전해 주지만, 그 의미를 알게 하는 분은 주님이십니다. 그들은 주님의 신비를 드러내지만, 그 비밀을 푸는 분은 주님이십니다. 선지자들은 주님의 계명을 가르치지만, 저희들이 이것을 행하게 도와주는 분은 주님이십니다. 그들은 저희들에게 주님께로 가는 길을 안내하지만, 주님은 그 길을 갈 수 있는 힘을 주십니다. 그들은 저희들의 외면을 어루만지지만, 주님은 저희들의 마음을 가르치고 깨우쳐 주십니다. 선지자들은 표면에 물을 주지만, 주님은 생명이 자라나게 하십니다. 그들은 크게 소리 내어 말씀을 전하지만, 주님은 듣는 사람이 이해할 수 있도록 하십니다."

3 "그러므로 주님, 모세가 제게 말하게 하지 마시고 영원한 진리이신 주님께서 저에게 말씀하소서. 만일 제가 겉으로만 훈계를 받고 내면에서 뜨거워지지 않으면, 저는 죽을 것이며 제 생애는 아무런 열매도 맺지 못할 것이기 때문입니다. 그리고 심판 날에 제가 말씀을 들었으되 이를 이행하지 않았고, 말씀을 이해했지만 이를 사랑하지 않았으며, 말씀을 믿었지만 말씀과 함께 살지 않은 데 대하여 제가 심판을 받을 것이기 때문입니다.

그러므로 주님, 저에게 말씀하소서. 당신의 종이 듣겠습니다. 주님께서는 영생을 얻는 말씀을 가지고 계십니다. 저에게 말씀하소서. 그러면 제 영혼에 위안이 되고, 제 전 생애를 바로잡을 수 있을 것입니다. 다만 그것이 주님에 대한 찬양과 영광이 되고, 영원한 존귀함이 되게 하소서."

3 말씀을 마음판에 새기라

예수님은 겸손하게 하나님의 말씀에 귀를 기울일 것과, 세상의 헛되고 공허한 것들을 추구하는 일을 제쳐 두고 나쁜 습관을 고쳐서 덕성을 키울 것을 권고하십니다.

1 **주님** "내 아들아, 내 말을 들으라. 내 말은 세상 무엇보다 감미로우며, 세상의 모든 철학자와 현인의 지식을 초월한다. 내 말은 영이요, 생명이며, 내 말은 인간의 이해력으로 헤아리려고 해서는 안 된다. 내 말은 헛된 찬동의 대상이 되어서는 안 되고, 오직 침묵 가운데서 들어야 하며, 모든 겸손과 큰 사랑으로 받아들여야 한다."

2 **제자** "주여, 주님으로부터 가르치심을 받고 주님의 율법을 학습하는 자는 복이 있습니다. 주님께서는 그러한 사람을 환난 날에 쉬게 하실 것이며, 그는 이 세상에서 고독하지 않을 것이기 때문입니다."

3 **주님** "나는 처음부터 선지자들을 가르쳤으며, 지금까지도 사람들에게 말하는 것을 그치지 아니하였다. 그러나 많은 사람이 내 말에 귀는 물론 마음까지도 굳게 닫아 버렸다. 많은 사람들이 나보다 세상일을 더 즐거이 듣고, 나를 즐겁게 하는 일보다는 육체의 욕구를 더 쉽게 따른다.

세상은 그 시대의 보잘것없는 일들을 약속하는데도 사람들은 열성을 다해 세상을 섬기려고 한다. 그러면서도 영원한 것과 최고의 것을 약속하는 내 말에는 사람들의 마음이 무디기만 하다. 세상과 세상 사람들을 섬길 때와 같이 큰 관심을 가지고 모든 일에서 나를 섬기고 나에게 복종하는 사람이 도대체 누구란 말인가? '시돈이여, 너는 부끄러워하라고 바다가 말했다. 그 이유를 알려고 하면 들어 보라.'^{사 23:4 참조} 많은 사람들이 작은 보상을 찾아서 서둘러 먼 길을 떠나지만, 영생을 위해서는 한 발자국도 땅에서 떼려 하지 않는다. 사람들은 값싼 상을 추구하며, 때로는 동전 한 푼을 위해 비열한 법적 싸움을 하고, 공허한 일과 사소한 기대 때문에 밤낮으로 노력하는 것을 두려워하지 아니한다."

4 "아, 그러나 부끄럽게도 변하지 않는 선과 한량없는 보상, 최고의 명예와 영원한 영광을 위해서는 사람들이 작은 노력마저도 하지 않으려고 한다. 그러므로 나태하고 불평하는 종들은 얼굴을 붉혀야 할 것이다. 그들은 너희가 생명을 준비하는 것과는 달리 파멸을 준비하는 자들이다. 너희가 진실 속에서 기뻐하는 것과는 달리 그들은 공허함 속에서 기뻐하는 자들이다. 그들은 자주 실망할 것이다. 그러나 나의 약속은 누구도 실패하게 하지 않을 것이며, 나를 신뢰하는 자를 빈손으로 돌려보내지도 않을 것이다. 끝까지 나의 사랑에 대한 충성을 지키는 자에게는 내가 약속한 것을 줄 것이다. 나는 모든 선한 사람에게 상을 주는 자이며, 모든 신앙인들을 철저히 심사하는 자이다."

5 "내 말을 마음에 새겨라. 그리고 부지런히 묵상하라. 유혹의 순간에 내 말이 절실히 필요할 것이다. 읽어도 알 수 없는 것은 내가 찾아갈 때 알게 될 것이다. 나는 내가 선택한 사람들에게 두 방법으로 다가

갈 것이니, 즉 너희를 시험할 때와 위로할 때이다. 나는 그들에게 매일 두 가지 교훈을 가르칠 것이니, 하나는 그들의 잘못을 꾸짖는 것이고, 다른 하나는 그들이 덕행을 하도록 격려하는 것이다. 내 말을 듣고 이를 비웃는 사람은 마지막 날에 그를 심판하는 분을 만날 것이다.”

6 제자 “나의 주 하나님, 주님은 제 선의善意의 전부입니다. 제가 누구라고 감히 주님께 말씀 드리겠습니까? 저는 주님의 가장 가난하고 천한 종이요 버려진 벌레이며, 제가 아는 것보다 그리고 제가 감히 말할 수 있는 것보다 더 비천하고 비열한 사람입니다.
주님, 저는 아무것도 아니며, 아무것도 가진 것이 없으며, 아무것도 할 수 있는 것이 없습니다. 주님은 홀로 선하시고, 의로우시며, 거룩하십니다. 주님은 모든 일을 하실 수 있고 모든 것을 초월하시며, 모든 것을 충만하게 하십니다. 그리고 오직 죄인만을 빈손으로 남겨 두십니다. 주님께서는 주님이 하시는 일이 헛되이 되는 것을 원하지 않는 분이시니 주님의 자비를 기억하시고 저의 마음을 주님의 은혜로 가득 채워 주소서.”

7 “주님의 자비와 은혜가 저를 강건하게 하지 않았다면, 어떻게 제가 이 괴로운 생에서 저를 지탱할 수 있었겠습니까? 저에게서 주님의 얼굴을 돌리지 마시고, 저에게로 오시는 것을 지체하지 마시고, 주님의 위로를 가져가시지 마옵소서. 하나님 면전에서 제 영혼이 물 없는 땅이 될까 두렵습니다. 주님, 주님의 뜻을 행할 수 있도록 가르쳐 주소서. 주님 면전에서 가치 있게, 그리고 겸손하게 살 수 있도록 가르

쳐 주소서. 주님은 저의 지혜이십니다. 진실로 주님은 저를 아시고, 창세전에 이미 저를 아셨으며, 제가 이 세상에 태어나기 전에 저를 아셨기 때문입니다."

4 교제는 늘 진실하고 겸손하게

예수님은 철면피와 호기심, 자만이 가져오는 위험을 경고하십니다. 우리는 통제할 수 없는 격정에 쉽게 휩싸이므로 우리 마음을 정화하고, 감정을 순화해 주시기를 하나님께 구해야 합니다.

1 **주님** "내 아들아, 내 앞에서 진리 가운데 걷고, 항상 단순한 마음으로 나를 구하라. 내 앞에서 진리 가운데 걷는 사람은 악의 공격으로부터 보호를 받을 것이며, 진리가 그를 유혹하는 자와 사악한 자의 비방으로부터 자유롭게 할 것이다. 진리가 너희를 자유롭게 한다면 너희는 진실로 자유로워질 것이며, 사람들의 빈 말에 관심을 기울이지 않으리라."

제자 "주님, 주님의 말씀이 옳으십니다. 그래서 저도 주님 말씀대로 되도록 주님께 간구합니다. 주님의 진리가 저를 가르치게 하시고, 저를 보호하게 하시며, 구원의 끝날까지 저를 안전하게 지키게 하소서. 주님의 진리가 모든 악의 영향과 무절제한 욕정에서 저를 자유롭게 하소서. 그러면 제가 마음의 큰 자유를 얻어 주님과 동행할 것입니다."

2 **주님** "진리인 내가 무엇이 옳고 무엇이 내 눈에 기쁜 것인지 가르쳐 주리라. 슬픈 심정으로 너희들의 죄를 생각해 보라. 그리고 어떤 선행을 했다고 하여 너희가 중요한 사람이라고 생각하지 말라. 진실로,

진실로 너희는 죄인이다. 너희는 온갖 욕정에 노출되어 있고, 또 욕정에 휩싸여 있다. 너희는 언제나 중요하지 않은 것을 향하여 움직이며, 쉽게 넘어지고 순식간에 정복당하며, 재빨리 혼돈에 빠지고 한순간에 흐트러지는 존재이다. 너희는 자랑할 것이 아무것도 없으며, 다만 자신이 아무 가치 없는 존재라고 판단해야 할 이유만 많이 가지고 있을 뿐이니, 이는 너희가 생각할 수 있는 것보다 훨씬 더 연약하기 때문이다."

3 "그러므로 너희가 행한 모든 일 중에서 어떠한 일도 자기 자신에게 중요하게 보이지 않도록 하라. 웅대한 것은 아무것도 없으며, 귀중한 것도 없고, 감탄할 것도 없고, 가치 있는 명성도 없으며, 고상한 것도 없고 참으로 칭찬할 만한 것도 없다. 오직 영원한 것만 있을 뿐이다.

세상 어떤 일보다 영원한 진리에 기뻐하고, 자신이 보잘것없다는 사실을 항상 염두에 두라. 어떠한 것보다도 자신의 잘못과 죄를 더 두려워하고 자책하며 피하라. 너희 잘못과 죄는 다른 모든 것을 잃는 것보다 더 너희를 불쾌하게 할 것이다.

내 앞에서 진실되지 않게 행동하는 사람이 있다. 그들은 자신의 구원을 등한시하면서도 호기심과 교만함의 부추김을 받아 나의 비밀을 알기를 바라고, 나의 심오함을 이해하려고 한다."

4 "나의 심판을 두려워하라. 전능한 나의 분노를 무서워해야 한다. 지고한 내 일에 관하여 논쟁하지 말 것이며, 오히려 너희가 중요한 일들에 얼마나 자주 실패했는지, 그리고 얼마나 많은 선행을 등한시 했

는지 자신의 부정한 행위를 철저히 추궁하라. 어떤 사람은 그들의 신앙을 기도 책에 의존하고, 어떤 사람은 그림에, 또 어떤 사람은 밖으로 보이는 표상과 형태에 의존한다. 어떤 사람에게는 그들의 입술에는 내가 있으나 그들의 마음에는 내가 없다.

그러나 또한 지식으로 계몽되고 감정이 순화된 사람도 있어서 이들은 언제나 영원한 것을 열망한다. 그들은 세상적인 것을 듣기 좋아하지 않으며, 인간 본성의 욕구에 복종하는 것을 슬퍼한다. 그들은 또한 진리의 영이 그들의 내면에서 말하는 것을 잘 아는 사람들이다. 이는 진리의 영이 그들에게 세상적인 일을 경멸하고, 하나님 나라의 일을 사랑하며, 세상을 무시하고, 밤낮으로 하나님 나라를 동경할 것을 가르치기 때문이다."

5 사랑의 경이로운 힘

진정으로 사랑하는 사람은 사랑하는 사람을 위해 모든 것을 포기하고 온갖 시련과 고난 중에서도 그에게 충성을 바칠 마음의 준비가 되어 있어야 합니다.

1 **제자** "하나님 아버지, 나의 주 예수 그리스도의 아버지시여! 황송하게도 비천한 저를 기억하여 주시니 하나님을 찬양합니다. 자비로우신 모든 위로의 하나님, 저는 어떤 위로도 받을 자격이 없는 사람이지만, 하나님께서는 때때로 저를 위로해 주셔서 생기를 얻게 해 주셨습니다. 저는 항상 영원무궁토록 하나님과 당신의 독생자이신 그리스도와 보혜사 성령을 찬양하고 영광을 올려 드립니다.

주 하나님, 저의 거룩한 연인이시여, 당신이 제 마음에 들어오실 때는 저의 내면 전체가 기뻐 춤출 것입니다. 당신은 저의 영광이시며 제 마음의 기쁨입니다. 당신은 저의 희망이시며 환난 날에 저의 피난처이십니다."

2 "그러나 아직도 저는 사랑에 약하고 저의 도덕은 불완전하기 때문에 당신의 힘으로 강해져야 하고 당신의 위로를 받아야 합니다. 더 자주 저를 찾아 주시고, 당신의 가르침으로 저를 깨우쳐 주소서. 나쁜 욕정에서 저를 해방시키시고, 모든 무절제한 감정으로부터 제 마음을 치유해 주소서. 그리하여 제 내면이 건강해지고 정결해지면, 저는 사랑할 자격과 인내할 수 있는 강건함과 그리고 버틸 수 있는 굳건함을 갖게 될 것입니다."

3 "위대한 것은 사랑입니다. 위대한 선이 다 모인 것이 사랑입니다. 사랑만이 무거운 짐을 가볍게 하고, 모든 불평등한 것을 평등하게 합니다. 사랑은 짐 진 것 같지 않게 짐을 지며, 입에 쓴 것을 모두 달고 맛있는 것으로 만듭니다. 예수님의 고귀하신 사랑은 저희들이 선한 행동을 하도록 촉구하며, 끊임없이 더 완전한 것을 추구하도록 저희들을 격려합니다.

사랑은 높이 치솟아 올라가기를 바라며, 밑에 붙잡혀 매이는 것을 원하지 않습니다. 사랑은 자유롭기를 바라고, 모든 세상적인 애정과 구별되기를 원합니다. 그렇지 않으면 사랑의 내면의 비전이 방해를 받거나, 일시적인 편리함 때문에 혼란이 초래되거나, 역경에 직면했을 때 이에 압도당할 것이기 때문입니다.

천지간에 사랑보다 더 단 것은 없으며, 더 강한 것도 없고, 더 넓은 것도 없으며, 더 즐거운 것도 없고, 또한 더 완전하고 좋은 것도 없습니다. 사랑은 하나님으로부터 태어났으며, 모든 피조물을 초월하시는 하나님 안에서가 아니면 쉴 자리를 발견할 수 없기 때문입니다."

4 "사랑을 하는 사람은 높이 날고 빨리 달리며, 기쁨으로 충만합니다. 사랑을 하는 사람은 자유로우며 매어 있지 않습니다. 사랑을 하는 사람은 모든 사람에게 모든 것을 주며 또한 모든 것을 소유합니다. 그런 사람은 세상 모든 것 위에 계시는 지고하신 분 안에서 안식을 취하기 때문입니다. 세상의 선한 것들은 모두 그분에게서 나와 퍼져 갑니다.

사랑은 선물에 눈을 돌리지 않고, 선물을 주는 사람에게로 눈을 돌립니다. 주는 것은 선행 중의 선행입니다. 사랑은 한계를 모릅니다. 사랑은 모든 한계를 뛰어넘어 더욱 열렬해집니다. 사랑은 짐스럽게 느껴지지 않으며 노동이라는 생각이 들지 않습니다. 사랑은 할 수 있는 것 이상을 실현하기 위해 노력합니다. 사랑은 불가능을 호소하지 않습니다. 사랑에는 모든 것이 열려 있고 가능하다고 생각하기 때문입니다. 그러므로 사랑은 모든 일에 강하며, 많은 일들을 완성하고 성취합니다. 그러나 사랑을 하지 않는 사람은 이런 일을 하지 못하고, 실패하고 넘어집니다.”

5 “사랑은 깨어 있으며, 잠을 자되 자지 않고, 지치되 피로하지 않으며, 에워싸이되 갇히지 않으며, 두려움이 있으되 흔들리지 않습니다. 그러나 사랑은 살아 있는 불꽃처럼, 불타는 횃불처럼 불타서 하늘을 향하여 퍼져 나갑니다. 누구라도 사랑을 하면 사랑이 외치는 소리가 들립니다. 하나님의 귓전에 가장 크게 들리는 소리는 ‘나의 사랑이신 하나님, 당신은 온전히 나의 것이며 나는 온전히 당신의 것입니다’라고 외치는 영혼의 불타는 사랑입니다.”

6 “제 사랑의 폭을 넓게 하소서. 그래서 사랑을 한다는 것과 사랑 안에서 녹아 버려서 헤엄친다는 것이 얼마나 감미로운 것인지 제 마음의 내면의 입으로 맛볼 수 있도록 하소서. 제가 사랑의 소유물이 되게 하여 저의 강한 열정과 희열로써 제 자신 위로 올라 치솟게 하소서. 저에게 사랑의 노래를 부르게 하시고, 높은 곳의 사랑하는 분을 따르게 하시며, 지칠 때까지 당신을 찬양하게 하시며, 사랑으로 기뻐 뛰게 하소서. 제 자신보다는 당신을 더 사랑하게 하시고, 오직 당신을 사랑하기 위해 제 자신을 사랑하게 하시고, 또한 당신을 진정으로 사랑하는 당신 안에 있는 모든 사람을 사랑하게 하소서. 제가 이렇게

하는 것이 당신에게서 빛을 발하며 분출하는 사랑의 법칙이 시키는
대로 하는 것입니다."

7 "사랑은 재빠르고 성실하며, 자비롭고 슬기로우며, 참을성이 있고
용감하며, 자기 자신을 구하지 않습니다. 누구든지 자기 자신을 구
하면 사랑으로부터 추락합니다. 사랑은 신중하고 겸손하며, 곧으며,
부드럽지도 가볍지도 않으며, 헛된 일을 찾아 나서지 않고, 침착하
며, 순결하며, 흔들리지 않으며, 조용하며, 그리고 모든 감정을 자제
할 수 있는 힘이 있습니다.
사랑은 모든 권위자에게 복종하고 순종합니다. 사랑 그 자체는 미천
한 모습으로 보입니다. 하나님의 자비로운 구원을 맛보지 못하는 경
우에도 사랑은 항상 하나님께 헌신하며, 하나님을 신뢰하며, 하나님
께 희망을 두며, 하나님께 감사합니다. 슬픔이 없으면 사랑에 생명
이 없기 때문입니다."

8 "온갖 일을 다 겪을 준비가 되어 있지 않으며, 또 자신이 사랑하는 사
람의 뜻에 따를 준비도 되어 있지 않은 사람은 '사랑하는 사람'이라고
부를 가치가 없습니다. '사랑하는 사람'은 자신이 사랑하는 상대를 위
해 어렵고 고통스러운 일을 모두 기꺼이 껴안아야 합니다. 어떤 역경
이 있더라도 자신이 사랑하는 사람으로부터 등을 돌리지 말아야 합
니다."

6 진정한 사랑은 다르다

진정한 연인은 사랑하는 사람이 주는 선물보다 사랑하는 사람이 주는 사랑을 더 소중히 생각합니다. 진정한 연인이 되기 위해 모든 악의 유혹을 뿌리쳐야 하며, 하나님의 구원의 능력에 우리의 모든 힘을 기울여야 합니다.

1 주님 "내 친구여, 너는 아직도 용감하고 지혜롭게 사랑을 베푸는 사람이 아니다."

제자 "주님, 어찌하여 그러합니까?"

주님 "너는 작은 일에만 부딪쳐도 시작한 일을 이내 중단하고, 지나친 욕심으로 위로를 구하기 때문이다. 용감하게 사랑을 하는 사람은 유혹에 강하게 버티며, 적이 교묘하게 설득하는 것을 믿지 아니한다. 나는 그런 사람을 그가 행복한 상태에 있을 때에도 기쁘게 해 주고, 역경에 처해 있을 때에도 불쾌하게 하지 아니한다."

2 "지혜롭게 사랑을 하는 사람은 사랑을 받는 사람이 주는 선물보다 그 사람의 애정을 더 소중히 생각한다. 그런 사람은 선물의 가치보다 사랑을 소중히 하며, 어떠한 선물도 자신이 사랑하는 사람보다는 못하다고 생각한다. 고결하게 사랑하는 사람은 선물에 만족하지 아니하며 오히려 모든 선물보다 위에 있는 나에게서 만족을 찾는다.

네가 원하는 것보다 때로는 나와 나의 선지자들에게 애정을 덜 가지고 있다 하더라도 모든 것을 잃은 것이라고 말할 수는 없다. 왜냐하면 너는 때때로 나와 나의 선지자에게 감미롭고 좋은 감정을 가지고 있으며, 이것은 네 안에서 역사하는 내 은혜의 결과이고, 네가 언젠가 누릴 하나님 나라의 전조이기 때문이다. 그러나 이러한 감정에 너무 의존하지 말라. 이런 감정은 오고 가기 때문이다."

3 "그러므로 이상한 환상이 너를 혼란스럽게 하지 못하게 하라. 담대히 너의 목표를 견지하고, 하나님을 향한 너의 결심을 바로 세우라. 때때로 네가 갑자기 환희에 빠졌다가 다시 바로 습관적으로 마음에 간직한 하찮은 일에 신경을 쓰는 것은 환상이 아니다. 오히려 너는 이러한 생각이 일어나게 하기보다는 이를 견뎌 내는 방법을 배워야 할 것이다. 네가 이러한 생각을 좋아하지 않으면, 이와 맞서 싸워라. 그러면 너에게 유익이 될 것이다."

4 "너의 오랜 적인 악마가 선에 대한 너의 소망을 훼방하려 하며, 또한 모든 신앙생활로부터 너를 탈선시키려고 온갖 방법을 동원한다. 악마는 네가 성인聖人들을 명상하며, 나의 수난受難을 경건하게 기억하며, 지은 죄를 기억하고 반성하며, 너 자신의 마음을 지키며, 덕성을 높이려는 너의 확고한 결의에서 너를 탈선시키려고 애를 쓴다.
악마는 온갖 나쁜 생각을 네 주위에 쌓아 놓고 네 마음을 지치고 불안하게 하며, 기도와 성경 읽는 것을 못하게 하려고 한다. 악마는 죄의 겸손한 고백을 싫어하며, 할 수만 있으면 네가 성찬식에 참석하지 못하게 할 것이다.
악마가 속임의 올가미를 너에게 뻗질지라도 그를 믿지 말라. 그가 네 주위에 악한 것과 부정한 것을 쌓으면 바로 이렇게 쏘아붙이라. '더러운 영아, 물러가라. 네 수치를 부끄러워하라. 이 가련한 자야, 천한 말을 내 귀에 들려주는 너는 가장 더러운 자다. 나에게서 떠나라, 이 최고의 사기꾼아. 너는 나에게는 있을 자리가 없다. 예수께서 용맹스러운 용사와 같이 나와 함께 계실 것이므로 너는 놀랄 것이다. 내가 네게 굴복하느니 차라리 죽어 모든 고통을 받을 것이다. 말을 그치고 움직이지 말라. 네가 나에게 더 고통을 주려고 획책해도 나는 이제 더 이상 네 말을 듣지 않을 것이다. 조용히 입을 다물라. 주님은 나의 빛이요, 나의 구원이시니, 내가 누구를 두려워하리요! 모든 군대가 나를 친다 해도 내 마음은 두려워하지 않을 것이다.^{시 27:1, 3 참조} 주님은 나의 목자이시고 나의 구원자이시다.'^{시 19:14 참조}"

5 "용감한 군사처럼 싸워라. 그러나 만일 네가 넘어진다 하더라도 내가 더 큰 은혜를 내릴 것이라는 것을 믿으라. 또한 헛된 자신감과 교만을 경계하면서 이전보다 더 큰 힘을 내라. 헛된 자신감과 교만이 많은 사람을 실수하게 하며, 때로는 치료가 불가능한 무지로 빠져들게 한다. 자기 자신에게 지나치게 의존하는 교만한 자의 이러한 심상^{心想}이 너에게 경종이 되고, 너를 더욱 겸손하게 만드는 본보기가 되기를 바란다."

7 은혜에 너무 집착하지 말 것

예수님은 신앙심과 헌신보다 하나님에게 더 주의를 기울이라고 권고하십니다. 진정한 영적 성장은, 세상의 위로가 우리를 떠나도 인내하며 마음이 흔들리지 않고 확고할 때 이루어집니다.

1 **주님** "내 아들아, 너는 믿음의 은혜를 감추는 것이 너에게 더욱 유익하고 안전하다는 것을 알아라. 즉 자신을 뽐내지 말 것이며, 자신이 받은 은혜를 너무 자랑하지 말 것이며, 은혜에 너무 무게를 두지도 말라. 그러나 오히려 너는 네 자신을 천히 여기고, 받을 자격이 없는 사람에게 은혜가 주어졌음을 두려워하라. 그리고 은혜를 입고 있다는 감정에 지나치게 집착하지 말지니, 이러한 감정은 순식간에 그 반대로 변할 수 있기 때문이다. 오히려 은혜를 받았을 때 으레 그러하듯이 네게 은혜가 없었을 때 네가 얼마나 비참하고 무력했던가를 생각하라.

영적 생활의 성장은 위로의 은혜를 받는 데 있지 아니하고, 겸손과 자기 희생과 인내로써 은혜 없이도 살 수 있을 때, 기도에 대한 열정에 싫증을 느끼지 않을 때, 일상적으로 해 오는 신앙생활이 흐트러지지 않을 때, 비록 큰 용기와 이해가 필요하지만 신앙생활을 기꺼이 계속할 때, 그리고 무미건조함이나 고민으로부터 완전히 네 자신을 무시할 때 이루어진다."

2 "많은 사람들은 일이 잘 풀리지 않을 때 인내심을 잃고 나태해진다.

사람이 가는 길은 자기 자신이 선택하는 것이 아니다. 길을 주고 통제하는 일은 오직 나만이 한다. 그것도 나는 내가 원할 때, 내가 원하는 만큼, 내가 원하는 사람에게 주며, 또한 나 자신을 기쁘게 할 정도로만 주지 그 이상은 주지 않는다.

많은 사람들은 자신에게는 믿음의 은혜가 있다는 뻔뻔한 생각 때문에 자신을 파멸에 이르게 한다. 이러한 파멸은 사람들이 자신의 왜소함을 생각하지 않고, 자신이 할 수 있는 것보다 더 많은 일을 하기를 원하고, 이성의 판단보다는 마음의 충동을 따르기 때문이다. 또한 사람들은 내가 기뻐하는 것 이상을 기대했기 때문에 은혜를 잃고 말았다. 하나님 나라에 자신들을 위한 안식처를 만들어 놓은 사람들은 가련하게 되고, 버린 바 되었으며, 가치 없는 사람이 되어 버렸다. 이렇게 비천해지고 곤경에 빠진 후에야 사람들은 자기 자신의 날개로는 날 수 없고 나의 날개 밑에 머물러야 한다는 것을 깨달을 것이다. 이 길에 초보자이고 경험이 없는 젊은 사람들은, 지혜 있는 사람들의 충고를 받아들여 스스로를 다스리지 못하면, 쉽게 속임을 당하고 파멸에 이를 수 있다.”

3 “젊은 사람들이 경험 있는 사람들을 신뢰하지 않고 자신의 감정을 따르면, 큰 위험에 처할 것이다. 자신의 눈으로 자신이 현명하다고 생각하는 사람은 다른 사람의 다스림을 겸손하게 참아 내지 못한다. 많은 지식을 가지고 자만하는 것보다는 지식은 적어도 겸손하고 덜 현명한 것이 더 낫다. 자랑할 수 있는 것을 많이 가져 교만해지는 것보다는 적게 가지는 것이 낫다. 지난날의 곤궁과 나에 대한 순수한 두려움을 망각하고, 이미 얻은 은혜를 놓치지는 않을까 두려워하는 사

람은 신중하게 처신하지 못한다. 또한 이들은 역경과 곤경에 처하면 지나치게 절망하며, 나를 크게 신뢰하려고도 하지 않는다."

4 "평화의 때에 지나치게 안전하기를 바라는 사람은 전시에는 지나치게 낙담하고 두려움에 떠는 경우가 많다. 만일 네가 언제나 겸손하고 자제할 줄 알며, 진정으로 네 자신의 영혼을 잘 인도하고 다스릴 줄 안다면, 너는 그렇게 쉽게 위험에 빠지지도, 나쁜 기분에 사로잡히지도 않을 것이다. 격정의 영에 사로잡혔다면 그 격정의 불꽃이 꺼졌을 때 어떤 일이 일어날지 생각하는 것이 지혜로운 일이다. 격정의 불꽃은 꺼졌다가도 다시 살아날 수 있음을 생각하라. 이렇게 하는 것은 네게 경고를 주기 위함이며, 또한 나에게 영광이 되도록 격정을 일시적으로 철회했을 뿐이기 때문이다. 이러한 시험은 네가 언제나 뜻한 대로 번성하는 것보다 더욱 유익할 것이다."

5 "사람의 가치를 많은 비전과 위로를 가지고 있어야 한다거나, 성경에 능통해야 한다거나, 지위가 높다거나 하는 것으로 평가해서는 안된다. 그보다는 사람이 진정한 겸손에 기초를 두고 있는지, 나의 사랑으로 충만한지, 언제나 순수함과 성실함으로 하나님의 영광을 구하는지, 자신을 중요하지 않게 생각하는지, 아니 그것보다는 자신을 참으로 경멸하고 있는지와, 또한 다른 사람으로부터 존경을 받기보다는 업신여김을 받고 모욕을 당해도 매우 기뻐하는지를 보고 판단해야 하기 때문이다."

8 하나님 앞에 선 인간

우리가 가진 것은 모두 하나님으로부터 왔습니다. 하나님이 안 계시면 우리는 가련한 존재일 뿐입니다. 오직 그분의 사랑만이 우리가 자기 증오의 늪에 빠지는 것을 피할 수 있게 하고, 진정한 우리를 발견할 수 있게 합니다.

1 **제자** "저는 먼지이고 재에 불과한데, 어찌 내 주 하나님께 말씀 드릴 수 있겠습니까? 또한 그런 이유로 제가 저 자신을 먼지보다 더 높이 평가한다면 당신께서 반대하실 것입니다. 진실로 제 죄가 이것을 증거하며, 저는 이에 대하여 반론할 수 없습니다. 그러나 제가 제 자신을 낮추고 제 자신을 아무것도 아닌 존재로 생각하며, 모든 자존심을 저에게서 벗겨 버리며, 또한 제가 진정으로 그런 것과 같이 제 자신을 먼지같이 되게 하면, 당신의 은혜가 저에게 미칠 것이고 당신의 빛이 제 마음에 다가올 것이며, 저의 모든 자존심이 제가 아무것도 아니라는 골짜기에 빠져 영원히 소멸될 것입니다.

그제서야 당신은 제가 누구이며, 과거에 무엇을 했으며, 어디서 왔는지 저에게 알려 주실 것입니다. 저는 아무것도 아닌 존재로 그것을 알지 못하기 때문입니다. 만일 제가 제 자신에게만 머문다면 저는 아무것도 아니며 전적으로 약한 존재입니다. 그러나 당신이 저를 돌보시는 순간 저는 바로 강해질 것이며 새 기쁨으로 가득 찰 것입니다. 제 죄가 너무 무거워 계속 밑바닥 깊이로 떨어지는 저를 들어올려 사랑으로 안아 주시니 진실로 놀랍고 감사드립니다."

2 "이런 것들은 모두 당신의 사랑으로 되는 것이니, 그 사랑은 나를 앞장서 가며, 나의 수많은 필요를 돕고 큰 위험에서 나를 보호하며, 헤아릴 수 없이 많은 죄악에서 나를 구원합니다. 제 자신을 잘못 사랑함으로써 제 자신을 잃은 격이 되었습니다. 그러나 당신만을 구하고 당신만을 순수하게 사랑함으로써 저는 당신과 제 자신을 동시에 발견했습니다. 그리고 이 사랑을 통하여 제 자신이 더욱더 아무것도 아님을 깨달았습니다. 이는 자비하신 당신께서 저의 공로를 초월하여, 그리고 제가 희망하고 요청하는 것 이상으로 저를 대접해 주시기 때문입니다."

3 "찬양을 받아 마땅하신 나의 하나님, 저는 어떤 은혜도 받을 가치가 없는 사람입니다. 하지만 존귀하시고 한없이 선하신 당신은 감사할 줄 모르는 사람과 당신에게서 등을 돌린 사람에게까지 끝없이 은혜를 베푸십니다. 우리를 당신에게로 향하게 하여 우리가 감사할 줄 알게 하시며, 경건하고 겸손하게 하여 주시옵소서. 당신은 우리의 구원이시고 용기이시고 힘이십니다."

9 모든 영광을 하나님께

예수님은 시작이고 끝이십니다. 현실의 모든 것은 그분에게서 와서 언젠가는 그분에게로 돌아갑니다. 하나님은 모든 희망의 원천이시므로 우리는 늘 그분을 찬양해야 합니다.

1 **주님** "내 사랑하는 친구여, 진정 행복을 원한다면, 내가 너의 최고의 목표이자 최종 목표가 되어야 한다. 네가 이와 같이 결심할 때, 네 자신과 다른 피조물에게로 지나치게 기울어진 너의 감정이 깨끗해질 것이다. 무엇이든지 네 스스로 구하려고 하면, 네 자신 안에서 바로 실패할 것이며 지칠 것이다. 그러므로 무엇보다 먼저 모든 것을 나에게 맡겨라. 내가 모든 것을 네게 준 주인이기 때문이다. 따라서 모든 축복 하나하나가 최고의 선인 나에게서 나온 것임을 깨달을 것이며, 그러므로 모든 것이 그 근원인 나에게로 돌아와야 한다."

2 "작은 사람이든 큰 사람이든 가난한 자이든 부자이든, 모든 사람이 나의 생명의 샘에서 생명수를 마실 것이며, 스스로의 자유 의사로 나를 섬기는 사람은 은혜에 은혜를 받을 것이다. 그러나 나 이외의 다른 것에서 영광을 구하거나 개인적인 선택에 따라 향락을 구하는 자는 진정한 기쁨을 맛보지 못하고 마음이 넓어지지도 않으며, 수많은 어려움과 난관에 봉착할 것이다.

그러므로 너는 어떤 선이라도 네 자신의 공으로 돌리지 말 것이며, 누구에게도 덕을 그 자신의 탓으로 돌리지도 말 것이며, 오직 모든

것을 나에게 돌릴지니, 이는 나 없이 사람이 가질 수 있는 것은 아무
것도 없기 때문이다. 나는 너에게 모든 것을 주었으므로 너에게서 모
든 것을 되돌려 받고자 한다. 또한 내가 준 모든 것들에 대한 감사를
행동으로 보여 줄 것을 너에게 엄하게 요구한다.”

3 “이것이 진리이며, 이 진리에 따라 헛된 영화가 도망가고 나의 은혜
와 진정한 사랑이 네 마음속으로 들어오면, 질투도 마음의 편협함도
없을 것이며, 또한 자신에 대한 사랑이 너를 지배하지도 않을 것이
다. 내 사랑은 세상 모든 것을 정복하고 영혼의 권능을 넓히기 때문
이다. 네가 진정 현명하다면 오직 내 안에서 기쁨을 찾을 것이며 오
직 나만을 신뢰하라. 나 외에는 선한 것이 없다. 오직 나만이 세상의
모든 것들 위에서, 그리고 모든 것들 안에서 찬양을 받을 유일한 존
재이다.”

10 섬김의 성스러움

하나님이 원하시는 것은 오직 한 가지, 곧 우리가 겸손하고 순수한 마음으로 그분에게로 다가가서 일상생활에서 그분의 뜻을 행하는 것입니다.

1 제자 "주여, 다시 한 번 당신께 말씀 드립니다. 도저히 침묵할 수 없어 하늘에 계신 나의 하나님, 나의 왕의 귀에 말씀 드립니다.

주를 두려워하는 자를 위하여 쌓아 두신 당신의 은혜가 얼마나 큰지요? 그러나 주를 사랑하는 사람을 위해서는 무엇을 베푸실 것이며, 온 마음을 다하여 주님을 섬기는 사람을 위해서는 또 무엇을 베푸실 것입니까? 참으로 말로 표현할 수 없는 것은 주님을 깊이 사모하는 은혜입니다. 주님은 당신을 사랑하는 사람에게 이 은혜를 주셨습니다. 제가 아직 존재하지 않았을 때 당신은 저를 만드셨으며, 제가 당신을 떠나 멀리 방황할 때 당신은 저를 다시 데리고 오셨습니다. 그래서 제가 당신을 섬길 수 있게 하시고 당신을 사랑하게 하심으로써 당신의 사랑의 은혜를 저에게 보여 주셨습니다."

2 "영원한 사랑의 샘이신 주님, 제가 주님께 감히 무슨 말을 할 수 있겠습니까? 사람들이 저를 외면해 지독하게 불행할 때에도 저를 기억해 주신 하나님을 제가 어찌 잊을 수 있겠습니까? 모든 희망을 뛰어넘어 주님은 이 종에게 자비를 베푸셨으며, 모든 공덕을 뛰어넘어 은혜와 친밀함을 보여 주셨습니다. 주님의 이 은혜에 대하여 제가 당신에게 무엇을 돌려 드리겠습니까? 모든 것을 버리고, 세상을 떠나 수도의

길을 간다는 것은 모든 사람에게 주어진 은혜는 아닙니다.
세상 모든 피조물이 주님을 섬겨야 하는데, 제가 당신을 섬기는 것
이 무엇이 특별한 일입니까? 오히려 저에게 특별하고 놀라운 것은 주
님께서 가련하고 당신을 섬길 자격이 없는 한 사람의 종을 받아 주시
고, 그러한 종을 당신이 사랑하는 사람 가운데 함께 있도록 하신 것
입니다."

3 "제가 가진 모든 것은 주님의 것입니다. 제가 가진 것으로 저는 주님
을 섬길 것입니다. 그러나 제가 주님을 섬긴다기보다 오히려 주님이
저를 섬기십니다. 주님이 창조하신 하늘과 땅이 당신의 명령을 기다
리며 매일매일 당신의 명령을 충실히 따릅니다. 더욱이 주님은 사람
들을 섬기기 위해 천사를 보내셨습니다. 이보다 더욱 놀라운 일은 주
님께서 친히 사람을 섬기시고 사람들을 위해 당신 자신을 주시기로
약속하신 것입니다."

4 "이렇게 헤아릴 수 없이 많은 혜택을 주셨는데, 저는 주님께 무엇을
돌려 드려야 합니까? 그것이 제 전 생애를 통하여 날이면 날마다 주
님을 섬기는 일이겠습니까? 그것이 다만 하루라도 주님을 성실하게
섬기는 일이겠습니까? 참으로 주님은 모든 섬김과 모든 영광과 그리
고 영원한 찬양을 받으시기에 합당한 분이십니다. 참으로 당신은 저
의 주님이시며, 저는 당신의 가련한 종입니다. 종으로서 저는 모든
힘을 다하여 당신을 섬겨야 할 의무가 있으며, 당신을 찬양하는 데
지치지 않아야 합니다. 이것이 제가 희망하고 사모하는 것입니다.
저에게서 부족한 것은 모두 주님이 채워 주소서."

5 "주님을 섬기며 또한 주님을 위해 모든 일을 경멸하는 것은 큰 영예이자 큰 영광입니다. 스스로의 의지로 주님을 가장 성스럽게 섬기는 일에 자기 자신을 바치는 사람은 큰 은혜를 받을 것이기 때문입니다. 주님을 사랑하기 위하여 육체적 즐거움을 버리는 사람은 성령의 위로를 받을 것입니다. 주님의 이름을 위하여 좁은 길을 걷고, 모든 세상적인 관심을 버리는 사람은 큰 마음의 자유를 얻을 것입니다."

6 "사람을 자유롭게 하고 성스럽게 만드는 하나님을 섬기는 일이 주는 기쁨과 즐거움이여! 사람을 천사들과 동등하게 만들며, 하나님을 기쁘게 하며, 사탄을 공격하며, 모든 신앙인들에게 찬양이 되는 섬김의 성스러움이여! 이러한 섬김을 사랑하고 이를 위하여 기도하는 것은 이것을 통하여 우리가 최고의 선과 영원한 기쁨을 얻을 수 있기 때문입니다."

11 마음의 욕구 다스리기

우리는 욕망을 신중히 다루어 욕망에 따라 본능적으로 행동하는 것을 삼가야 합니다. 자제를 배워 감정이 지나침이나 또는 실수로 인하여 우리의 통제를 벗어나는 일이 없도록 해야 합니다.

1 주님 "내 사랑하는 친구여, 네가 아직 배우지 못한 것이 많구나!"

제자 "주여, 그것이 무엇입니까?"

주님 "너는 네가 원하는 것을 전적으로 나의 선한 뜻에 따를 것이며, 자기 자신을 사랑하지 말 것이며, 또한 내 뜻이 이루어지도록 성심으로 전력하라. 욕구가 너의 마음에 불을 질러 너를 격렬하게 몰고 가는 일이 허다하다. 그러나 그때 네 의도가 과연 너 자신의 이익이 아닌 나의 영광을 위한 것인지 생각해 보라. 만일 내가 의도하는 목표라면 너는 내가 명하는 것에 만족할 것이다. 만일 그 의도 속에 자신을 위해 추구하는 이익이 숨어 있다면, 그것이야말로 너에게 방해가 되고 짐이 되는 것이다."

2 "그러므로 나와 의논하지 않고 마음에 품은 욕구를 충족하려고 지나치게 노력하지 말라. 그렇지 않으면 나중에 후회할 것이다. 또한 네가 무엇인가 좀 나은 것이라 생각하고 추구한 것이 너를 더 이상 기쁘게 하지 못할 것이다.

좋은 감정에 마음이 기울어진다 해도 이를 모두 곧바로 따르지는 말며, 너의 욕구에 반대되는 감정이라 해서 이를 모두 곧장 피하지도 말라. 심지어 좋은 것을 추구하고 좋은 것을 원한다 해도 때로는 자제력을 발휘하는 것이 좋다. 그렇지 않으면 과도한 열성 때문에 네 마음이 혼란스러워지고 자제력이 부족한 것이 남에게 큰 방해가 된다. 심지어는 다른 사람의 반대에 봉착하여 마음의 상처를 입고 낭패를 당할 수도 있다.”

3 “때로는 과격하게 그리고 용감하게 감각적인 충동에 맞서야 하며, 육체가 원하는 것과 원하지 않는 것을 모두 무시해야 한다. 그리고 자신을 더욱 분주하게 움직여 육체가 바라는 것과는 반대된다 하더라도 그 육체를 영혼에 예속시켜야 한다. 육체를 쳐서 복종케 하라. 모든 것을 받아들일 준비가 되고, 작은 것에 만족할 줄 알며, 단순한 것에 기뻐할 줄 알며, 육체적으로 아무리 불편하다 해도 불평하지 않을 때까지 그렇게 하라.”

12 끝까지 인내할 것

진정한 평화는 현재의 고난을 인내함으로써 찾아오며, 그렇게 함으로써 우리의 고난을 그리스도의 십자가와 결합시켜서 영원한 보물에 이르는 길에 들어설 수 있습니다.

1 **제자** "주, 하나님이시여, 저에게 가장 필요한 것은 인내입니다. 이 세상에서 저는 너무나 많은 반대에 봉착하기 때문입니다. 평화를 위하여 끝없이 노력하지만 슬픔과의 갈등을 피할 길이 없습니다."

2 **주님** "내 아들아, 나도 다 안다. 그러나 나는 네가 어떤 유혹도 없는 평화나 어떤 반대도 없는 평화를 구하는 것을 원하지 않는다. 네가 온갖 험난한 일로 단련을 받고, 많은 역경을 견뎌 냈을 때 비로소 네가 평화를 발견했다고 자부할 수 있기를 원한다. 만일 네가 그토록 많은 것을 감당할 자신이 없다고 말한다면 어떻게 불같은 고난을 견뎌 낼 수 있겠느냐? 두 고통 중에서는 항상 고통이 덜한 것을 선택하라. 앞으로 다가올 영원한 고통을 피하기 위해서는 마음의 균형을 잡고 나를 위해 현재의 고통을 견뎌 내야 할 것이다.

너는 세상 사람들이 고통을 거의 받지 않거나 전혀 받지 않는다고 생각하느냐? 하지만 가장 방탕한 생활을 하는 사람에게 이 질문을 하더라도 그들은 그렇지 않다고 대답할 것이다."

3 "그러나 그들은 자신을 위한 즐거움을 마음껏 누리지 않습니까? 그

런 만큼 그들은 자신들의 고난을 대수롭지 않게 생각합니다'라고 너
는 말할 것이다."

4 "그렇다. 그러나 그들이 원하는 것을 모두 소유하고 있다 하더라도
그것이 얼마나 오래 지속되리라 생각하느냐? 보라, 이 세상에서 풍
족하게 가진 사람도 연기와 같이 사라질 것이고, 그들의 지나간 기쁨
을 기억하는 사람도 없을 것이다. 사실 그들이 살아 있는 동안 쉴 때
에도 내면의 고통과 피곤함, 두려움은 그들을 떠나지 아니하였다.
그들에게 기쁨을 준 바로 그 일들이 그들에게 슬픔의 벌을 내렸기 때
문이다. 또한 그들이 한없이 즐거움을 추구했기 때문에 그들이 즐거
움을 향락할 때는 언제나 혼돈과 고통이 따라다녔다는 것은 아주 당
연한 일이다.
아! 이 즐거움은 얼마나 짧으며, 얼마나 잘못된 것이고 얼마나 무질
서한 것이며, 얼마나 수치스러운 것인가! 그러나 진정 그들은 너무
도취되고 눈이 먼 나머지 말 못하는 짐승과 같이 육체의 작은 쾌락을
위하여 영혼의 죽음을 재촉하는구나! 그러므로 내 아들아, 너는 욕망
을 좇지 말라. 내 안에서 즐거워하라. 그러면 내가 네 소원을 들어줄
것이다."

5 "참으로 네가 진정한 기쁨을 알기를 원하고, 내게서 풍족한 위로를 받
기 원하면, 모든 세상적인 일을 업신여기고 모든 천한 즐거움의 쇠사
슬을 끊어 버리라. 그러면 많은 축복과 엄청난 위로를 받을 것이다.
세상적인 일이 주는 즐거움에서 자기 자신을 철저하게 해방시킬수록
너는 내게서 더 크고 강한 위로를 받을 것이다. 단, 슬픔과 갈등의 고

통을 겪지 않고 처음부터 위로를 받는 일은 없다.

너의 오랜 습관이 버티고 서 있겠지만 언젠가는 좋은 습관이 완전히 정복할 것이고, 육체도 때로는 불평을 하겠지만 영혼의 열정이 곧 육체의 본능도 억제할 것이다. 간악한 사탄이 너를 유혹하고 도전을 걸어 오겠지만, 너는 기도로써 이를 물리칠 수 있을 것이며, 또한 가치 있는 일에 힘씀으로써 사탄이 접근하는 것을 막을 수 있을 것이다."

13 자신과의 치열한 싸움

순종이란 마음을 열고 권능에 앉아 계신 분의 말씀을 듣는 것을 의미합니다. 예수님은 하나님의 뜻에 순종함으로써 인류의 구원자가 되셨습니다. 우리도 예수님께 순종할 때, 거룩해지고 성령 안에서 걸을 수 있습니다.

1 **주님** "내 아들아, 복종을 거부하는 사람은 또한 은혜도 거부하는 사람이며, 자기 자신만의 이익을 추구하는 사람은 모든 사람에게 공통적으로 주어지는 은혜를 잃어버리는 사람이다. 자기보다 위에 있는 사람에게 기꺼이 자신을 예속시키지 않는 사람은 아직도 그의 육체가 완전히 그의 명령에 복종하지 않는 것이다.

그러므로 만일 네 육체가 복종하기를 원한다면, 네 마음이 너보다 위에 있는 사람에게 복종하는 것을 속히 배워야 한다. 내면이 분열되어 있지 않으면, 외부의 적을 신속히 정복할 수 있기 때문이다. 네가 네 영혼과 조화를 이루지 못하면, 네 영혼에 대한 적은 너 자신이며, 아마도 네 자신보다 더 골치 아프고 고약한 적은 없을 것이다. 네가 네 육체와 피 위에 군림하기를 원하면 너 자신을 철저히 경멸해야 한다. 왜냐하면 아직도 너는 지나칠 정도로 자기 자신을 사랑하기 때문에 좀체 자신을 다른 사람들의 의지에 내주지 못하기 때문이다."

2 "먼지에 불과하고 아무것도 아닌 네가 하나님을 위해 네 자신을 사람에게 복종하게 한다고 하여 그것이 무엇이 그렇게 위대한 일인가! 무에서 만물을 창조하였고, 전지전능하며, 지존한 나는 너희를 위해

겸손히 인간이 되었다. 나는 모든 인간 중에서 가장 겸손하고 낮은 사람이 되었으니 너도 나의 겸손을 좇아 너의 교만을 정복하라.

먼지와 같은 인간들아, 복종을 배워라. 흙 같고 진흙 같은 인간들아, 겸손을 배워라. 모든 사람의 발 아래 엎드리라. 자신의 의지를 죽이고 모든 권위에 복종하라."

3 "화를 자신에게로 돌릴 것이며, 어떤 교만함도 네 안에 자리 잡지 못하게 하라. 자신의 겸손과 자신이 극히 작은 존재임을 보여 주어 모든 사람들이 길의 흙과 같이 너를 밟고 지나가게 하라.

이 보잘것없는 인간아, 네가 불평할 일이 무엇이냐? 이 사악한 죄인아, 너를 신랄하게 비판하는 사람들에게 네가 무엇이라고 대답할 수 있느냐? 너는 한두 번 하나님을 거역한 것도 아니고, 여러 번 지옥에 갔어야 마땅할 사람이 아니냐?

그러나 내 눈으로 보기에 네 영혼이 귀하여 내가 너를 구원하였으니 이제는 내 사랑을 깨닫고 내가 베푼 자비에 항상 감사하며 살아라. 또한 너는 계속하여 진정으로 너 자신을 복종하게 하고 겸손하며 끈기 있게 자기 자신을 낮추도록 하라."

14 선을 행하고 나서 우쭐대지 않을 것

타락한 마음은 선행을 못하게 하고, 자기중심주의에 빠지게 하며, 희망을 깨닫지 못하게 합니다. 하지만 하나님을 의지하면 이기적인 생각을 떨쳐 버릴 수 있습니다.

1 **제자** "주님, 당신께서 제게 내리신 벼락같은 심판 때문에 온 몸은 두려움으로 떨고, 영혼은 겁에 질려 비탄에 빠져 있습니다. 저는 너무 놀란 나머지 선 채로 '하늘마저도 주님 보시기에 순수하지 못한데'욥 15:15 참조라는 말씀을 생각합니다.

주님은 '천사라도 범죄하면'욥 4:18 참조 용서하지 아니하셨는데 저는 어떻게 되겠나이까? 하늘의 별도 떨어지는데 먼지에 불과한 제가 무엇을 할 수 있겠습니까? 칭찬받을 일을 한 사람도 깊은 곳으로 떨어지며, 천사들의 떡을 먹던 사람들도 돼지를 먹이는 찌꺼기 음식으로 만족하는 것을 나는 보았습니다."

2 "주님, 만일 당신이 손을 거두시면 거룩함은 어디에도 없습니다. 주님이 통치를 그치시면 지혜도 아무 소용이 없습니다. 주님이 보존하지 않으시면 어떤 힘도 도움이 되지 않습니다. 주님이 보호하지 않으시면 어떠한 순결도 안전하지 못합니다. 주님이 지키지 않으시면 스스로 지키는 것은 아무런 도움이 되지 않습니다.

주님이 우리를 버리시면 우리는 가라앉아 죽을 것입니다. 그러나 주님이 우리를 다시 찾아오시면 우리는 일어나 다시 살 것입니다. 진정 우리는 불안한 존재이나 주님이 우리를 굳건하게 세워 주십니다. 추위에 떠는 우리를 위해 주님은 불을 지펴 주십니다.”

3 “오, 저는 제 자신을 얼마나 변변찮고 낮게 생각해야 할까요? 제가 무엇이라도 좋은 것을 가지고 있다면, 어떻게 그것을 별 가치가 없는 것으로 인정할 수 있을까요? 깊이를 잴 수 없을 만큼 깊은 주님의 심판 앞에서 저는 어느만큼 깊이 순종해야 할까요? 그 심판에서 저는 아무것도 아닌 것 가운데 아무것도 아닌 것, 오직 아무것도 아닌 자신을 발견합니다! 오 주님, 당신은 중후하시고 건널 수 없는 바다와 같아 거기서 저는 아무것도 아닌 제 자신을 발견합니다.
도덕적 자신감을 찾을 수 있는 영광의 피난처는 어디에 있습니까? 제 안에 숨어 있는 교만을 두고 제가 감히 무슨 변명을 하겠습니까? 모든 헛된 영광은 주님의 심판 앞에서 삼켜져 버립니다.”

4 “주님 보시기에 모든 육체는 무엇입니까? ‘어떻게 진흙이 자신을 지으신 분에 대항하여 자랑할 수 있습니까?’ 마음을 하나님께 드렸다는 사람이 어떻게 헛된 말로 기세를 올릴 수 있습니까? 진리를 깨달은 사람은 온 세상이 부추겨도 교만에 굴복하지 않을 것이며, 하나님 안에 확고한 소망을 품은 사람은 다른 사람이 아무리 칭찬해도 동요하지 않을 것입니다. 심지어 칭찬의 말을 하는 사람도 아무것도 아니어서 그들도 그들이 하는 말소리처럼 사라져 버립니다. 그러나 오직 주님의 진리만은 영원할 것입니다.”

15 마음의 소원을 아뢰는 기도

하나님의 뜻을 우리 소망의 기초로 삼아야 합니다. 그러기 위해서는 하나님의 뜻에 철저히 순종하는 마음으로 기도해야 합니다.

1 **주님** "내 사랑하는 친구여, 너는 항상 이렇게 말하라. '주님, 만일 이것이 주님의 뜻이면 당신의 뜻대로 이루어지게 하소서. 주님, 이것이 만일 당신에게 영광이 되시면 당신의 이름으로 이루어지게 하소서. 주님, 그것이 저에게 도움이 되고 이롭다고 생각하시면 당신의 영광을 위하여 사용할 수 있도록 이를 저에게 허락하소서. 그러나 그것이 저에게 해가 되고 제 영혼의 구원을 위해 이롭지 못하다고 판단하시면 그 소원을 되돌려 가소서.'

왜냐하면 모든 바람이 비록 인간에게는 옳고 좋아 보일지라도 그것이 모두 성령으로부터 나온 것은 아니기 때문이다. 너에게 이것 또는 저것을 원하도록 충동한 것이 좋은 영이냐 나쁜 영이냐를 판단하는 것이나, 네가 네 자신의 영에 의하여 충동을 받았는지 판단하기란 어려운 일이다. 처음에는 좋은 영의 충동을 받았다고 생각한 많은 사람들도 마지막에는 자신들이 속았다는 것을 발견할 것이다."

2 "그러므로 무엇이든지 원하는 것이 마음에 떠오르면, 하나님을 두려워하는 마음과 참된 겸손함으로 그것을 바라고 구하라. 가장 중요한 것은 네 자신의 의견을 버리고 모든 것을 나에게 전적으로 맡기는 것이다. 그리고 이렇게 기도하라.

'주님, 어느 길이 저를 위해 더 좋은 길인지 주님이 아십니다. 이 길이든 저 길이든, 주님의 뜻에 따라 이루어지게 하소서. 주님이 뜻하시는 대로 주시고, 주님이 원하시는 만큼 주시고, 주님이 원하실 때에 주소서. 저에게 베푸시되 주님이 필요하다 생각하시는 대로 베푸시고, 주님에게 더 기쁨이 되도록 베푸시고, 주님의 영광을 더욱 크게 하소서. 어느 곳에든지 주님의 뜻에 따라 저를 두시고, 무슨 일에서나 저를 자유롭게 다루소서. 저는 주님의 손안에 있사오니 어떤 방향으로든지 보내소서. 저는 주님의 종으로서 모든 준비를 하고 있습니다. 저는 제 자신을 위해서가 아니고 하나님을 위해 살려 합니다. 이렇게 하면 주님을 훌륭히, 그리고 완전히 섬길 수 있는 것입니까!'"

3 **제자** "자비로운 예수님, 은혜를 베푸셔서 그 은혜가 저와 함께 있으면서 역사하게 하시고, 끝까지 저와 함께 머물게 하소서. 주님에게 가장 합당하고 주님을 가장 기쁘게 하는 일들을 언제나 제가 원하고 바라게 하소서. 주님의 뜻이 저의 뜻이 되게 하시고, 제 뜻이 언제나 주님의 뜻을 따르게 하시며, 주님의 뜻과 온전히 일치되게 하소서. 제가 뜻하는 것과 뜻하지 않는 것이 모두 주님의 뜻에 따르도록 하시고, 제가 뜻하는 것과 뜻하지 않는 것이 주님의 뜻하시는 것과 뜻하시지 않는 것을 거역하여 이루어지는 일이 없도록 하소서."

4 "제가 세상적인 모든 일에 대하여 죽게 하시고, 하나님의 사랑을 위하여 천대받게 하시고 이 세상에 알려지지 않게 하소서. 어떤 소망보다도 먼저 제가 주님 안에서 안식하게 하시고 제 마음이 주님과 화평케 하소서. 주님은 제 마음의 진정한 평화이시며 주님은 유일한 안식

처입니다. 주님을 떠나서는 모든 일이 어렵고 불안합니다. 바로 이 평화, 주님 안에 있는 평화, 가장 높고 영원한 평화 안에서 저는 잠잠 하게 안식을 취할 것입니다."

16 하나님 안에 거하는 행복

내세를 깊이 생각하면 사물을 올바르게 이해할 수 있으며, 현재 우리에게 주어진 축복에 더 온전히 만족할 수 있습니다. 더불어 행동에 균형을 유지할 수 있습니다.

1 **제자** "제가 어떠한 위로를 소망하고 생각할 수 있다 하더라도 저는 이를 이 땅에서가 아닌 하나님 나라에서 구하려고 합니다. 그것은 저 홀로 이 세상의 모든 위로를 누리며 그것이 주는 기쁨을 모두 즐길 수 있다 하더라도 결코 이것이 오래 계속될 수 없다는 것을 알기 때문입니다.

그러므로 내 영혼아, 너는 가난한 자의 위로자이시고 비천한 자의 보호자이신 하나님 안에서가 아니면 온전한 위로를 받을 수 없고 온전히 생기를 얻을 수 없도다. 내 영혼아, 조금 더 기다려서 하나님의 약속이 이루어지는 것을 기다려라. 그러면 너는 하나님 나라에서 모든 좋은 것들을 풍성하게 누릴 것이다. 이 땅의 것을 지나치게 추구하면 영원하고 거룩한 것을 잃으리라. 이 땅의 것을 이용하되 영원한 것을 갈구하라."

2 "내 영혼아, 이는 비록 네가 이 세상 모든 피조물을 소유하고 있다 하더라도 네가 하나님 안에 있지 아니하면 행복할 수도 없으며 축복을 받을 수도 없기 때문이다. 이러한 행복은 세상을 바보처럼 사랑하는 사람들이 좋아하고 찬양하는 그러한 행복이 아니고, 그리스도의 선

한 신자들이 기다리는 행복이다. 또한 '하나님 나라의 시민'인 영적인 마음과 순결한 마음을 가진 사람들이 이미 경험한 행복이다.

모든 인간적인 위로는 헛되고 짧다. 오직 진리 안에서 느끼는 위로가 축복이며 진정한 위로이다. 믿음의 사람은 어디를 가든지 그의 위로자이신 예수님과 함께 동행하며, 예수님께 이렇게 기도한다.

'주 예수님, 언제 어디서나 저와 함께하소서. 이것이 저의 위로가 되게 하시고, 모든 인간적인 위로를 물리치고 행하게 하소서. 제게 주님의 위로가 없으면 주님의 뜻과 주님이 제게 보내시는 시험이 제게 큰 위로가 되게 하소서. 주님은 화를 영원히 품지 않을 것이며, 자주 저를 견책하지도 않을 것이기 때문입니다.'"

17 온전한 신뢰

예수님은 우리가 일상의 계획을 떨쳐 버리고 항상 하나님의 보호에 의존
하라고 말씀하십니다. 예수님은 우리가 그분 말씀의 진리를 깨닫고, 하나
님에게 우리 자신을 맡기도록 권고하십니다.

1 **주님** "내 사랑하는 친구여, 나는 네게 무엇이 가장 좋은지 안다. 그러
므로 너는 나의 뜻대로 나를 따르라. 너는 아직도 인간적인 감정이
네게 이르는 대로 너무 판단하고 있다."

2 **제자** "주님, 주님의 말씀이 옳으십니다. 제가 제 자신을 염려하는 것보
다 주님께서 저를 염려하심이 훨씬 큽니다. 자신의 모든 염려를 주님
께 맡기지 않는 사람은 바로 서려고 하지만 넘어지고 맙니다. 주님,
제 뜻이 정직하고 확고하다 생각하시면, 주님을 기쁘게 하시는 일이
면 무엇이든지 제게 베푸소서. 주님이 제게 하시는 일은 무엇이든지
좋을 수밖에 없기 때문입니다.
주님의 뜻이 제가 암흑 속에 있는 것이라 할지라도 저는 주님을 찬양
하며, 저를 빛 속에 두는 것이 주님의 뜻이더라도 하나님을 찬양합니
다. 주님이 저를 위로하기로 계획하시더라도 주님을 찬양하며, 제가
고난을 겪는 것이 주님이 원하시는 바라 할지라도 저는 주님을 찬양
하며 또 영원히 찬양합니다."

3 **주님** "아들아, 네가 나와 함께 동행하기를 열망한다면, 동시에 마음의

준비도 해야 한다. 너는 기뻐하는 것과 마찬가지로 인내할 준비도 갖추어야 하며, 충만하고 풍성함 가운데 있는 것과 같이 가난하고 부족함 속에 있는 것을 기꺼이 받아들여야 한다.”

4 제자 “주님, 주님의 뜻이라면 어떤 일이 제게 와도 저는 주님을 위하여 기꺼이 고난을 겪을 것입니다. 좋은 일이든 나쁜 일이든, 달콤한 일이든 쓴 일이든, 기쁜 일이든 슬픈 일이든, 모두 주님의 손에서 오는 것이라면 저는 항상 변함없이 이 모든 것을 받을 것이며, 제게 일어나는 모든 일에 대해 주님께 감사하겠습니다. 저를 죄로부터 자유롭게 하소서. 죽음도 지옥도 두려워하지 않겠습니다. 주님이 저를 영원히 버리지 않으시고 생명책으로부터 제 이름을 지우지 않으시면, 어떤 고난이 오더라도 그것이 저를 해치지 못할 것입니다.”

18 이 땅의 고통을 어떻게 인내해야 하는가

예수님께서 인류의 구원을 위하여 모욕과 분노를 참으신 것같이 우리도 시련을 불평 없이 참아야 합니다. 우리의 고난을 예수님의 고난과 일치시 킴으로써 세상을 구원하고자 하는 하나님의 신비에 동참할 수 있습니다.

1 **주님** "내 사랑하는 친구여, 너를 구원하기 위해 나는 하늘에서 내려와 네 고통을 짊어졌다. 그렇게 해야 할 의무가 있어 그리 한 것이 아니라 오직 사랑으로 그렇게 한 것이다. 내가 원하는 것은 네가 인내를 배워서 세상의 고통을 헛되이 이겨 내지 않는 것이다.

이 땅에 태어나서부터 십자가에서 죽기까지 나는 고통을 지지 않은 때가 없었으며, 나에게는 세상적인 일이란 없었다. 나는 비난을 많이 들었지만 불평과 욕망을 잘 견뎌 냈다. 내가 베푼 은혜에 대하여는 배은망덕으로, 기적에 대하여는 신성모독으로, 그리고 가르침에 대하여는 비난으로 보답을 받았다."

2 **제자** "주님, 주님께서는 한평생 인내하셨으며, 특히 하나님 아버지의 명령을 인내로써 충실히 이행하셨습니다. 예수님께서 그렇게 하셨는데, 가련하고 미천한 제가 어찌 주님의 뜻에 따라 스스로 인내하지 않겠습니까? 나아가 주님의 뜻이기는 하지만 제 구원을 위해 제가 죽을 수밖에 없는 삶을 살아야 하는 부담을 어찌 감히 거부할 수 있겠습니까? 이 땅에서 산다는 것이 짐스럽기는 하지만, 주님의 은혜를 통하여 많은 유익을 얻었습니다. 또한 주님이 보여 주신 귀감과 선지자

들의 발자취를 보며 큰 힘을 얻었습니다.

더구나 이 땅의 삶에는 하나님 나라의 문이 닫혀 있던 옛 율법 시대에서보다 더욱 많은 위로를 저희에게 허락하셨습니다. 당시에는 매우 소수의 사람들이 하나님 나라를 구했고, 그만큼 하나님 나라로 가는 길을 찾아내기가 어려웠습니다. 또 당시에는 의롭고 구원을 받을 자격이 있는 사람들조차도 주님의 고난과 거룩하신 죽음이 속죄의 몸값을 치르기 전이었기 때문에 하나님 나라에 들어갈 수 없었습니다."

3 "주님께서는 저를 포함한 모든 믿는 사람들에게 주님의 영원한 천국에 이르는 곧고 좋은 길을 보여 주셨습니다. 주님께 참으로 감사합니다. 주님의 길은 우리의 길입니다. 우리는 주님의 거룩하신 인내를 통하여 우리의 왕이신 주님에게로 다가갑니다. 주님께서 앞서 가지 않으시고 우리를 가르치지 않으셨다면, 누가 주님을 따르려고 관심이라도 가졌겠습니까? 사람들이 주님의 빛나는 귀감을 보지 않았더라면 그들은 많이 뒤처졌을 것입니다. 주님의 많은 기적과 가르침을 들었는데도 우리는 아직도 미온적이기만 합니다. 이런 우리에게 주님을 따르도록 길을 비쳐 주는 큰 불빛마저 없었더라면 우리가 무엇이 되었겠습니까?"

19 고난에 반응하는 태도

일상생활에서 부딪치는 작은 불편은 순교자들의 고난과는 비교할 수 없습니다. 진정한 인내는 그리스도를 위하여, 마음을 열고 지금의 고난을 받아들이며, 어떠한 모욕이라도 참는 것입니다.

1 **주님** "내 사랑하는 아들아, 네가 지금 무슨 말을 하는 것이냐? 불평을 그치고 내가 겪은 고난과 성인들이 당한 고통을 생각해 보라. 아직도 너는 피 흘리기까지 대항한 일은 없었다. 히 12:4 참조 그리고 네가 지금 겪는 고통은 엄청난 시련과 강한 유혹을 받으면서 심한 고문과 많은 시험을 받고 단련된 사람들이 겪은 고통에 비하면 결코 크지 않다. 너는 다른 사람들이 겪은 무거운 고통을 생각하라. 그리하여 네 자신의 작은 고통을 더 쉽게 감당할 수 있기를 원한다. 그러고도 자신의 고통이 작게 느껴지지 않는다면 그것은 인내가 부족해서가 아니라 고통을 이겨 낼 의지가 없어서이다. 고통이 작든 크든 모든 고통을 인내로써 견뎌 내라."

2 "고난을 참을 마음의 준비를 잘 했다면 너는 더욱 현명하게 처신할 수 있으며, 또한 이것은 너에게 더 큰 장점이 될 것이다. 만일 네가 마음으로나 습관적으로 고난을 참을 준비가 되어 있으면, 더 쉽게 이를 참을 수 있을 것이다. 그러나 이렇게는 말하지 말라. '나는 그 사람의 행동을 참을 수 없다. 그의 행동은 나에게 큰 해를 끼쳤을 뿐 아니라, 내가 생각하지 못했던 일로 나를 힐책하는 것이니 그러한 행동

은 도저히 내가 참을 수가 없다. 단, 다른 사람의 행동은 기꺼이 참을
용의가 있다.'
이러한 생각은 인내의 미덕을 생각지 못한 것이며, 또한 인내에 왕관
을 씌워 주신 분을 고려한 것이 아니므로 바보 같은 생각이다."

3 "오직 자신이 감당할 수 있는 고난과 자신이 선택하는 사람이 주는
고난만 겪으려는 사람은 진정으로 참을성 있는 사람이 아니다. 진정
으로 참을성 있는 사람은 고난이 그의 상관이나 동료, 혹 밑에 있는
사람에게서 오든, 또 고난이 선하고 거룩한 사람에게서 오든, 악하
고 심술궂은 사람에게서 오든 전혀 상관하지 않는다.
이 세상 온갖 피조물이 주는 고통이 크고, 또한 그 고통이 아무리 자
주 찾아온다 할지라도, 진정으로 참을성이 있는 사람은 이 모든 것을
내가 준 것이라고 생각하여 감사하게 받아들이며, 이것을 자신에게
유익한 것으로 생각한다. 아무리 작은 고통이라 할지라도 나를 위해
겪은 고난은 반드시 보상 받을 것이기 때문이다."

4 "그러므로 승리하기를 원한다면 싸울 준비를 하라. 승리 없이는 결
코 인내의 왕관을 쓰지 못할 것이다. 고난을 겪을 의지가 없다는 것
은 승리의 왕관 쓰기를 거부하는 것과 같다. 그러나 만일 네가 왕관
을 쓰려고 한다면, 사나이답게 노력하고 인내로써 참아야 한다. 힘
든 노력을 하지 않고는 안식을 향하여 전진할 수 없으며, 싸움을 하
지 않고는 승리에 도달할 수 없다."

5 제자 "주님, 천성적으로 불가능하다고 생각하는 것을 할 수 있도록 하

소서. 제가 조금밖에 참지 못하며, 작은 고난이라도 닥치면 바로 넘어진다는 것을 주님은 아십니다. 주님을 위해 고난을 받고 괴로움을 당하는 것은 제 영혼의 성장을 위해 가장 좋은 것입니다. 그러므로 제가 겪을 어떤 시련도 제게 즐거움이 되게 하시고 제가 소망하는 것이 되게 하소서."

20 연약함 인정하기

유혹은 매우 빠르게 또 끊임없이 다가옵니다. 유혹에 대항하다 보면 인생이 부담스러워집니다. 제자는 이런 때일수록 자신의 약함을 인정하고, 전적으로 하나님을 위해 살려고 노력하는 사람입니다.

1 제자 "주님, 당신 앞에 저의 죄를 고백합니다. 주님, 저의 연약함을 당신에게 고백합니다. 저는 사소한 일에 쉽게 우울해하고 또 슬픔에 빠집니다. 용감하게 행동하려고 결심하지만 작은 유혹에도 흔들리고 맙니다. 때로는 아주 간단한 일에서 큰 욕망이 생겨나기도 합니다. 제 스스로 좀 안전하다고 생각할 때, 그리고 제가 알지 못하는 사이에 불어오는 작은 바람에 자신을 정복당하고 맙니다."

2 "그러므로 주님, 당신께서 아시는 대로 저의 비천함과 연약함을 굽어보소서. 저를 불쌍히 여기시고, 저를 수렁에서 붙들어 가라앉지 않게 하소서. 그래서 제가 영원히 낙담에 빠져 있지 않게 하소서. 저는 너무 쉽게 넘어지고, 욕정을 억제하는 데 너무도 약한 존재입니다. 그래서 주님께 부끄럽습니다.

제가 이러한 유혹에 모두 동의하는 것은 아닙니다. 하지만 이 모든 유혹이 저를 괴롭히고, 또한 낙담시키기 때문에 늘 긴장 속에 살다 보니 너무 지칩니다. 허황된 공상은 떠날 때보다 더욱 빠른 속도로 제 마음속으로 파고 들어옵니다. 이 얼마나 연약한 모습입니까?"

3 "전능하신 하나님, 모든 믿는 영혼을 열렬히 사랑하는 분이시여! 당신 종의 노력과 슬픔을 굽어 살피셔서 그 종이 도모하는 모든 일을 도우소서. 하늘에서 오는 용기로 저를 강건하게 하소서. 그래서 '옛 사람', 즉 아직도 영혼에 온전히 굴복하지 않는 저의 가련한 육체가 승리하지 못하게 하소서. 이 불행한 삶에서 제 숨이 계속되는 한 육체와의 싸움을 그쳐서는 안 됩니다.

이렇게 산다는 것이 무엇입니까? 고난과 불행이 그치지 않고, 만사가 유혹과 온갖 적으로 가득합니다. 하나의 고통과 유혹이 지나가면 또 다른 고통과 유혹이 닥쳐오고, 처음 일어난 갈등이 아직 풀리지 않았는데, 또 예상치 못한 또 다른 갈등이 찾아옵니다."

4 "엄청난 고난과 많은 재앙, 불행을 동반하는 인간의 삶이 어떻게 사랑을 받을 수 있습니까? 삶은 수없이 많은 죽음과 질병을 안고 있는데, 어떻게 이것을 삶이라고 부를 수 있겠습니까? 그런데도 많은 사람들이 삶을 사랑하며 그 속에서 기쁨을 찾습니다. 사람들은 흔히 세상은 거짓으로 충만하고 공허하다고 비난합니다. 그러나 사람들이 세상을 포기하는 것은 쉬운 일이 아닙니다. 육체의 욕구가 세상을 강하게 지배하기 때문입니다.

세상에는 무엇인가 사람을 사랑으로 이끄는 것이 있는가 하면, 또 어떤 것은 세상을 경멸하도록 합니다. '육체의 욕망과 눈의 욕망, 살림살이에 대한 자랑'요일 2:16 참조이 우리가 세상을 사랑하도록 인도합니다. 그러나 욕망을 뒤쫓아 오는 벌과 불행이 우리들에게 세상을 증오하게 합니다."

5 "그러나 불행하게도 세상일에 전념하는 사람은 무익한 기쁨에 몰두한 나머지 쐐기풀 아래에도 기쁨이 있다고 생각합니다. 이것은 그들이 하나님이 주시는 은혜와 덕성德性의 내적 아름다움을 직접 보지도 못하고 경험하지도 못했기 때문입니다.

그러나 세상을 철저히 경멸하고, 거룩한 규율을 지켜 하나님을 사랑하는 사람은 자기 자신을 진정으로 부인하는 사람들에게 약속된 하나님의 은혜를 아주 잘 압니다. 뿐만 아니라 세상이 얼마나 잘못되어 있고, 기만으로 가득 차 있음을 더욱 분명히 알고 있습니다."

21 모든 것을 초월한 안식

하나님은 지고한 선이시며, 행복의 최종 원천이십니다. 우리는 모두 하나님 안에서 안식하도록 초청받았으며, 하나님은 우리 안에서 안식하기를 열망하십니다. 이러한 관계가 바로 신랑과 신부 관계입니다.

1 **제자** "내 영혼아, 너는 모든 일을 초월하여, 그리고 모든 일을 할 때에 항상 하나님 안에서 안식을 취하라. 하나님은 모든 성자들의 영원한 안식처이시기 때문이다.

지극히 선하시고 지극히 사랑이 많으신 예수님, 제가 모든 피조물을 초월하여 당신 안에서 안식할 수 있도록 허락하소서. 예수님, 모든 구원과 아름다움을 초월하여, 모든 영광과 명예를 초월하여, 모든 권력과 권위를 초월하여, 모든 지식과 재능을 초월하여, 모든 부와 재물을 초월하여, 모든 기쁨과 환희를 초월하여, 모든 명성과 칭찬을 초월하여, 모든 친절과 위로를 초월하여, 모든 희망과 성공을 초월하여, 모든 공적과 욕망을 초월하여, 당신이 주실 수 있는 모든 은사와 보상을 초월하여, 제 마음이 받아들이고 이해할 수 있는 행복과 환호를 초월하여, 모든 천사를 초월하여, 모든 자연만물을 초월하여, 모든 보이고 보이지 않는 것을 초월하여, 그리고 하나님, 당신만이 만물을 초월하는 지고하신 분이시기 때문에 당신이 아닌 모든 것을 초월하여 당신 안에서 안식할 수 있도록 허락하소서."

2 "주님, 당신은 지고하시고 당신만이 전능하시며, 가장 풍족하시고 절

대적으로 완전하시며, 온전히 선하시고 절대적인 위로를 주십니다. 당신만이 절대적으로 거룩하시며, 당신만이 만물을 초월하여 절대적으로 영광스러운 분이십니다. 주님 안에서는 모든 선한 일이 동시에 완전하며, 그것은 과거에도 완전했고 앞으로도 완전할 것입니다.

이것은 당신께서 어떤 것이든 당신 자신이 아닌 것을 저에게 주시더라도, 또는 당신께서 어떤 것을 제게 보이시고 약속하시더라도 제가 당신을 보지 못하거나 당신을 완전히 받아들이지 못하면 그것은 매우 부족한 것이기 때문입니다. 제 마음이 당신 안에서 안식하지 못하고 모든 은사와 피조물을 초월하지 못하면 저는 진정으로 안식할 수 없으며, 온전히 만족할 수 없습니다.”

3 “오, 제가 가장 사랑하는 반려자 예수 그리스도시여! 가장 순수하게 사랑을 베푸는 분이시여, 제게 진정한 자유의 날개를 주시는 만물의 통치자시여, 제가 당신에게로 날아가서 당신 안에서 안식을 누릴 수 있겠습니까? 나의 주 하나님, 언제 저에게 완전한 자유를 주시고 당신의 인자하심을 보여 주시겠습니까? 언제 제가 당신에게 온전히 몰두할 수 있겠습니까? 그래서 당신을 사랑하기 위해 제 자신을 의식하지 않고 모든 감각과 한계를 초월하여 누구에게도 알려지지 않은 방법으로 오직 당신만을 생각할 수 있겠습니까?

그러나 주님, 이제 저는 자주 한숨지으며 저의 불행을 슬픔 속에서 견디고 있습니다. 수많은 악이 이 고난의 골짜기에서 저를 대적해 오기 때문입니다. 악은 저를 넘어뜨리며 방해하고 저를 탈선하게 하며, 유혹하고, 또한 함정에 빠지게 하여 제가 주님을 가까이하지 못하게 합니다. 또한 축복받은 영혼을 위해 항상 존재하는 주님의 자비

로운 포옹을 받아들이지 못하게 합니다. 저의 탄식과 이 세상에서 겪
는 외로움이 주님을 감동시킬 수 있게 하소서."

4 "오 예수님, 영원한 영광의 광채이시요, 인생 항로에서 제 영혼을 위
로하는 분이시여! 당신 앞에서 저는 말을 잃고 침묵으로 말씀 드립니
다. 나의 주님, 당신의 오심을 얼마나 더 기다려야 합니까? 당신의
미천한 종인 제게 오셔서 저를 기쁘게 하소서. 주님의 손을 내뻗으
셔서 이 가련한 자에게서 모든 고통을 빼앗아 가소서.
저에게 오소서. 당신 없이는 기쁜 시간도 기쁜 날도 없습니다. 당신
은 저의 즐거움이며 당신 없는 제 식탁은 빈 식탁이기 때문입니다.
주님께서 당신의 임재의 빛으로 저를 회복하시며, 제게 자유를 주시
며 당신의 웃으시는 얼굴을 제게 보여 주실 때까지 저는 가련한 자이
며 감옥에 갇혀 있는 자요 또한 족쇄를 찬 자입니다.

5 "다른 사람들이 자신의 선택에 따라 무엇이든지 주님 이외의 것을 추
구한다 하더라도, 제 희망이시고 영원한 구원자이신 하나님 이외에
는 아무것도 저를 기쁘게 하지 못하며, 앞으로도 그러할 것입니다.
주님의 큰 은혜가 임하여 제 마음에 이렇게 말씀하실 때까지 저는 침
묵하지 않을 것이며, 간구함을 그치지도 않을 것입니다."

6 주님 "내 아들아, 내가 여기 있다. 네가 나를 찾았기 때문에 내가 온 것
이다. 네 눈물과 네 영혼의 간구, 그리고 네 겸손과 네 마음의 회개가
나를 감동시켰고 나를 네게 오게 하였다."

 "주님, 제가 당신을 찾았으며, 당신 안에서 기쁨을 찾으려 했습니다. 이제 저는 당신을 위해 모든 것을 포기할 준비가 되었습니다. 주님께서 가르치신 대로 먼저 주님을 구하는 것입니다. 주님의 풍성하신 자비로 당신의 종에게 이러한 선을 베푸신 주님을 찬양합니다.

당신의 종이 주님 앞에서 감히 무엇을 더 말할 수 있겠습니까? 주님 앞에서 제 자신을 더욱 낮추고, 제 자신의 부정함과 비천함을 더 마음에 새길 뿐입니다. 천지의 모든 신비한 것 가운데 주님과 같은 분은 없으십니다. 주님이 하시는 일은 지고하시며, 주님의 심판은 진실되며, 만물은 주님의 섭리에 복종합니다. 자비로우신 하나님 아버지, 주님을 찬양하고 영광을 올려 드립니다. 제 입과 제 영혼 그리고 모든 피조물이 함께 주님을 찬양하게 하소서."

22 받은 축복 기억하기

우리는 가난 속에서 즐거워하고, 하나님이 주신 축복이 무엇이든 감사해야 합니다. 하나님을 사랑한다는 것은 그분의 축복을 기억하며, 그 축복을 누구에게 주신다 해도, 그것에 대하여 감사하는 것을 의미합니다.

1 **제자** "오 주님, 당신의 율법으로 제 마음을 열어 주시고, 주님의 계명에 따라 살아가도록 저를 가르치소서. 주님의 뜻을 이해하게 하시고, 주께서 많은 사람에게 널리 주신 은혜와 제게만 따로 주신 은혜를 모두 깊은 감사와 조심스러운 생각으로 마음에 새길 수 있도록 허락하소서. 그리하여 제가 주님께 감사드릴 수 있는 사람이 되게 하소서.
진실로 제가 알고 고백하는 것은, 주님이 베푸신 어떤 작은 자비에 대해서도 저는 이에 합당한 찬양을 올릴 수 없다는 것입니다. 저는 주님이 제게 주신 어떤 은혜보다도 작습니다. 주님의 숭고하심을 생각할 때, 제 영혼은 그 숭고함의 위대성에 짓눌려 정신을 잃습니다."

2 "우리가 우리 영혼과 육신 안에 가지고 있는 것, 그리고 무엇이든지 우리의 몸 안팎이나, 자연적으로 또는 초자연적으로 우리가 가진 것은 모두 주님의 은혜이십니다. 이러한 것들은 모두 모든 선한 것을 우리에게 주신 주님은 관대하시고 자비로우시며 선하심을 보여 주는 증거입니다.
어떤 사람은 많이 받고 또 어떤 사람은 적게 받았지만, 그 어떤 것도 주님의 것이며, 주님 없이는 그 누구도 아무것도 가질 수 없습니다.

많이 받은 사람이라 할지라도 받을 자격이 있다고 자랑할 수 없고, 다른 사람들 위에 군림할 수 없으며, 적게 가진 사람을 업신여겨서는 안 됩니다. 이는 자기 자신에게는 덜 헌신하면서도 주님께 감사를 돌리는 일에는 더욱 겸손하고 헌신적인 사람이 더 위대하고 선한 사람이기 때문입니다.

다른 모든 사람보다 자신을 가장 낮게 여기고, 다른 어떤 사람보다 자신이 가치가 없다고 자신을 평가하는 사람이 더 큰 것을 받기에 합당한 사람입니다.”

3 “적게 받았다 해서 슬퍼하거나 노하지 않아야 하며, 부자를 부러워하지도 말아야 합니다. 오히려 주님을 바라보고, 주님의 자비하심을 찬양하여야 합니다. 주님은 조금도 차별하지 않으시고 풍부하고 자유롭게 그리고 관대하게 은혜를 주시기 때문입니다. 모든 것이 주님으로부터 온 것이기 때문에 모든 일에 주님은 찬양을 받으셔야 합니다. 주님은 각자에게 무엇을 주셔야 하는지 아십니다. 왜 이 사람에게는 많이 주고, 저 사람에게는 적게 주는가 하는 문제는 우리가 판단할 문제가 아닙니다. 각자에게 합당한 것이 무엇인지 명료하게 아시는 하나님이 판단하실 문제입니다.”

4 “그러므로 주 하나님, 사람들의 견해에 따라 겉으로는 찬양과 영광으로 생각되는 것일지라도 이런 것들을 많이 갖지 않는 것이 큰 축복이라고 생각합니다. 이렇게 하면 자신이 아무리 가난하고 됨됨이가 못났더라도 그것을 이유로 슬퍼하지 않습니다. 또한 그것에서 오는 박탈감을 느끼지 않을 뿐 아니라 오히려 위로와 큰 기쁨을 누릴 수 있습

니다. 이는 주님이 당신 자신을 위해 가난한 자와 겸손한 자, 그리고 이 세상에서 멸시 받는 사람을 당신의 절친한 친구로 선택하셨기 때문입니다. 주님께서 이 세상 군왕이 되게 하신 사도들이 바로 이것을 증명합니다. ^{시 45:16 참조} 사도들은 이 세상에서 불평하지 않고, 악의와 간사함 없이 매우 겸손하고 공손하게 살았습니다. 심지어 주님의 이름을 위해 모욕을 당하는 것조차도 기뻐하고, 세상이 증오하는 것들까지도 끌어안았습니다."

5   "그러므로 세상 어떠한 것도 주님을 사랑하고 주님의 은혜를 이해하는 사람을 기쁘게 하지는 못합니다. 이러한 사람들은 주님의 뜻과 주님의 영원하신 계획을 즐거워하면서 크게 만족하고 위로를 받습니다. 또한 이들은 많은 사람들이 가장 위대한 자가 되기를 원하는 만큼 자신들은 기꺼이 가장 작은 자가 되는 것을 받아들이고, 가장 앞자리에 있는 것처럼 가장 뒷자리에 만족합니다. 그리고 다른 사람들이 이 세상에서 명성을 얻고 위대해지기를 원하는 만큼 멸시와 배척을 기꺼이 감수해 낼 준비가 된 사람들입니다.

이는 주님의 뜻과 주님의 존귀하심에 대한 사랑이 세상 모든 것보다 최우선이기 때문입니다. 그리고 주님을 사랑하는 사람에게는 주님의 뜻과 주님에 대한 사랑이 이미 받은 은혜와 앞으로 받을 은혜보다 더 큰 위로가 되고 즐거움이 되기 때문입니다."

23 평화의 네 가지 원천

진정한 평화는 자신의 의사보다는 다른 사람의 의사를 좇는 데, 많이 구하기보다는 적게 구하는 데, 자신을 위해서는 항상 낮은 자리를 구하는 데, 그리고 항상 하나님의 의지를 좇는 데 있습니다.

1 **주님** "내 사랑하는 친구여, 내가 진정한 평화와 자유의 길을 가르쳐 주리라."

2 **제자** "주님, 말씀하신 대로 하소서. 진정으로 듣기를 원합니다."

3 **주님** "아들아, 네 자신의 뜻보다는 다른 사람의 뜻을 행하기 위해 노력하라. 항상 많이 갖는 것보다는 적게 갖기를 선택하라. 항상 낮은 자리를 구하고 모든 사람에게 자신을 낮추라. 나의 뜻이 네 안에서 온전히 이루어지도록 항상 소망하고 기도하라. 이를 모두 성취하는 사람은 평강과 안식의 길을 갈 것이다."

4 **제자** "주님, 주님의 간결하신 말씀 안에 완전함이 있습니다. 말씀은 짧지만 뜻은 충만하고 결실이 풍성합니다. 제가 말씀을 충실히 붙잡을 수만 있으면 제 안에서 어떤 혼란도 일어나지 못할 것입니다. 그런데 제게서 평강이 없어지고 이내 삶이 무거운 짐처럼 느껴지는 것은 제가 주님의 가르침에서 벗어났기 때문입니다. 그러나 전능하시고 항상 영혼의 성장을 복주시는 주님이시여, 더 큰 은혜를 내려 주소서.

그래서 제가 주님이 말씀하신 것을 성취하게 하시고 제 구원에 이를 수 있도록 하소서.”

5 “나의 하나님, 제게서 멀리 계시지 마소서. 나의 하나님, 속히 저를 도우소서. 잡다한 나쁜 생각과 큰 두려움이 저에게 일어나고 제 영혼을 괴롭힙니다. 어떻게 하면 상처를 받지 않고 이런 것들을 지나갈 수 있겠습니까? 어떻게 하면 이런 것들을 물리칠 수 있겠습니까?”

6 주님 “내가 네 앞에 서서 갈 것이요, 험한 길을 평탄하게 할 것이다. 내가 감옥 문을 열 것이며 숨은 비밀을 네게 보여 줄 것이다.”

7 제자 “주님, 말씀대로 하소서. 악한 생각이 주님의 면전에서 달아나게 하소서. 모든 환란의 때에 주님에게 의지하고 제 마음을 다하여 주님을 신뢰하며, 주님을 찾으며, 참을성 있게 주님의 위로를 기다리는 것이 제 소망이고 위로입니다.”

8 “좋으신 예수님, 밝은 내면의 빛으로 저를 일깨우시고, 모든 형체의 어둠을 제 마음의 처소에서 몰아내 주소서. 저의 방황하는 생각을 억눌러 주시고, 저를 맹렬히 공격하는 유혹들을 흩어 주소서. 저를 위해 강력히 싸워 주시고, 악한 짐승들과 탐욕적인 유혹들을 때려눕히소서. 그리하여 주님의 능력으로 평화가 성취되고, 주님을 위한 풍성한 찬양이 주님의 성전, 즉 순결한 양심 안에서 울려 퍼지게 하소서. 바람과 폭풍우에게 명령하소서. ‘잠잠하라’고 바다에게 말씀하소서. ‘불지 말라’고 폭풍에게 말씀하소서. 그리하시면 곧 고요해질 것

입니다.”

9 “주님의 빛과 진리를 보내시어 세상을 밝게 하소서. 주님이 저를 깨
우칠 때까지는 저는 형체 없는 빈 땅이기 때문입니다. 주님의 은혜를
위에서 쏟으소서. 하늘의 이슬로 제 마음을 적시소서. 믿음의 물을
공급하여 땅의 표면을 새롭게 하소서. 그리하여 좋고 완전한 열매를
맺게 하소서. 죄로 꽉 찬 제 마음에 생기를 주시고 제 모든 욕망을 하
나님 나라 수준으로 올려 주셔서, 감미로운 하늘의 행복을 맛봄으로
써 세상일을 즐겁게 생각하지 않게 하소서.”

10 “피조물들이 주는 모든 불안전한 위로에서 저를 붙잡아 구원하소서.
어떤 피조물도 제 입맛을 잠잠하게 할 수 없고 위로할 수도 없기 때
문입니다. 주님을 사랑하는 사람에게는 주님만으로 충분하고 주님을
떠나서는 다른 모든 것이 하찮은 일임으로, 끊을 수 없는 사랑의 띠
로 주님께 저를 묶어 주소서.”

24 다른 사람의 생활 방식에 지나치게 간섭하지 말 것

사회생활을 하면서 우리가 속하지 않은 일에 끼어드는 일이 없도록 조심해야 합니다. 다른 사람의 일에 간섭하기보다는 그 사람을 위해 기도하십시오.

1 주님 "내 아들아, 호기심을 갖지 말 것이며 쓸데없는 일에 마음을 쓰지 말라. 이것이나 저것이 네게 무슨 관계가 있느냐? 네가 할 일은 나를 따르는 것이다. 이 사람이 이러저러하고 또 다른 사람의 행동과 말이 이러저러한들 그것이 네게 무슨 상관이냐? 너는 다른 사람을 위해 대답할 필요가 없으며, 오직 네 자신만 책임을 질 것이니라. 그런데 왜 너는 자신을 스스로 곤경에 휘말리게 하느냐?

보라! 나는 만인을 알며, 하늘 아래에서 벌어지는 모든 일을 본다. 나는 각자의 형편을 알며, 네가 무엇을 생각하는지, 네가 무엇을 원하는지, 너의 궁극적인 목적이 무엇인지 안다. 그러므로 나에게 모든 것을 맡겨라. 그리고 너는 완전한 평화를 누려라. 그리고 들떠 있는 자는 그가 원하는 대로 들떠 있게 내버려 두라. 그런 사람은 자신의 언행에 모든 책임을 져야 할 것인데 이것은 그가 나를 속일 수 없기 때문이다."

2 "위대한 자의 명성에 가린다고, 많은 사람들이 뜨거운 우정을 과시한다고, 사람들이 개인적으로 존경받는다고 신경 쓰지 말라. 이러한

것들은 마음 가득 혼란스러운 어둠의 형체를 만들기 때문이다. 만일
네가 변함없는 마음으로 나를 기다리며 내게 네 마음의 문을 열면,
나는 기꺼이 네게 말하고, 숨은 일들을 드러낼 것이다. 모든 일에 주
의하며 늘 깨어 기도하라. 그리고 모든 일에 네 자신을 낮추라."

25 진정한 평안을 얻는 법

저자는 우리가 진정으로 우리 자신과 다른 사람들과 또 하나님과 평화로운 관계를 가지게 되면, 살면서 어떤 고난을 당해도 이를 극복할 수 있다고 강조합니다.

1 주님 "내 사랑하는 친구여, 나는 이렇게 말하였다. '내가 네게 내 평화를 주었다. 세상이 주지 않는 것을 내가 네게 주었다. 모든 사람이 평화를 갈망하지만, 그들은 모두 진정한 평화에는 관심이 없다. 겸손한 사람과 마음이 온순한 자만이 내가 주는 평화를 누릴 수 있다. 평화를 얻고 싶다면 많이 인내하라. 그리고 내 말을 듣고 따르면, 더 큰 평화를 누릴 수 있을 것이다.'"

2 제자 "주님, 그러면 저는 어떻게 해야 합니까?"

3 주님 "모든 일에 무엇보다 너 자신을 조심하라. 어떤 행동을 하든 어떤 말을 하든, 언제나 너 자신을 조심하라. 그렇게 하면 너는 오직 나만을 기쁘게 할 수 있을 것이다. 아울러 나를 제외하고는 아무것도 욕망하거나 구하지 말라. 그리고 다른 사람의 말과 행동을 성급히 판단하지 말며, 또한 네게 맡겨지지 않은 일에는 관여하지 말라. 그리하면 네가 불안해할 일이 없을 것이며, 있어도 매우 드물 것이다. 단, 어떠한 경우에도 불안을 느끼지 않는다거나 몸과 마음이 아무런 고통도 겪지 않는다는 것은 이 세상에서는 불가능한 일이다. 이는 오직

영면永眠의 상태에 있을 때에만 가능하다.

그러므로 네가 슬픔을 느끼지 않는다고 하여 진정한 평화를 찾았다고 판단하지 말 것이며, 적으로부터 고통을 겪지 않는다고 하여 만사가 잘 되어 간다고 판단하지 말 것이며, 또한 모든 일이 네가 바라는 대로 진행된다고 하여, 그것이 완전한 것이라고 판단하지 말라.

또한 네게 비록 큰 열성과 매력이 있다 할지라도 자신이 훌륭하다든가, 또는 특별히 사랑 받고 있다고 생각하지 말라. 왜냐하면 열성이나 매력과 같은 것에서 덕을 진정으로 사랑하는 사람을 찾을 수 없기 때문이다. 뿐만 아니라 열성이나 매력과 같은 것은 인간을 완벽하게 하고 성장시키는 기초가 될 수 없기 때문이다."

4 제자 "주님, 그렇다면 인간은 무엇으로 완전해지고 또 성장할 수 있습니까?"

5 주님 "영적 성장과 완성은 온 마음을 다하여 네 자신을 나에게 헌신하며, 작은 일이든 큰일이든 일시적으로나 영구적으로 자기 자신을 위한 것을 추구하지 않아야 비로소 온다. 이렇게 함으로써 너는 번영할 때나 역경에 있을 때나 모든 일을 균형 있게 다루어 언제나 침착한 표정으로 하나님께 감사드릴 수 있을 것이다.

만일 네가 희망을 굳게 붙잡고 힘써 인내하면, 내면의 위로를 받지 못하는 중에도 더 큰 시련을 극복할 수 있을 것이다. 또한 이러한 준비가 되면 자신이 왜 온갖 큰 고통을 겪지 않으면 안 되는지 회의에 빠지지 않는다. 오히려 내가 결정하는 것은 모두 정당한 것임을 인정하고, 나의 거룩한 이름을 찬양할 것이다. 이때에 비로소 너는 진정한 평화의 길을 가게 되고, 기쁨 속에서 내 얼굴을 다시 볼 수 있다는 희망을 품을 것이다. 또한 네가 자기 자신을 완전히 낮추었다면, 이 세상에서 누릴 수 있는 풍성한 평화를 누릴 것이다."

26 간절한 기도가 주는 자유

우리는 온 마음을 다하여 하나님을 사랑할 것이라고 말하면서도, 일상생활을 걱정하며 하나님을 온전히 사랑하지 못합니다. 일상의 걱정에 압도되지 않고 마음을 올바른 곳에 두기 위해서는 기도를 해야 합니다.

1 **제자** "주님, 성숙한 사람은 하나님 나라의 일을 추구하는 데 마음을 게을리 하지 않고, 온갖 걱정에 휩싸인 중에도 걱정이 없는 듯 앞으로 나아갑니다. 성숙한 사람은 정신이 무딘 사람의 본을 따르지 않고, 커다란 마음의 자유를 가진 사람의 본을 좇으며, 또한 어떠한 피조물에도 애정을 쏟지 않습니다."

2 "지극히 자비하신 하나님, 당신께 간구하오니. 세상 모든 걱정에서 저를 보호하셔서 세상 걱정에 휩싸이지 않게 하시고, 육체의 많은 욕구로부터 보호하여 쾌락의 유혹에 빠지지 않게 하시며, 영혼의 모든 장애물들로부터 보호하여 괴로움으로 마음이 파괴되지 않게 하소서. 세상적인 허영이 열정적으로 탐내는 보잘것없는 것들로부터 보호해 주시기를 구하는 것이 아닙니다. 죄로 인하여 죽을 수밖에 없는 인간으로서 처한 공통적인 저주 때문에 당신의 종의 영혼을 무겁게 짓누르는 불행에서 보호해 주시기를 구합니다. 그리하여 제 영혼이 방종하지 않도록 보호해 주시기를 간구합니다."

3 "오, 나의 하나님, 말로 표현할 수 없는 자비의 하나님 제 육체의 쾌

락이 고통이 되게 하소서. 육체의 쾌락은 저를 영원한 것에 대한 사
랑에서 멀어지게 하고, 현실적인 기쁨을 보여 주면서 저를 나쁜 길로
유혹합니다.

나의 하나님, 육체가 저를 지배하지 않게 하시고, 이 세상과 그 짧은
영광에 속지 않게 하시며, 사탄과 사탄의 교활함이 저를 흔들지 못하
게 하소서. 저에게 저항할 수 있는 힘을 주시고 인내심을 주시며, 계
속 나아갈 수 있는 끈기를 주소서. 이 세상 모든 위로 대신 당신의 자
비로운 기름 부음을 주시고, 육체적 사랑 대신 당신의 이름을 사랑하
도록 하소서."

4 "보소서! 먹는 것, 마시는 것, 입는 것, 그리고 가련하게도 육체를 지
탱하기 위해 필요한 온갖 다른 물건들은 하나님을 위해 불타는 영혼
에게는 짐이 됩니다. 육체를 지탱하는 이러한 물건들을 절제하면서
살도록 허락하시고, 이러한 것들을 지나치게 욕심 내 함정에 빠지지
않게 하소서. 그러나 우리의 육체 또한 생명을 이어 가야 하므로 이
러한 생활용품을 전적으로 제쳐 놓을 수는 없습니다. 신성한 율법은
우리가 필요한 이상의 것을 구하는 것을 금하며, 또한 단순히 즐기기
위한 것을 구하는 것을 금합니다. 그렇지 않으면 육체가 영혼 위에
왕 노릇할 것이기 때문입니다.

이러한 모든 일에서 주님의 손으로 저를 인도하시고 가르쳐 주셔서
어떠한 일이든 지나침이 없도록 하소서."

27 위험한 자기 사랑

우리는 천성적으로 다른 사람보다 자신을 더 사랑하는 성향을 갖고 태어 납니다. 예수님은 우리의 이러한 성향을 바꾸어 자기 자신보다 다른 사람 을 더 배려하게 하시려고 오셨습니다.

1 **주님** "내 아들아, 전체를 위해서는 네 자신을 모두 내놓아야 하며, 네 자신은 아무것도 아니어야 한다. 세상 어떤 것보다 자신에 대한 사랑 이 너를 더 해친다. 네가 품은 사랑과 애정의 정도에 따라 크든 작든 너는 모든 세상일에 매달려 있다. 그러나 네 사랑이 순수하고 성실하 며 잘 정돈되어 있으면, 너는 어떤 것에도 속박되지 않을 것이다. 가 져서는 안될 것을 탐내지 말며, 너를 해치고 네 내면의 자유를 빼앗 아 가는 것을 가지려고 원하지도 말라. 네가 바라거나 가질 수 있는 모든 것을 가지고서 네 마음 깊은 곳에서부터 나에게 의탁하지 않으 니 참으로 놀라울 따름이다."

2 "왜 너는 공허한 슬픔으로 몸을 피곤하게 하느냐? 걱정하지 않아도 될 걱정으로 지쳐 버리느냐? 나의 선한 즐거움과 함께하라. 그러면 손해 보는 일이 없을 것이다. 자신의 이익이나 또는 자신의 개인적인 즐거움을 충족하기 위하여 이것저것을 다 추구하고, 여기 또는 저기 있기를 원하면, 너는 결코 평안하지 못할 것이며 걱정으로부터 자유 롭지도 못할 것이다. 만사에는 결함이 있기 마련이며 어디로 가든지 너를 반대하는 사람이 있을 것이기 때문이다."

3 "그러므로 무엇이든지 외적으로 얻거나 또는 많이 가지는 것은 도움이 되지 않으며, 오히려 그것들을 무시하고 마음에서 뿌리를 뽑아 버리는 것이 유익할 것이다. 이것은 돈이나 부의 문제에서만 그러한 것이 아니고, 명예에 대한 선망과 헛된 찬사에 대하여도 같은 것임을 이해하라. 명예도 찬사도 세상과 함께 지나가 없어져 버리는 것이 아니냐?

영적으로 헌신하지 않으면 네가 몸담은 장소가 너를 보호하지 못할 것이다. 네 마음 상태가 참된 기초 안에 있지 않으면 외부에서 평화를 찾는다 해도 오래 가지 못할 것이다. 네가 내 안에 있지 않으면, 네가 자신을 변화시킬 수는 있어도 더 향상시키지는 못할 것이다. 자신을 더 향상시킬 수 있는 기회를 맞이했다 해도 바로 그 순간 네가 피했던 일들이 다시 너를 가로막을 것이기 때문이다."

4 제자 "하나님, 성령의 은혜를 통하여 저를 강하게 하소서. 제게 능력을 주시어 내면을 강건케 하고 쓸데없는 걱정과 근심을 마음에서 비우게 하소서. 값싼 것이든 귀한 것이든 어떠한 것에 대하여도 욕망을 갖지 않게 하소서. 그리고 모든 일은 지나가 없어진다는 것을 깨닫게 하시며, 제 자신도 이들과 함께 지나가 없어질 운명에 있다는 것을 알게 하소서. 태양 아래 영원한 것은 아무것도 없고, 모든 것은 헛되기 때문입니다. 이렇게 생각하는 사람은 얼마나 현명한 사람입니까?"

5 "주님, 하나님 나라의 지혜를 제게 주소서. 그리하여 어떤 것보다 먼저 당신을 구하고 발견하게 하며, 어떠한 것보다 우선하여 당신을 기

쁘게 하고 사랑하도록 하시고, 그 밖에 다른 모든 일은 당신의 지혜가 명령하는 대로 이해하도록 가르치소서. 아첨하는 자를 지혜롭게 피하게 하시고, 어떤 역경이라도 인내할 수 있도록 허락하소서. 이 사람 저 사람의 말에 휩쓸려 동요하지 않으며, 유혹자의 악의에 찬 아첨하는 말에도 귀를 기울이지 않는 것이 큰 지혜임을 압니다. 그렇게 함으로써 우리가 이미 시작한 길을 안전하게 가게 하소서.

28 사람들의 평가를 두려워 말라

남에게 존경받으려고 애쓰지 마십시오. 우리의 내적 평화는 남들이 우리에게 무어라 하느냐에 달려 있지 않고, 우리 마음 안에 살아 계신 하나님의 말씀에 달려 있습니다.

1 **주님** "내 아들아, 사람들이 너를 나쁘게 생각하고, 또 듣기 싫은 말을 하더라도 괴로워하지 말라. 이렇게 생각하라. '나보다 더 나쁜 이도, 더 악한 사람도 없다.' 만일 네가 영적인 삶을 산다면 너에 대해 떠도는 말에 마음을 쓰지 않을 것이다. 악이 지배하는 동안에는 그저 침묵 속에서 마음을 내게로 향하게 하며, 또한 사람들의 심판에 괴로워하지 않는 것이 큰 지혜이다."

2 "사람들이 너에 대해 이렇고 저렇고 말하는 것에 마음 쓰지 말라. 사람들이 너에 대해 좋게 평가하든 나쁘게 평가하든 관여치 말라. 그들의 평가대로 네가 다른 사람이 되는 것은 아니기 때문이다. 진정한 평화와 진정한 영광이 어디 있다고 생각하느냐? 나에게 있지 않으냐? 사람을 기쁘게 하려는 충동에 휘둘리지 않고, 사람을 불쾌하게 하는 것을 두려워하지도 않는 사람은 큰 평화를 누릴 것이다. 마음이 불안해지고, 감정이 흔들리는 것은 통제되지 않은 사랑과 두려움에서 오는 것이다."

29 시련의 때에 하나님을 찾고 찬송하라

어려움에 직면했을 때 하나님을 찾는 가장 쉬운 방법은 '하나님 도와주세요' 하고 하나님께 탄원하는 것입니다. 짧지만 마음에서 우러나오는 간절한 기도는, 길지만 간절함이 없는 기도보다 훨씬 더 좋습니다.

1 제자 "주님, 주님의 이름을 영원히 찬양합니다. 주께서 이 시련과 고난을 제게 주셨습니다. 저는 이것으로부터 도망칠 수가 없으며, 주님을 피난처 삼아 날아가야 합니다. 그리하면 주님은 저를 위해 시련과 고난을 좋은 것으로 바꿔 주실 것입니다. 주님, 저는 지금 고난 중에 있습니다. 마음이 편치 않고, 고통으로 괴롭습니다. 이 고난의 시간에서 저를 구해 주소서. 제가 이와 같은 고난을 겪는 오직 한 가지 이유는, 제가 주님에 의해 진정으로 겸손해지고 자유로워졌을 때 주님께서 영광을 받으실 것이기 때문입니다. 주님, 저는 가련한 사람이오니 저를 구원하소서. 주님 없이 제가 무엇을 할 수 있으며, 어디로 갈 수 있겠습니까? 주님, 바로 이러한 때에 제게 인내를 주소서. 주님, 저를 도와주소서. 어떤 고난을 당한다 해도 두려워하지 않겠습니다."

2 "이러한 시련 속에서 제가 무엇을 하겠습니까? 주님, 주님의 뜻이 이루어지게 하소서. 이 같은 시련과 괴로움이 닥친 것은 모두 제 탓입니다. 그러므로 폭풍우가 지나가고 날이 좋아질 때까지 인내하며 기다려야 합니다. 그러나 주님의 손길은 능력이 있으시고 전능하셔서

이 시련을 제게서 떠나가게 할 수 있으시며, 그 시련이 주는 영향력을 더 적게 하실 수 있습니다. 그렇게 하시면 자비로우신 하나님께서 지금까지 여러 번 제게 베푸신 것처럼 제가 완전히 넘어지지는 않을 것입니다. 제가 이 시련을 이겨 내기가 어려우면 어려울수록 ‘지존자이신 주님의 오른 손’시 77:10 참조이 이 시련을 변화시키는 일은 더욱 쉬워집니다.”

30 하나님께 가장 먼저 도움을 청하라

예수님은 믿음 안에 굳게 서서 우리가 원하는 것을 그분 앞에 내려놓으라고 말씀하십니다. 장래 일을 지나치게 걱정하지 마십시오. 대신 그분을 신뢰하고 그분의 자비를 믿고 기도하면 됩니다.

1 **주님** "내 아들아, 나는 시련이 왔을 때 위로를 주는 하나님이다. 일이 잘못되고 있을 때 내게로 오라. 네가 하늘의 위로를 받는 것을 방해하는 주요 장애물은 네가 너무도 늦게 기도하는 것이다. 너는 나에게 신속하게 구하지 않고 그전에 온갖 다른 곳에서 위로를 구하고, 외적인 일에서 자신을 새롭게 하려고 노력한다.

따라서 너를 구원할 이는 바로 나이며, 나를 떠나서는 진정한 도움도 유익한 조언도 없으며, 그저 일시적인 구제만 있을 뿐이라는 것을 네가 깨달을 때까지는 어떤 일도 너를 돕지 못할 것이다. 그러나 지금은 시련을 겪은 후에 네 영이 생기를 얻고, 내가 베푼 자비로 다시 강건하게 되었은즉, 이것은 내가 말한 것처럼 내가 너와 함께하여 모든 것을 옛 모습대로뿐만 아니라 더 풍족하게, 그리고 더 완전하게 회복했기 때문이다."

2 "나에게 능치 못할 일이 있느냐? 내가 말은 하고 행하지 않는 사람과 같으냐? 너는 나를 믿지 않느냐. 굳세게 서서 버티고 나아가라. 오래 참고 강한 사람이 되라. 때가 되면 위로가 네게 올 것이다. 나를 기다리고 또 기다리라. 내가 너를 치유할 것이다. 너를 괴롭히는 것은 시

련이며, 너를 공포에 떨게 하는 것은 쓸데없는 두려움이다. 장차 어떤 일이 일어날 것인지 걱정한들 무슨 소용이 있느냐? 이러한 걱정은 슬픔에 슬픔을 가져올 뿐이다. 하루의 수고는 하루로 족하다. 실현되지 않을 수도 있는 장래 일로 괴로워하거나 기뻐하는 것은 부질없고 소용없는 일이다.”

3 “그러나 인간은 이러한 환상에 너무 쉽게 속으며, 마음이 약해 악인의 충동에 가볍게 끌려 다닌다. 너의 적은 너를 진실과 거짓 가운데 어느 것으로 너를 속일 것인지, 또는 현혹시킬 것인지에 관해서는 관심이 없다. 또한 너의 적은 지금 네 안의 사랑이나, 또는 앞으로 닥쳐올 두려움 중에서 어느 것으로 너를 정복할지 전혀 관심이 없다. 그러므로 근심하지 말며, 두려워하지도 말라.

나를 믿고 나의 자비에 대해 확신을 가져라. 내가 너에게서 멀리 떨어져 있다고 네가 생각할 때 나는 네게 더 가까이 있다. 네가 모든 것을 잃었다고 생각할 때 많은 경우에 승리가 더 가까이 있다. 어떤 일이 네 뜻과는 반대로 된다 하더라도 모든 것을 잃은 것은 아니다. 순간마다 느끼는 대로 판단하지 말 것이며, 슬픔이 어디에서 오든지 마치 이를 극복할 희망이 네게서 모두 사라진 것처럼 그 슬픔에 매달리지도 말고, 이를 받아들이지도 말라.”

4 “내가 일시적으로 네게 고난을 안겨 준다거나 또는 네게서 소중한 위로를 철회한다고 하더라도, 네가 완전히 버림을 받았다고 생각하지 말라. 이것이 바로 천국으로 가는 길이기 때문이다. 네가 원하는 것을 모두 갖기보다는 역경을 통하여 단련을 받는 것이 너에게 더 유익

하다.

나는 네가 숨기고 있는 생각까지도 모두 안다. 그리고 한 가지 알아둘 것은, 때로는 네가 아무 의욕도 없을 때가 너를 구원하는 데 더 유리하다는 것이다. 그렇게 해야 너는 성공했다고 하여 우쭐대지도 않을 것이며, 자신의 실상과는 다른 자신을 자랑하지도 아니할 것이다. 내가 네게 준 것은 내가 원하면 네게서 가져갈 수도 있고, 내가 생각하는 때에 이를 다시 돌려 줄 수도 있다.”

5 “내가 네게 준 은혜는 내 것이다. 내가 그것을 네게서 가져갔을 때, 네 것을 가져간 것은 아니다. 나의 것은 최고의 선이며 완전한 선물이기 때문이다. 내가 너를 슬프게 했거나 또는 어떤 형태로든 너를 반대했다 하더라도 화내지 말고 의기소침해하지도 말라. 나는 네 기분을 좋아지도록 할 수 있고, 모든 고통이 기쁨이 되게 할 수도 있다. 모든 것에서 나는 의로우며, 내가 네게 이렇게 한다 해도 나는 크게 찬양받아야 할 것이다.”

6 “네가 올바르게 생각하고 진실하게 관찰한다면, 고난이 닥쳐왔다고 해서 크게 슬퍼해서는 안 된다. 오히려 내가 네게 슬픔을 준 것을 특별한 기쁨으로 생각하여 즐거워하고 감사해야 할 것이다. 나는 내 사랑하는 제자들에게 이렇게 말했다. ‘아버지께서 나를 사랑하신 것같이 나도 너를 사랑한다.’요 15:9 참조 내가 그들을 세상으로 보냈을 때, 세상의 즐거움보다는 큰 싸움을 위해, 명예보다는 온갖 멸시를 받기 위해, 즐거움보다는 고통을 위해, 그리고 안식보다는 인내 속에서 많은 열매를 맺기 위해 보냈다. 내 아들아, 이 말을 기억하라.”

31 창조주와 만나는 시간

그리스도를 본받는다는 것은 우리 마음에 하나님만을 위한 공간을 마련하고 성령님을 받아들인다는 것입니다. 그러한 사람만이 하나님에게 속한 사람입니다.

1 **제자** "주님, 어떠한 사람도 어떠한 피조물도 나를 방해하지 못하는 그런 장소로 가려면 제게는 아직도 더 큰 은혜가 필요합니다. 나를 붙들고 있는 것이 있으면, 내가 자유롭게 주님께 날아갈 수 없기 때문입니다. 자유롭게 날기를 원하는 사람이 이렇게 말했습니다. '누가 내게 비둘기와 같은 날개를 주어 내가 날아가서 안식을 취할 수 있겠습니까? 더없이 순박한 눈으로 하나님을 바라보는 사람보다 더 행복한 사람은 누구입니까? 이 세상에서 아무것도 바라지 않는 사람보다 더 자유로운 사람은 누구입니까?'

그러므로 사람은 모든 피조물을 초월해야 하고, 자기 자신을 완전히 버려야 합니다. 모든 피조물로부터 자유롭지 못하면 신성한 곳에 미칠 수 없습니다. 일상생활에서 명상하는 사람이 적은 것은 죽을 운명에 처한 피조물로부터 자신을 온전히 분리시키는 방법을 아는 사람이 적기 때문입니다."

2 "그러므로 영혼을 더 높이 끌어올리기 위해서는 큰 은혜가 필요합니다. 또한 사람이 그 영혼이 추켜올려지지 아니하고, 모든 피조물로부터 해방되지도 못하며, 또한 하나님과 완전히 연합하지 못하면 그

가 아는 것이 무엇이든, 그가 갖고 있는 것이 무엇이든, 그것은 중요
하지 않습니다.

어떤 것이든, 오직 한 분이시며 무한하시며 영원한 선이신 분 이외의
것을 중요하게 생각하는 사람은 오랫동안 작은 자로 머물러 있을 것
이며, 낮은 곳을 헤매고 다닐 것입니다. 하나님 이외의 것은 무엇이
든지 헛되며, 우리는 이 진리를 깨달아야 합니다.

깨우침을 받고 믿음이 있는 사람의 지혜와 교육을 받고 연구를 하는
학자의 지혜 사이에는 엄청난 차이가 있습니다. 사람의 지식으로 노
력하여 얻은 가르침보다 위에 계신 하나님의 능력에서 흘러내려오는
가르침이 훨씬 더 존귀합니다.”

3 “깊은 명상을 갈구하는 사람은 많으나 정작 그들은 명상을 위해 필요
한 것을 실천하려고 노력하지 않습니다. 자아의 완전한 죽음에는 도
통 관심이 없고 표적과 감각적인 것을 중요하게 생각하는 것도 명상
에 큰 장애가 됩니다.

겉으로 드러나는 일에는 그렇게 많은 노력과 걱정을 쏟아 부으면서
도 우리 내면에 관하여는 거의 생각을 하지 않기에, 우리는 영이 무
엇인지, 어떤 영이 우리를 인도하는지, 우리가 누구인지, 우리의 목
적이 무엇인지 그리고 외부적으로는 ‘영적’인 듯 보이지만 실제로는
우리가 얼마나 무가치한 존재인지 모릅니다.”

4 “슬프게도 우리는 명상을 짧게 끝내고 바로 밖으로 나가서는 우리가
하는 일을 엄격하게 판단하지도 않습니다. 또한 우리의 감정을 어디
에 두는지도 주의를 기울이지 않으며, 순수하지 못한 행동을 하면서

도 슬퍼하지도 않습니다. 모든 사람들이 부패한 탓에 큰 홍수^{창 6:12, 7:12} ^{참조}가 오지 않았습니까? 우리 내면의 감정이 더 부패했기 때문에 여기서 나오는 행동, 곧 내적 힘이 없는 행동도 또한 부패하기 마련입니다. 순수한 마음만이 삶에서 선한 열매를 맺습니다."

5 "사람이 얼마나 많은 일을 했는가는 눈여겨 보면서도 얼마나 가치 있는 행동을 했는지 눈여겨보는 사람은 많지 않습니다. 그가 용감한 사람인지, 부자인지, 용모가 훌륭한지, 똑똑한 사람인지, 좋은 작가인지, 좋은 가수인지, 또는 좋은 일꾼인지에 대하여는 주의를 기울입니다. 그러나 영혼이 얼마나 순수한지, 얼마나 참을성이 있으며 유순한지, 얼마나 믿음이 있고 영적인지에 대하여는 말을 하지 않습니다. 인간의 본성은 사람의 외모에 관심을 두지만, 은혜는 내면적인 것을 귀히 여깁니다. 인간의 본성은 잘못 파악하기 쉬우나 은혜는 하나님에게 희망이 있기 때문에 속는 일이 없습니다."

32 욕구 포기와 자기부인

모든 것을 버리면 모든 것을 얻을 것입니다. 안식을 찾기 위해서는 욕망을 버려야 합니다. 욕망에 사로잡힌 채로는 그리스도의 충실한 종이 될 수 없습니다.

1 **주님** "내 아들아, 네 자신을 온전히 부인하지 않으면 너는 완전한 자유를 가질 수 없다. 재산을 가진 사람, 자신을 사랑하는 사람, 탐욕스럽고 근심하고 불안한 사람, 사치를 추구하는 사람, 이런 사람들은 다 족쇄를 찬 사람들이며, 항상 실현할 수 없는 것을 계획하고 도모하는 자들이다. 하나님으로부터 오지 않는 것은 모두 멸망하기 때문이다. 짧지만 매우 의미 있는 다음 말을 마음 깊이 새기라.
'모든 것을 포기하라. 그러면 모든 것을 찾을 것이다. 욕망을 포기하라. 그러면 안식을 찾을 것이다.'
이 말을 마음에 새기고 이를 완전히 실행하고 나면 모든 것을 이해할 수 있을 것이다."

2 **제자** "주님, 이것은 단 하루 동안의 일이 아니며, 어린아이들의 놀이도 아닙니다. 이 짧은 말에는 진정으로 하나님을 믿는 사람들이 지켜야 할 모범이 들어 있습니다."

3 **주님** "내 아들아, 너는 온전함에 이르는 길을 들었은즉 등을 돌리거나 바로 실망하지 말고, 오히려 한 차원 높은 길에 도전하거나 적어도 그

길을 동경하면서 포부를 가져야 할 것이다. 네가 만일 이와 같이 되고 또한 이 지점에 도달했다면, 너는 더 이상 너 자신을 사랑하는 사람이 아니고, 나의 뜻을 행할 준비가 된 사람이다. 그러면 너는 진실로 나를 기쁘게 할 것이며 네 전 생애에 기쁨과 평화를 누릴 것이다.

너는 아직 더 많은 것을 포기해야 한다. 만일 네가 이것을 완전히 포기하지 않으면, 네가 원하는 것을 얻지 못할 것이다. 불로 연단된 금을 나에게서 사서 부자가 되라. 이는 모든 천한 물건을 발로 밟으라는 하늘의 지혜를 말하는 것이다. 세상적인 지혜도 버리고, 사람들과 네 자신을 즐겁게 하는 것들도 다 버려라."

4 "나는 네가 사람들이 귀하다고 생각하는 것과 높이 평가하는 물건보다는 싼 물건을 사도록 권고했다. 싸고 작으며 거의 잊어버릴 정도로 포기한 것, 이런 것들이 진정한 하늘의 지혜이다. 하늘의 지혜는 지혜 스스로의 눈으로는 그렇게 지혜롭지도 못하며, 세상적인 영광을 추구하지도 않는다. 많은 사람들이 입으로만 하늘의 지혜를 존중하고 정작 삶에서는 이에 동의하지 않는다. 그러나 하늘의 지혜는 많은 사람에게 감춰진 값비싼 진주와 같다."

33 사람 마음의 변덕스러움

순간순간 바뀌는 감정의 변덕스러움을 잘 이해하면 감정이 일상에 어떤 영향을 미치는지 알 수 있으며, 순수한 마음과 단순한 목적을 가지고 일상에서 우리의 노력을 집중할 수 있습니다.

1 주님 "내 아들아, 네 느낌을 신뢰하지 말라. 지금 네가 느끼는 것도 곧 다른 생각으로 바뀌기 때문이다. 네가 살아 있는 동안에는 비록 네가 그렇게 되기를 원하지 않을지라도 너는 변화에 예속된 사람이다. 따라서 너는 때로는 기뻐하고, 때로는 슬퍼하고, 때로는 평화롭고, 때로는 걱정하고, 때로는 경건하다가 때로는 경건하지 않으며, 때로는 질투하고, 때로는 무관심하고, 때로는 엄숙하며, 때로는 마음이 가벼운 자기 자신을 발견하게 된다.

그러나 지혜 있고 가르침을 잘 받은 사람은 이러한 것을 초월하여 자신이 느끼는 것에 관심을 두지 않는다. 또한 어느 방향에서 불안한 바람이 불어오는지에도 주의를 기울이지 않고, 소망으로 삼은 올바른 목적을 향하여 마음을 다해 전진한다. 따라서 그러한 사람은 한결같이 동일한 사람으로, 상황이 아무리 바뀌어도 그가 바라는 것에 대한 바른 눈을 나에게 고정시킴으로써 흔들리지 않을 것이다."

2 "순수한 소망의 눈을 가진 사람은 강한 바람이 불어도 이것을 뚫고 흔들림 없이 앞으로 전진할 수 있다. 그러나 많은 사람들은 순수한 소망의 눈이 흐려져 있다. 이는 자꾸만 즐거운 일에 눈길을 돌리기

때문이다. 물론 이러한 일이 있을 수는 있다. 또한 이기주의에서 완전히 자유로운 사람을 발견하기란 어려운 것도 사실이다. 옛날 유대인들이 베다니로 가서 마르다와 마리아에게로 간 것은 그리스도 때문만은 아니고, 나사로도 보기 위함이지 않았는가?^{요 12:9 참조} 그러므로 소망의 눈은 순수해야 한다. 그리하여 너와 나 사이에 놓인 다른 모든 것을 초월하여 너는 순수하게, 또 바르게 오직 나만을 바라보아야 한다."

34 창조주와 함께하는 즐거움

'옛 사람'이 우리 안에 살고 있어도 예수님은 우리의 걷잡을 수 없는 격정의 파도를 잠재우십니다. 그분과 함께하면 모든 것이 가능하고, 그분이 계시지 않으면 우리는 아무것도 아닙니다.

1 **제자** "보소서, 나의 하나님, 나의 모든 것이시여! 제가 이 말 이외에 무엇을 더 원하겠습니까? 제가 어떤 행복을 더 바라겠습니까? 아, 즐겁고 감미로운 말이여! 그러나 이 말은 주님의 말씀은 사랑하지만, 세상과 세상 안에 있는 모든 것들을 사랑하지 않는 사람에게만 적합한 말입니다.

하나님은 나의 것이며, 나의 모든 것입니다. 진실로 주님이 계시면 모든 일이 즐겁습니다. 그러나 주님이 계시지 않으면, 모든 일이 즐겁지 않습니다. 주님은 마음을 안정시키시고, 큰 평화를 주시며, 축제와 같은 기쁨을 주십니다. 주님은 모든 문제에서 우리가 생각해야 하는 방향으로 생각하게 하시고, 모든 것으로 주님을 찬양하게 하십니다. 또한 주님 없이는 어느 것도 오래 우리를 즐겁게 하지 못합니다. 그러나 만일 무엇인가 우리를 즐겁게 하는 흥미로운 것이 있다면 거기에 주님의 은혜가 있기 때문이며, 또한 그 은혜는 주님의 지혜로 양념을 한 것입니다."

2 "주님께서 기쁨을 주시는데 감히 무엇이 그의 기쁨을 가로막겠습니까? 반면에 주님께서 기쁨을 주시지 않는데 무엇이 그를 기쁘게 할

수 있겠습니까? 세상에서 지혜롭다 일컫는 사람과 육체를 즐기는 사람은 모두 주님의 지혜에 미치지 못합니다. 이것은 그들 안에는 철저한 허무함과 죽음만 있기 때문입니다. 그러나 세상적인 일을 천하게 여기고 육체를 죽게 함으로써 주님을 따르는 사람은 참으로 지혜 있는 사람입니다. 왜냐하면 그들은 공허에서 진리로, 육체에서 영으로 바뀌기 때문입니다. 그들은 하나님을 선으로 생각하며, 무엇이든지 피조물에서 선한 것이 발견되면, 모든 찬양을 창조주에게로 돌립니다. 그러나 창조주 안에서 찾는 즐거움과 창조주께서 만드신 피조물에서 찾는 즐거움은 진실로 다릅니다. 이것은 영원한 것과 시간이 다르며, 창조되지 않은 빛과 창조된 빛이 다른 것과 같습니다."

3 "영원한 빛이시여, 모든 창조된 빛을 초월하여 높은 곳에서 주님의 빛을 내려 보내시고, 제 마음의 가장 깊은 곳까지 들어오소서! 제 영혼을 순수하게 하시고, 기쁘게 하시고, 깨우치시고, 그리고 살아 있게 하소서. 그리하여 제 영혼이 그 모든 능력과 한량없는 기쁨으로 주님께 매달릴 수 있도록 하소서.
아, 오래도록 기다려 온 축복의 때가 언제야 오겠습니까? 언제 주님이 우리와 함께하셔서 저를 만족시킬 것이며 영원히 저와 함께하시겠습니까? 이것이 허락되지 않으면 기쁨은 완전할 수가 없습니다. 아직도 '옛 사람'이 제 속에 살고 있어서 아직도 온전히 십자가에 못 박히지도 않았고, 완전히 죽은 것도 아닙니다. 옛 사람은 아직도 강하게 성령과 싸우며, 제 안에서 전쟁을 계속하고 있으며, 제 영혼이 평화를 누리는 것을 허락하지 않고 있습니다."

4 "그러나 굽이치는 바다를 다스리시며, 몰아치는 파도를 잠잠케 하시는 주님이시여, 일어나셔서 저를 도우소서. 전쟁을 추구하는 사람들을 흩어 버리소서. 이들을 주님의 권능으로 쳐부수소서. 주님이 하신 신비한 권능의 일들을 보여 주소서. 주님의 오른손이 영광 받게 하소서. 나의 하나님, 주님이시여! 주님 이외에는 제게 희망이 없으며, 피난처가 없습니다."

35 영적 무장

영적으로 성장하고 싶다면, 끊임없이 자기중심주의를 배격해야 합니다.
이 싸움에서 이기기 위해서는 기도하고 인내하며 하나님을 전적으로 신
뢰해야 합니다.

1 **주님** "내 아들아, 너는 이 세상에서 결코 안전할 수 없다. 그러므로 살
아 있는 동안 너는 반드시 영적으로 무장해야 한다. 너는 사방의 적
에게서 공격을 받는다. 따라서 사방 주위를 인내의 방패로써 방어하
지 않으면 이내 상처 입을 것이다. 무엇보다 나를 위해 모든 것을 인
내하겠다는 진정한 의지를 가지고, 네 마음을 내게 두어라. 그렇지
않으면 적의 맹렬한 공격에 무너져 축복된 자를 위해 준비해 둔 승리
를 거머쥐지 못할 것이다. 그러므로 네 길을 방해하는 것들에 맞서
강한 손으로 싸워야 한다. 정복자에게는 '만나'가 주어지지만 나태한
자에게는 불행이 기다린다."

2 "네가 이 세상 삶에서 평화를 찾는다면 어떻게 영원한 평화에 도달할
수 있겠느냐? 지나친 안식을 찾기보다는 큰 인내를 얻기 위해 노력하
라. 이 세상이 아닌 하늘에서 진정한 평화를 찾으라. 사람에게서도
찾지 말고 다른 어떤 피조물에게서도 찾지 말며, 오직 내 안에서 구
하라.
나를 사랑하기 위해서는 모든 것을 기꺼이 참아야 한다. 즉 수고와 슬
픔과 유혹과 장애물과 걱정과 욕정과 약함과 상처와 모욕과 비난과 멸

시와 혼돈과 견책과 그리고 천대를 참아야 한다. 이러한 것들은 모두 네 덕성을 키워 줄 것이다. 이러한 것들이 이제 막 나를 따르기로 결심한 사람들에게는 시험이 될 수도 있다. 하지만 이들에게는 하늘의 왕관을 만들어 씌워 줄 것이다. 짧은 수고에 대하여 영원한 보상을, 일시적인 치욕에 대하여 끝없는 영광을 내가 줄 것이다."

3 "네가 원하는 대로 항상 영적인 위로를 받을 것이라고 생각하느냐? 나의 사도들은 그렇지 못하였으며, 오히려 그들에게는 많은 슬픔과 온갖 유혹, 그리고 견디기 어려운 고독만 있었다. 그러나 그들은 이 세상에서 겪는 고통은 나중에 올 영광과는 비교할 수 없다는 것을 깨닫고 모든 일에 인내했다.
많은 사람들이 많은 눈물을 흘리고 크게 수고한 후에야 가까스로 얻은 것을 너는 단번에 가지려고 하느냐? 나를 기다려라. 용기를 가져라. 실망하지도 말고 물러서지도 말며, 하나님의 영광을 위해 네 몸과 영혼을 내놓으라. 그리하면 내가 풍성하게 갚아 줄 것이며, 어떤 고통이 오더라도 너와 함께 있을 것이다."

36 사람들에게 비난받을 때

비판은 다른 비판을 불러옵니다. 예수님은 다른 사람들이 우리를 비판하는 것을 지나치게 걱정하지 말라고 권고하십니다. 우리를 향한 예수님의 사랑을 믿기만 하면 다른 사람들의 비판은 문제 될 것이 없습니다.

1 **주님** "내 아들아, 내 안에 네 영혼의 닻을 확고히 내려라. 그리고 네 양심이 네가 신뢰받을 수 있고 결백하다고 판단한 때에는 사람들의 심판을 두려워하지 말라. 이러한 식으로 고통을 당하는 것은 좋은 일이고 축복된 일이다. 그리고 이러한 고통은 겸손한 마음을 가진 사람, 또 자기 자신보다 나를 신뢰하는 사람에게는 아무런 상처도 주지 못한다. 많은 사람들이 제각기 많은 말을 하기 때문에 말에 주의를 기울이는 사람은 많지 않다. 더욱이 모든 사람을 즐겁게 한다는 것은 불가능한 일이다.

비록 사도 바울은 내 안에 있는 모든 사람에게 즐거움을 주기 위해 열성적으로 노력하고, '여러 사람에게 여러 모습'을 보였지만, 그는 또한 자신이 사람에게서 판단 받는 것을 아주 작은 일로 생각했다."

2 "사도 바울은 재능과 힘을 다하여 사람들의 구원과 영적인 성장을 위해 헌신적으로 노력했음에도 사람들은 그를 판단하고 멸시했다. 그는 모든 것을 아는 나에게 다 맡겼다. 또한 그에게 나쁜 말을 하는 사람들, 그를 바보로 생각하는 사람들, 거짓을 말하고 그에게 온갖 모욕적인 말을 하는 사람들의 입에 대항하여 오직 인내와 겸손으로 자

기 자신을 방어했다. 때로는 이러한 비난에 강하게 맞선 일도 있는데, 이는 그가 침묵함으로써 자신과 같은 약자가 남에게 죄 짓는 추문에 휘말리는 일이 없도록 하기 위해서였다.”

3 “‘죽을 수밖에 없는 인간을 두려워하는 너는 누구냐?’^{사 51:12 참조} 사람이 오늘 살아 있다 하여 내일도 살아 있으리라 장담할 수는 없다. 나를 두려워하라. 인간이 주는 공포에 두려워 떨지 말라. 말과 폭력으로 너를 해칠 수 있는 사람은 어디에도 없다. 오히려 그 사람은 너를 해치기보다는 자신을 해칠 뿐이다. 그 사람이 누구라 할지라도 그는 내 심판을 피할 수 없을 것이다.

항상 나를 바라보며 이런 사람들과는 불평하는 말로 싸우지 말라. 잠시나마 네가 정복당하고 부당한 수치를 당하더라도 불평하지 말라. 이러한 것들은 네 왕관을 작게 보이게 할 뿐이다. 그러한 때에 너는 눈을 들어 하늘에 있는 나를 보라. 나는 모든 고통과 상처에서 너를 구할 것이며, 또한 모든 사람에게 각자 그들이 한 일에 따라 보상을 줄 것이다.”

37 나를 버리다

자기를 버려야만 하나님을 발견할 수 있습니다. 우리가 우리 자신을 버리면 버릴수록, 우리들에 대한 하나님의 사랑을 믿으면 믿을수록 우리는 더 자유롭고 행복합니다.

1 주님 "내 아들아, 네 자신을 버려라. 그러면 나를 발견할 것이다. 그 무엇도 소유하지 말라. 그러면 너는 항상 유익을 얻을 것이다. 자기 자신을 포기하기로 결심하고 그 결심을 굳건히 지키면, 바로 그 순간에 더 큰 은혜를 더할 것이다."

2 제자 "주님 몇 번이나 제 자신을 버려야 하며, 어떤 일에 저를 버려야 합니까?"

3 주님 "항상 자기 자신을 버릴 것이며, 큰일에서와 같이 작은 일에서도 자신을 버려야 한다. 나는 예외를 인정하지 않는다. 그러니 모든 일에서 네 자신을 버려라. 네가 외면적으로나 내면적으로 네 자신의 의사를 버리지 않으면서 어떻게 네가 나의 것이 될 수 있으며, 내가 네 것이 될 수 있겠느냐? 자기를 버리는 것을 빨리하면 할수록 네게 더 유리할 것이다. 그리고 더 충만하게, 더 성실하게, 훨씬 더 크게 나를 기쁘게 할 것이며, 또한 네가 받을 상도 풍성할 것이다."

4 "어떤 사람은 자신을 포기할 때 몇 가지 예외를 두고 포기한다. 이것

은 나를 온전히 신뢰하지 못한 탓에 자신이 필요로 하는 것을 얻는 데
주의를 기울이기 때문이다. 또 어떤 사람은 처음에는 모든 것을 포기
하나 시간이 지나면서 유혹에 사로잡혀 자기 방식대로 되돌아가 결
국은 덕행을 쌓는 일에 진전이 전혀 없다. 이러힌 사람은 치음부터
자신을 완전히 포기하고 매일 자신을 죽게 하지 않으면, 순수한 마음
에서 오는 진정한 자유를 누릴 수 없고, 나와의 즐거운 교제의 은혜
도 받지 못한다. 자기를 포기하지 않고는 나와 즐겁고 행복한 결합을
이루지 못하며, 앞으로도 그러할 것이다."

5 "이미 여러 번 네게 말한 것을 지금 다시 말한다. 자기 자신을 포기
하라. 자기 자신을 부인하라. 그러면 마음에 큰 평화를 누릴 것이다.
전부를 위해 전부를 주라. 아무것도 요구하지 말라. 대가로는 무엇
이든지 받지 말라. 순수한 마음으로, 그리고 확고히 내 안에 있어라.
그러면 나를 얻을 것이다. 네 마음이 자유로워질 것이며, 어둠이 너
를 압도하여 짓누르지 못할 것이다. 네 소유가 다 없어지도록, 그리
고 아무것도 소유하지 않았던 그리스도를 따르기 위해 노력하고 간
구하여 자신을 죽이고 영원히 나를 위하여 살라. 그러면 모든 헛된
환상과 모든 악한 마음의 동요와 쓸데없는 걱정이 사라질 것이다. 불
합리한 두려움도 사라질 것이고, 존재해서는 안 될 사랑도 네 안에서
죽을 것이다."

38 위기를 만날 때

어려움이 닥치면 하나님께 기도해야 합니다. 그래야 인간적인 관점을 뛰어넘어 일어설 수 있으며, 이 세상일들을 하나님의 영광을 위해 사용하는 법을 배울 수 있습니다.

1 주님 "내 아들아, 네가 어디에 있든지, 어떤 행동을 하든지, 또는 외부적인 사업을 하든지 관계없이 내면적으로 자유로워야 한다. 또한 일에 종속되지 않고 일을 자기에게 종속시킴으로써 스스로 자기 자신을 통제할 수 있도록 부단히 노력해야 한다. 너는 주인이 되어야 하고, 네 행동의 관리자가 되어야 한다. 너는 자유인이 되고, 참된 그리스도인으로서, 나의 자녀로서의 자유를 누려야 한다.
나의 자녀는 현재를 딛고 일어서며, 그들의 눈은 영원한 것을 향하며, 왼쪽 눈으로는 세상일을, 오른쪽 눈으로는 하나님 나라를 보며, 세상일에 휘말리지 않으며, 오히려 이것을 내가 정한 장소와 순서대로 좋은 섬김을 위해 사용한다. 나 창조주는 세상을 창조할 때 모든 것을 제자리에 두었다."

2 "그러나 어떠한 상황에 처하더라도 사물의 외관을 보고 판단하지 말 것이며, 보고 듣는 것을 육체의 눈으로 해석하지 말 것이며, 모세가 한 것같이 장막에 들어가서 말씀을 구하라. 그리하면 나의 응답을 들을 수 있을 것이며, 현재 일뿐 아니라 장래 일에 대해서도 가르침을 받을 수 있을 것이다.

"

모세는 궁금한 것이 있거나 문제가 생겼을 때 이에 대한 해답을 찾기 위해 자주 장막을 이용했으며, 위험한 사태나 사람들의 악행으로부터 구원을 받기 위해 장막으로 피신하여 기도했다. 그러므로 너도 네 마음의 내밀한 장소로 피신하여 나의 구원을 간절히 구하라. 여호수아와 이스라엘 백성이 기브온 사람들에게 속은 것은 먼저 나에게 상의하지 않고 기브온 사람들의 사탕발림과 거짓 충성을 쉽게 믿었기 때문이다.”수 9:14 참조

39 문제에 너무 집착하지 말 것

예수님은 인간적인 일에 지나치게 마음 쓰지 말라고 권고하십니다. 인간적인 일에 대한 우리의 관심은 시간이 지남에 따라 바뀌기 마련이며, 우리가 가야 할 목표에 큰 영향을 미치지 못합니다.

1 **주님** "내 아들아, 네 문제는 항상 나에게 맡겨라. 때가 되면 내가 그 일을 올바로 처리할 것이다. 내 지시를 기다려라. 그러면 모든 일이 네게 유익한 방향으로 해결될 것이다."

2 **제자** "주님, 제 계획은 이로울 것이 없기 때문에 기꺼이 주님께 모든 것을 맡기겠습니다. 장래 일에 대해서도 지나치게 매달리지 않고, 주저 없이 제 자신을 주님의 선하신 뜻에 맡기기를 원합니다."

3 **주님** "내 아들아, 사람들은 그들이 원하는 것을 얻으려고 열심히 노력하지만, 일단 그것을 손에 넣으면 생각이 바뀐다. 생각은 하나에 매여 있지 않고 항상 사람을 이 일에서 저 일로 끌고 다니기 때문이다. 그러므로 자기를 포기한다는 것은 사소한 일이 아니다. 심지어 하찮은 일에 자신을 포기하는 것조차 사소한 일은 아니다."

4 "사람이 진정으로 발전하기 위해서는 자기를 부인해야 하며 이미 자기 자신을 부인한 사람은 온전한 자유와 평안을 누린다. 그러나 선한 것이면 무엇이든지 반대하는 우리의 오랜 적 사탄은 끊임없이 우리

를 유혹하며, 혹시 방심하는 사람이라도 있으면 밤낮으로 그를 속임의 함정에 빠트릴 술책을 꾸민다. '유혹에 빠지지 않기 위해 깨어 있어 기도하라.'^{막 14:38 참조}"

40 사람에게는 자랑할 만한 선함이 없다

주님만이 우리의 희망이요, 우리의 구원이십니다. 그분 없이는 우리는 아무런 좋은 일도 할 수 없고 나날이 후퇴할 수밖에 없습니다.

1 **제자** "주님, 주님이 마음에 생각하시는 인간은 누구이며, 주님께서 찾아오신 인자人子는 누구입니까? 사람이 어찌 주님이 주시는 은혜를 받기에 합당하겠습니까? 주님, 주님이 저를 버리신다 하여 제가 어찌 불평하겠습니까? 주께서 제가 원하는 대로 하시지 않으셨다고 하여 어찌 제가 당당하게 호소할 수 있겠습니까?

다만 제가 드릴 수 있는 말씀은 이것뿐입니다. '주님, 저는 아무것도 아닙니다. 저는 아무것도 할 수 없습니다. 제게 좋은 것이라고는 하나도 없습니다. 저는 모든 일에 부족하고 항상 아무것도 아닌 쪽으로 기울어집니다. 주님께서 돕지 않으시고, 또한 영적으로 주님의 가르침을 받지 못하면, 저는 우유부단하며 무기력해집니다.'"

2 "그러나 주님, 주님은 항상 한결같으시며 영원히 그러하실 것입니다. 주님은 항상 선하시고 의로우시며, 거룩하시며, 모든 일을 의롭게, 그리고 거룩한 모습으로 잘 행하셔서 만물을 지혜롭게 다스리십니다. 그러나 저는 전진보다는 실패하기가 더 쉬우며, 변화가 일곱 번이나 제게 오기 때문에 항상 같은 상황에 머물러 있을 수도 없습니다.

그러나 주님이 기꺼이 도움의 손길을 내미시면 모든 일이 바로 좋아질 것입니다. 오직 주님만이 인간의 동의 없이도 구원을 주시고, 이를 더 강화하시기 때문입니다. 그러므로 저는 더 이상 얼굴을 딴 곳으로 돌리지 않을 것이며, 변화된 제 마음은 오직 주님 안에서 안식을 찾을 것입니다."

3 "만일 제가 제 신앙을 높이기 위해, 또는 주님을 구하려는 강박감때문에 모든 인간적인 위로를 제쳐 놓는 방법을 알기만 한다면, 저는 마땅히 주님의 은혜 안에서 희망을 가질 수 있고, 위로의 새 선물을 기뻐할 수 있을 것입니다."

4 "일이 순조롭게 풀릴 때마다 그 모든 것을 주시는 주님께 감사드립니다. 그러나 저는 주님의 면전에서는 헛되고 아무것도 아니며, 변하기 잘하는 약자입니다. 그렇다면 제가 무엇으로 자랑할 수 있겠습니까? 또 어떤 근거로 명성을 선망할 수 있겠습니까? 아무것도 아닌 제가 어찌 명성을 얻을 수 있겠습니까? 이것이야말로 참으로 헛된 일이며, 헛된 영광은 자만입니다. 자만은 우리에게서 참된 명예를 빼앗아 가고 하나님의 은혜를 도적질해 갑니다. 자기 스스로를 칭찬하는 사람은 주님을 불쾌하게 하며, 사람들의 칭찬을 선망하는 사람은 진정한 덕을 잃고 맙니다."

5 "그러나 자기 자신이 아닌 주님 안에서 영광을 찾고, 자기 자신의 가치보다는 주님의 이름 안에서 기뻐하며, 주님이 아닌 다른 어떤 피조물에서도 즐거움을 찾지 않는 것이 진정한 영광이며, 거룩한 환희입니다.
제 이름이 아닌 주님의 이름이 찬양을 받게 하소서. 제 업적이 아닌 주님의 업적이 찬양을 받게 하소서. 주님의 거룩한 이름을 찬양하게 하시고, 사람들이 저를 칭찬하는 일이 없게 하소서. 주님이 저의 영광이며, 주님이 제 마음의 환희입니다. 주님 안에서 제가 영광을 받으며, 하루 종일 크게 기뻐합니다. 그러나 제 자신에 관하여는 약한 것 외에는 자랑할 것이 아무것도 없습니다.”

6 “‘저는 오직 주님에게서 오는 영광’을 구하겠습니다. 진실로 주님의 영원한 영광을 제외하고, 모든 인간적인 영광, 모든 일시적인 명예, 모든 세상적인 환희는 헛되고 어리석은 것입니다. 오, 나의 하나님 축복받을 성부 성자 성령이시여, 저의 진리이시며 자비이시여! 당신에게만 찬양과 존경과 권능과 영광이 있으시기를 기원합니다.”

41 명예에 휘둘리지 말 것

주님께서 인간을 위해 온갖 수치와 불명예를 당하시고 또 조롱과 멸시를 받으신 것같이 우리도 다른 사람들이 우리를 조롱하고 멸시하며, 중요하지 않다고 평가하는 것을 기꺼이 받아들여야 합니다.

1 주님 "내 아들아, 너는 멸시와 모욕을 당하는데 다른 사람은 명예를 얻고 추앙받는다 해서 심각하게 생각하지 말라. 너는 오직 하늘에 있는 나만 바라보라. 그러면 세상이 아무리 너를 멸시한다 해도 슬프지 않을 것이다."

2 제자 "주님, 우리는 분별력이 없기 때문에 하잘것없는 것에도 유혹을 받습니다. 하지만 제가 제 자신을 바르게 돌아보면, 어떠한 피조물도 제게 해를 끼치지 못합니다. 그러므로 제가 주님께 불평할 일이 없습니다. 그러나 저는 주님의 뜻을 어기고 빈번히 큰 죄를 지었으므로 모든 피조물이 제게 손을 높이 쳐들고 대항하는 것은 마땅한 일입니다. 그러므로 제가 수치와 멸시를 당하는 것은 합당합니다.

그리고 만일 제가 모든 피조물이 저를 멸시하고 버리며, 또한 사람들이 저를 아무것도 아닌 것으로 생각하는 것을 기꺼이 받아들일 준비가 되어 있지 않다면, 저는 평안과 내면적인 강한 힘을 가질 수 없을 것입니다. 또한 영적으로도 깨우침을 받지 못하고, 주님과도 온전히 연합하지 못할 것입니다."

42 사람에게 평안을 기대지 말라

하나님의 사랑에 근거를 둔 우정은 건강합니다. 단, 우리의 행복을 하나님 이외의 어떤 다른 것에서 찾아서는 안 됩니다.

1 **주님** "내 아들아, 네가 만일 어떤 사람과의 친밀함과 그 사람에 대한 네 생각 때문에 네 평화를 그 사람에게 의존한다면, 너는 불안할 것이며 어려움에 휩싸일 것이다. 그러나 만일 네가 영구불멸의 변치 않는 진리에 의존한다면 친구로부터 버림을 받아도, 그리고 친구의 죽음에도 슬퍼하지 않을 것이다.

네 친구에 대한 사랑도 내 안에 바탕을 두어야 하며, 아무리 네게 선하고 귀한 친구라 할지라도 오직 나를 위해 그를 사랑해야 한다. 내가 없는 우정은 강하지 않으며 오래 가지도 못한다. 또한 나에 의해 결합되지 않은 우정은 참되지도 않고 순수하지도 못하다.

모든 인간적인 사랑과 우정은 내가 네게 품은 사랑의 반영일 뿐이다. 너는 다른 어떤 사랑도 원해서는 안 된다. 진정한 우정은 선물이며, 네 마음 안에 있다. 사람은 나에게 가까이 다가오면 올수록 그 정도에 비례하여 모든 세상적인 즐거움으로부터 멀리 떨어지고 만다. 또한 사람은 나에게로 더 높이 올라오면 올수록 자기 자신은 더 깊이 떨어지며, 자신이 더 보잘것없는 사람으로 비쳐진다."

2 "무슨 일이든지 이를 자신의 공으로 돌리는 자는 내게서 오는 은총의 통로를 막는 사람이다. 이는 성령의 은혜는 항상 겸손한 마음을 가진

사람을 찾기 때문이다. 만일 네가 자신을 전적으로 하찮은 사람으로 만들고 모든 헛된 사랑으로부터 자기 자신을 비우는 방법을 알았더라면, 네게 큰 은혜를 부어 줄 사람은 바로 나였을 것이다.

만일 네가 피조물을 구하면, 네게는 내 얼굴이 보이지 않을 것이다. 나를 위해 모든 일에서 자기 자신을 다스리는 법을 터득하라. 그러면 너는 나에 관한 풍족한 지식을 얻을 것이다. 아무리 사소한 것이라 할지라도 무엇인가를 무절제하게 사랑한다면 지극히 높은 내가 그를 멀리 할 것이며 그 영혼은 상처 입을 것이다.”

43 세상 지식의 허무함

우리는 삶의 나쁜 습관을 뿌리 뽑는 데 더 많은 시간을 보내야 하며, 예수
님만이 이를 가르치실 수 있습니다. 주님은 최고의 스승이십니다.

1 **주님** "내 아들아, 사람들의 아름답고 영리한 말이 네게 영향을 미치지
않도록 하라. 하나님 나라는 말에 있지 않고 능력에 있기 때문이다.
고전 4:20 참조 내 말에 귀를 기울이라. 내 말은 심장에 불을 지피고 마음
에 빛을 비추며, 회개하게 하고 많은 위로를 줄 것이다.
무슨 말이든지 네가 더 배웠고 더 지혜롭다는 것을 나타내 보이기 위
해서라면 말하지 말라. 오직 네 죄를 없애기 위해 노력하라. 이렇게
하는 것이 온갖 문제에 관한 지식을 얻는 것보다 네게 더욱 큰 유익이
될 것이다."

2 "네가 아무리 많이 읽고 또 이해했다 하더라도 항상 원칙으로 되돌아
와야 한다. 사람에게 지식을 가르치는 사람은 바로 나이며, 또한 나
는 사람들이 가르칠 수 있는 것보다 더욱 명쾌하게 가르친다는 것이
다. 나의 가르침을 받은 사람은 곧바로 지혜로워지며, 영적으로도 많
이 성장할 것이다. 그러나 사람들 사이에서는 매우 난해한 지식을 추
구하면서 나를 섬기는 데는 관심이 없는 자에게는 화가 있을 것이다.
스승 중의 스승이고 천사들의 주인 나 그리스도가 다시 갈 것이다.
그때에 내가 모든 사람이 배운 것을 듣고 각자의 양심을 점검할 것이
다. 그런 연후에 등잔불로 예루살렘을 살필 것이니 어둠에 감춰진 것

들의 모습이 드러나며, 언쟁은 잠잠해질 것이다."

3 "나는 겸손한 자의 마음을 순식간에 추켜올려서 그가 학교에서 10년
간 배운 것보다 영원한 진리에 관한 원리를 더 많이 깨닫게 할 수 있
다. 나는 요란한 말로 떠벌리지 않고, 불확실한 지식을 가르치지도
않으며, 명예를 내세우거나 교만하지도 않으며, 또한 논쟁을 위한
논쟁을 하지 않는다. 나는 또한 세상일을 경멸하고 영원한 것을 찾으
며, 구원하며, 명예를 버리고 모욕을 참으며, 모든 희망을 나에게 두
고 나에게서 비롯되지 않은 모든 것을 바라지 않으며, 그리고 무엇보
다 나를 열정적으로 사랑할 것을 가르친다."

4 "어떤 사람이 있었는데 그 사람은 나를 깊이 사랑한 나머지 나에 관
한 일들을 배웠으며, 또한 놀라운 말들을 했다. 그는 학문적인 지식
을 배우기보다는 모든 것을 포기함으로써 더 크게 성장했다. 그러나
나는 어떤 사람에게는 일상적인 일들을 가르치고, 또 어떤 사람에게
는 그들 자신에게만 특별한 것을 가르친다. 또 어떤 사람에게는 기적
과 기사奇事로 나를 드러내며, 또 어떤 사람에게는 밝은 빛에서 나의
신비함을 드러내기도 한다.
책도 말을 하지만, 모든 사람을 동일하게 가르치는 것은 아니다. 그
것은 내가 내면의 진정한 스승이며, 마음을 살피는 자이며, 생각을
분별하는 자이며, 또한 내가 합당하다고 판단하는 기준에 따라 각 사
람을 구분하여 그들의 행동을 장려하기 때문이다."

44 세상일에 매이지 말라

다른 사람들이 우리를 어떻게 평가하든 개의치 말고, 오직 하나님의 음성
에만 귀를 기울이십시오. 하나님은 세상적인 모든 걱정에서 우리를 해방
시켜 주십니다.

1 **주님** "내 아들아, 세상적인 모든 일을 무시하라. 또한 이 세상에서 자기 자신을 죽은 사람처럼 생각하라. 온 세상을 위해 십자가에서 죽임 당한 그리스도처럼 네 자신을 생각하라. 또한 많은 일들에 귀를 막고 무시하고 오직 네 평안과 관련이 있는 일들만 생각하라. 말다툼에 휩싸이지 말고, 너를 불쾌하게 하는 것에서 시선을 거두고, 각자 자기 의견대로 생각하게 내버려 두라. 만일 네가 나와 좋은 관계를 유지하기를 원하고 내 판단을 존중한다면, 네가 당하는 희생을 인내하기가 더욱 쉬울 것이다."

2 **제자** "오, 주님, 우리는 일시적으로 잃은 것을 슬퍼하고, 작은 것을 얻기 위해 노력하고, 조급하게 서두르며, 영적인 상처는 망각의 세계로 빠뜨리고는 다시 생각하지 않습니다. 작거나 이롭지 못한 일에 매달리며, 오히려 가장 필요한 것은 무관심한 채 지나쳐 버립니다. 이는 모든 사람이 외적인 일에 쉽사리 현혹되기 때문입니다. 그러므로 신속히 정신을 차리지 못한다면, 아마도 오랫동안 세상일에서 헤어나지 못할 것입니다."

45 말에 쉽게 현혹당하지 말 것

인간은 매우 연약하고 한결같지 못해 사람을 신뢰하면 실망하고 배반당하는 일이 많습니다. 우리는 오직 하나님만 신뢰해야 합니다.

1 제자 "주님, 고난에 처했을 때 도움을 주소서. 사람의 도움은 공허한 것입니다. 신의가 있다고 생각되는 곳에서 신의를 발견하지 못한 일이 얼마나 많은지요? 또한 신의가 있으리라 기대하지 못한 곳에서 신의를 발견한 일이 얼마나 많은지요? 그러므로 사람에게서 희망을 찾는 일은 헛된 일이요, 의로운 자를 구원하시는 분은 주님이십니다. 주 나의 하나님, 우리들에게 일어나는 모든 일로 인하여 주님을 찬양합니다. 우리는 약하고 불안정하며, 쉽게 속고 또 변합니다."

2 "모든 일에서 자기를 조심스럽게, 신중하게 보호할 수 있어서 어떠한 속임수나 혼란에도 빠져들지 않는 사람이 있습니까? 주님, 당신을 신뢰하고, 온 마음을 다하여 주님을 구하는 사람은 쉽게 넘어지지 않습니다.

만일 그가 어떤 모양으로든 곤란에 빠지거나 또는 어려움에 휩싸이더라도 주님이 그를 신속히 구원하실 것이며, 그를 위로하실 것입니다. 주님은 당신에게 희망을 가진 사람을 끝까지 버리지 않으시기 때문입니다. 친구의 고난을 줄곧 함께 짊어지고 가는 친구는 흔치 않습니다. 주님, 당신만이 모든 일에 전적으로 신뢰할 수 있는 분이십니다."

3 "'내 마음은 그리스도 안에 자리 잡고 거기에 기초를 두고 있다.' 이렇게 말한 저 거룩한 영혼은 얼마나 지혜로운 사람인가요! 만일 저도 그와 같다면 인간에 대한 두려움으로 쉽게 실망하지 않을 것이며, 사람들이 내뱉는 말에도 전혀 개의치 않을 것입니다.

모든 일을 충분히 예견할 수 있는 사람은 누구이며, 앞으로 닥쳐올 나쁜 일들에 대비할 수 있는 사람은 또 누구입니까? 예견할 수 있을 때도 해를 당하기 일쑤인데, 예견할 수 없는 일이 가져오는 해는 얼마나 크겠습니까? 아마 엄청난 상처를 입힐 것입니다.

그런데 저는 왜 가련한 제 자신을 더 잘 예측하지 못했을까요? 왜 저는 그렇게도 쉽게 다른 사람을 신뢰할까요? 어떤 사람들은 우리를 천사라고 생각하고 또 그렇게 부르지만, 우리는 의지가 약한 인간일 뿐입니다. 주님, 누구를 신뢰해야 합니까? 주님 이외에 누구를 신뢰해야 합니까?

주님은 속이지 않으시며, 또한 속이는 일을 하실 수도 없는 진리이십니다. 다시 말씀 드리지만, 모든 사람은 거짓말쟁이이고, 약하고, 한결같지 못하고, 쉽게 넘어지고 맙니다. 특히 말에서 더욱 그러하지요. 그러므로 언뜻 보아 진실을 말하는 것처럼 보여도 바로 믿어서는 안 될 것입니다."

4 "주님께서는 지혜롭게도 사람을 조심하라고 벌써부터 경고하셨습니다. '사람의 적은 집안 사람'이라고 말씀하셨습니다. 주님께서는 또한 '그리스도가 여기 계신다거나 저기 계신다'마 24:23 참조라고 말하는 사람을 믿어서는 안 된다고 말씀하셨습니다.

저는 큰 대가를 치르고 주님의 말씀을 배웠습니다. 앞으로도 더욱더 조심해 어리석은 자가 되지 않기를 희망합니다. 그런데 어떤 사람이 저에게 '조심해, 조심해. 내가 말한 것을 너만 알고 있어'라고 말했습니다. 저는 그것이 비밀인 줄로 생각하고 침묵을 지켰습니다. 그러나 그는 말해서는 안 된다고 한 자신의 말을 지키지 못했습니다. 그러고는 그는 나는 물론 자신도 배반하고 가 버렸습니다.

주님, 이러한 유해한 말과 무모한 사람들에게서 저를 보호해 주셔서 제가 그들의 손에 떨어지지 않게 하시며, 다시는 그러한 죄를 짓지 않게 하소서. 제 입술의 말이 진실되고 변하지 않게 하시며, 기만적인 혀를 저에게서 제거하소서. 저는 모든 방법으로 제 자신을 방어하여 고난을 겪지 않기를 희망합니다."

5 "다른 사람에 관하여 침묵을 지키고, 모든 말을 무분별하게 믿지 않을 뿐 아니라, 이를 가볍게 전하지 않게 하소서. 몇 사람에게만 자기 본심을 보이며, 우리 마음을 관찰하시는 주님을 구하며, 바람 같은 말에 따라 이리저리 흔들리지 않고, 대신 내면의 일과 외적인 일을 포함하여 모든 일이 주께서 기뻐하시는 대로 이루어지도록 기도하게 하소서.

사람들 앞에 드러내 보이는 것을 멀리하며, 대중으로부터 칭찬받기를 바라지 않으며, 삶이 변화되고 신앙심에 열정을 더해 주는 일들을 진지하게 추구하는 것이 하나님의 은혜를 보존하는 데 얼마나 안전한 일입니까? 얼마나 많은 사람들이 그들의 덕행이 사람들에게 알려지고, 또한 시기적으로 부적절한 때에 너무 일찍 칭찬을 받음으로써 해를 입었습니까? 그러나 전쟁과 같은 삶에서 침묵 속에 갇힌 은혜가 주는 유익은 또한 얼마나 큽니까?"

46 말 때문에 상처를 받을 때

진실로 하나님을 믿는다면, 다른 사람이 말로 주는 상처에 과민하게 대응할 필요가 없습니다. 한편 다른 사람이 비판할 만한 행동은 삼가며, 또 필요한 경우에는 우리 자신을 보호해야 합니다.

1 **주님** "내 아들아, 굳게 서서 나를 바라라. 말은 말일 뿐이다. 말은 공중을 날아다니지만, 돌에게는 상처를 주지 못한다. 만일 잘못을 저질렀다면, 네 자신을 어떻게 개선할 것인지 생각하라. 그러나 네 양심에 부끄러움이 없으면 하나님을 위해 사람들의 비난을 기꺼이 참아라.

네가 다른 사람들이 가하는 가혹한 타격을 견뎌 낼 수는 없다 하더라도 이따금씩 심한 말을 견뎌 낸다고 하여 대단한 일은 아니다. 너는 왜 그렇게 사소한 일을 마음에 두느냐? 그것은 네가 아직도 세속적이며 필요 이상으로 사람들에게 신경을 쓰기 때문이 아니냐? 그것은 또한 네가 사람들로부터 멸시당하는 것을 두려워하여 자신의 잘못에 대하여 비난받기를 원하지 않고 변명의 피난처를 구하기 때문이기도 하다."

2 "자기 자신을 더 잘 관찰해 보라. 그러면 사람들을 즐겁게 하려는 헛되고 순수하지 못한 사랑이 아직도 네 속에 살아 있음을 발견할 것이다. 자신이 저지른 잘못으로 당하게 될 창피와 당황스러운 순간을 피하려 한다면 너는 진정으로 겸손한 사람이 아니다. 또한 네가 세상에

대해 죽은 것도 아니고, 세상도 너를 위해 십자가에 처형되지 아니한
것이다.

너는 사람들의 만 마디 말에도 전혀 개의치 말라. 상상할 수 있는 온
갖 악한 말들이 너를 향해 오더라도 네가 이를 왕겨 조각 정도로 생각
하면, 그것이 네게 무슨 해를 끼치겠는가? 어찌 그러한 말이 네 머리
카락 하나라도 뽑을 수 있겠느냐?"

3 "그러나 마음이 냉정을 잃고, 나를 바라보지 못하는 사람은 한마디 비
난의 말만 들어도 쉽게 동요한다. 그러나 나를 신뢰하고, 자신의 판단
대로 행하지 않는 사람은 사람에 대한 두려움을 초월한 사람이다.

이는 내가 심판자요 모든 비밀을 관찰하는 자이기 때문이다. 나는 세
상일이 어떤 방법으로 처리되는지 알며, 또한 누가 해를 가하는 사람
인지, 누가 해를 견디는 사람인지 안다. 이 모든 말은 나에게서 비롯
된 것이며, 또한 나의 허락으로 모든 것이 일어났으니, 이는 여러 사
람들이 마음에 품은 생각들을 드러내기 위해서다. 나는 죄 지은 자이
든 무고한 자이든 모두 심판할 것이다. 그러나 나는 그전에 그들을
모두 은밀히 심판할 것이다."

4 "사람은 거짓 증언하는 경우가 많다. 그러나 내 심판은 언제나 진실
하고 확고하며 번복되는 일이 없다. 내 심판의 대부분은 숨겨져 있으
며 극소수의 사람들만이 상세한 내용을 알고 있다. 그럼에도 불구하
고 내 심판에는 결코 오류가 없다. 다만 어리석은 자의 눈에는 내 심
판이 정당하지 않은 것으로 보일 뿐이다. 그러므로 모든 심판은 내
뜻에 따른 것이며, 사람들 자신의 의견은 아무런 영향도 끼치지 못

한다. 의인은 나에게 무슨 일을 당해도 당황하지 않을 것이기 때문이다. 또한 의인은 어떤 부당한 비난이 가해진다 해도 크게 관심을 갖지 않을 것이고, 사람들이 정당하게 그의 무고함을 입증한다 해도 가벼이 기뻐하지도 않을 것이다. 왜냐하면 의인은 내가 사람의 마음과 심장을 관찰하는 자이며, 또한 내가 사람의 외양을 보고 심판하지 않는다는 것을 항상 생각하기 때문이다. 많은 경우 내 눈으로 보기에는 비난 받아 마땅한 일도 사람들은 칭찬받을 가치가 있는 것으로 판단한다.”

5 **제자** “의로운 심판자이시고, 강하시고, 참을성 많으신 주 하나님, 주님은 사람의 연약함과 악행을 아십니다. 제 양심만으로 부족하오니 제 힘이 되어 주시고 저의 전적인 의지가 되어 주소서. 주님은 제가 알지 못하는 것을 다 아십니다.

따라서 제가 어떤 비난을 받아도 겸손할 것이며, 과거에 제가 그렇게 행동하지 못한 것을 하나님의 자비로 용서하시고, 장차 더 큰 인내의 은혜를 제게 허락하소서. 제 안에 남은 양심을 지키기 위하여 제가 가진 의로움보다는 하나님의 풍성하신 은혜가 주님의 용서를 얻는 데 더욱 낫기 때문입니다. 또한 제가 아무런 죄를 의식하지 못한다 해도 그것으로 제 자신을 정당화할 수는 없습니다. 주님께서 자비를 거두어 가시면 어떠한 사람도 주님 앞에서 의롭게 설 수 없기 때문입니다.”

47 영생을 위한 일

우리가 미처 알기도 전에 삶은 지나가 버리고 영원만이 우리 앞에 펼쳐질 것입니다. 최후의 날을 위해 현재의 고난을 참으며 스스로를 준비해야 합니다.

1 **주님** "내 아들아, 나를 위해 네가 떠맡은 일을 감당하느라 지쳐 쓰러지지 말 것이며, 그 일로 낙담하지 말라. 어떤 상황에서도 내 약속이 너를 강하게 만들고 너를 위로하도록 하라. 내가 주는 보상은 한량이 없다.

네가 이 세상에서 겪는 수고는 오래 지속되지 않을 것이며, 슬픔의 짐을 항상 지는 것도 아닐 것이다. 조금만 더 기다려라. 재앙은 순식간에 끝날 것이다. 모든 수고와 고통이 끝날 때가 올 것이다. 시간과 함께 지나가는 것은 모두 그 생명이 짧고 중요하지 않다."

2 "네가 하는 일을 열심히 하라. 나의 포도밭에서 성실히 일하라. 내가 네 품삯이 될 것이다. 글을 쓰고, 글을 읽고, 찬송가를 부르며, 탄식하고, 침묵하며, 용감하게 역경을 견뎌 나가라. 영원한 생명이 이러한 갈등보다 더 가치 있고 더 위대하다. 평화는 나만이 아는 어느 날에 올 것이다. 그날은 지금 너희가 경험하는 것처럼 낮도 아니고 밤도 아닐 것이다. 그날에는 영원한 빛과 무한한 광채와 안정된 평화와 걱정 없는 안식이 있을 것이다.

그날에 너는 '누가 나를 사망의 몸에서 구원하리요?'롬 7:24 참조라고 말하지 않을 것이다. 너는 또한 '내가 이곳에 너무 오래 산 것이 내게 화로다'라고 울부짖지도 않을 것이다. 죽음은 물러가고 구원은 확실히 이루어질 것이다. 걱정도 곧 사라질 것이요, 축복받은 환희와 다정스럽고 아름다운 교제가 있을 것이다."

3 "만일 네가 하늘에 있는 옛 성인들이 과거 이 세상에 있었을 때 멸시를 받고, 가치 없는 삶을 살았다는 평을 받은 것과는 달리, 지금은 영원한 왕관을 쓰고 큰 영광을 받으며 기뻐하고 있음을 본 일이 있느냐? 만약 그렇다면 참으로 너는 땅바닥까지 자신을 낮출 것이요, 모든 사람들의 종이 되려고 노력할 것이며, 또한 어떤 사람에 대하여도 그 사람의 주인이 되려고 하지 않을 것이다.
너는 또한 이 땅에서의 행복한 날을 바라지 않고, 오히려 나를 위하여 고난 겪는 것을 크게 기뻐할 것이다. 그리고 사람들이 중요한 사람으로 평가하지 않는 것을 가장 큰 유익으로 생각할 것이다."

4 "이러한 말들을 마음 깊이 새겼다면, 감히 어떻게 네가 단 한마디 불평이라도 할 수 있단 말이냐? 모든 고통스러운 일은 영원한 삶을 위해 참아야 하지 않겠느냐? 천국을 잃느냐 또는 얻느냐 하는 문제는 작은 문제가 아니다. 그러므로 얼굴을 들어 하늘을 바라보라. 그리고 나와, 나와 함께 있는 너의 믿음의 조상들을 보라. 그들은 이 세상에 있을 때 많은 투쟁을 했지만, 지금은 아무런 걱정 없이 기뻐하며 안식을 취하고 있다. 그리고 무엇보다 내 아버지의 나라에서 영원히 나와 함께 살 것이다."

48 나그네 삶의 괴로움

우리는 이국땅에 사는 순례자입니다. 여기서 살아 남기 위해서는 우리가 가는 여정의 종착점을 바라보며 주님을 인생의 안내자로 삼아야 합니다. 예수님이 함께 하시면 이 땅의 모든 고난을 견딜 수 있습니다.

1 제자 "가장 축복 받은 하늘의 거룩한 처소여! 오, 밤이 어두워지지 않으며, 최고의 진리가 영원토록 빛을 발하는 영원한 광명의 날이여! 항상 기쁘며, 항상 걱정이 없으며, 결코 그 반대로 변하지 않는 날이여! 오, 바로 이날이 이미 밝았단 말입니까? 그러면 시간의 제약을 받는 이 모든 것들이 종말을 고했을 것입니다. 진실로 성인들에게는 그날이 영원한 광채로 비추어질 것이지만, 이 땅의 순례자들에게는 다만 멀리서, 그것도 마치 거울에 비춰진 빛처럼 비칠 것입니다."

2 "하늘의 백성은 그날이 얼마나 기쁜지 알지만, 쫓겨난 이브의 후손들은 이 땅의 고통과 괴로움 때문에 슬퍼합니다. 이 세상에서 살 날은 짧으며, 세상은 악과 슬픔과 시련으로 가득 차 있습니다. 세상 사람들은 많은 죄로 더럽혀져 있으며, 많은 욕정의 함정에 빠져 있으며, 많은 공포의 쇠고랑을 차고 있으며, 많은 걱정으로 마음의 평온이 흐트러져 있으며, 많은 의문으로 혼란에 빠져 있으며, 무가치한 일들에 휘말려 있으며, 많은 실수로 포위를 당하고 있으며, 많은 수고로 지쳐 있으며, 많은 유혹으로 괴로워하고 있으며, 향락으로 쇠진해 있으며, 가난으로 고통 받고 있습니다."

3 "오, 언제 이 모든 불행이 끝나겠습니까? 언제 저는 죄에서 풀려나 자유로워질 수 있습니까? 언제 저는 오직 주님만을 생각하게 되겠습니까? 언제 저는 방해를 받지 않고 참된 자유를 누리며, 제 마음과 몸을 무겁게 짓누르는 것들로부터 자유로워지겠습니까? 확고히 뿌리 내린 평화, 고통과 걱정을 초월하는 평화, 내면과 외면의 평화, 모든 면에서 보장된 평화가 언제 오겠습니까?

좋으신 예수님, 언제 제가 당신 앞에 서서 당신을 뵐 수 있을까요? 언제 주님 나라의 영광을 바라볼 수 있을까요? 언제 주님은 저에게 모든 것 중의 모든 것이 되겠습니까? 언제 저는 주님께서 당신을 사랑하는 사람들을 위해 영원부터 준비하신 당신의 왕국에 당신과 함께 살 수 있을까요? 저는 매일 전쟁과 가혹한 불행에 휩싸인 원수의 나라에 버려진 유배자입니다."

4 "저의 유배를 위로해 주시고 저의 슬픔을 들어 주소서. 저의 소원은 단 하나, 주님을 찾는 것입니다. 세상이 주는 모든 위로는 저에게는 모두 부담스럽기만 합니다. 저는 깊이 주님을 사모하기를 원합니다. 그러나 그렇게 하지 못하고 있습니다. 저는 하나님 나라 일에 매달리기를 원하지만, 일시적인 현실과 아직 죽지 않은 저의 욕정이 저를 억누릅니다. 제 마음으로는 모든 것을 초월하기를 원하지만, 저의 뜻과는 반대로 육체적으로는 품위 없는 일을 저지릅니다.

그리하여 저는 자신과 싸우면서 제 자신에게 짐이 되는 불행한 사람입니다. 그러는 동안 제 영혼은 위로 향하려고 노력하지만, 제 육체는 자꾸만 아래로 향합니다."

● 5 "오, 마음이 너무 고통스럽습니다. 마음으로는 하나님 나라 일을 생각하려 하는데도 육체적인 유혹과 생각이 곧바로 제 기도 속으로 밀려 들어옵니다. 나의 하나님, 제게서 멀리 떨어져 계시지 마시고, 또한 분노하셔서 당신의 종에게서 등을 돌리지 마소서. 주님의 번갯불을 치셔서 혼란스러운 생각을 흩으소서. 화살을 쏘셔서 원수의 모든 환상을 깨뜨리소서.

저의 모든 감각을 주님께 집중하게 하셔서 모든 세상적인 일을 잊게 하소서. 죄에 대한 환상을 재빨리 불식하고 경멸하게 하소서. 영원한 진리이신 주님, 저를 도우셔서 헛된 일로 동요되지 않게 하소서. 하늘의 연인이시여, 오셔서 모든 불순한 것들이 저에게서 떠나게 하소서.

또한 저를 용서하시고, 자비 속에서 저를 관대히 대하소서. 기도할 때는 언제나 오직 주님 이외에는 아무것도 생각하지 않게 하소서. 제게는 정신적인 혼란에 빠지는 습관이 있음을 고백합니다. 그리고 저는 육체가 있는 곳에 생각까지 함께 있지는 않은 때가 너무도 많았습니다. 제 생각이 머무는 곳은 대개 제가 사랑하는 것이 있는 곳이었습니다. 세상적인 즐거움과 습관적인 기쁨은 저의 생각 속으로 너무도 재빨리 들어와 버립니다."

● 6 "그래서 영원한 진리이신 주님께서는 '너의 보물이 있는 곳에 네 마음도 있다'^{마 6:21 참조}라고 말씀하신 것입니다. 만일 제가 하늘을 사랑한다면, 저는 기꺼이 하나님 나라의 일을 생각할 것입니다. 만일 제가 세상을 사랑한다면, 세상이 즐거움을 주면 기뻐할 것이고 세상이 역경을 주면 슬퍼할 것입니다. 제가 육체를 사랑한다면, 저는 육체에 속

하는 일들을 자주 상상할 것입니다. 제가 영혼을 사랑한다면, 저는 영적인 일 생각하기를 즐길 것입니다.

저는 무엇이든지 좋아하는 것이면 즐겁게 말하고 들으며, 이를 마음에 그리면서 집으로 갑니다. 그러나 행복한 사람은 주님을 위하여 모든 피조물을 멀리하는 사람이며, 자신의 본능을 가혹하게 다루는 사람이며, 영혼의 열정으로 육체의 욕망을 처형하는 사람이며, 평온한 양심으로 주님께 순수한 기도를 올리는 사람이며, 모든 세상사를 버리고 천사의 합창대에 참여하는 데 합당한 사람입니다."

영생을 사모하는 사람에게 약속하신 축복

우리가 하나님을 찾는 것은 하나님이 우리에게 주신 은혜입니다. 그리스도를 본받는다는 것은 하나님에 대한 갈망이 자라서 우리가 하는 모든 일에 영향을 미치는 것을 뜻합니다.

1 **주님** "내 아들아, 네가 하늘로부터 영원한 축복이 네 안으로 쏟아지는 것을 간구하고, 또한 그림자로 가려지지 않는 나의 영광을 바라보기 위해 육체의 연약한 거처를 진정으로 떠나려고 한다면, 너의 마음을 활짝 열고 이 거룩한 영감靈感을 받아들여라. 너를 관대하게 보살피고, 자비로운 마음으로 찾아 주고, 따뜻하게 격려하고, 강력하게 의기를 높여 줌으로써 네가 네 자신의 무게 때문에 세상적인 일에 추락하지 않도록 하는 하늘의 선에 대하여 풍성한 감사를 하라.

네가 이러한 선물을 받는 것은 네 자신의 생각이나 노력 때문이 아니요, 오직 하늘에서 오는 은혜와 나의 배려 덕분이다. 이러한 모든 것은 네가 더 많은 덕을 행하고, 또 겸손에 겸손을 더하기를 원하기 때문이다. 그리하여 앞으로 닥쳐올 싸움에 대비케 하며, 또한 온 정성을 다하여 나에게 매달리는 일에 열중하게 하며, 그리고 열정을 가지고 섬기는 일에 노력할 수 있도록 하기 위함이다."

2 "내 아들아, 불이 타면서 불꽃이 올라갈 때는 연기가 나기 마련이다. 이와 마찬가지로 어떤 사람은 하늘을 향한 불길이 타오르는 것을 갈망하면서도 아직도 육체적 욕구에서 자유롭지 못하다. 따라서 이러

한 사람들은 매우 진지하게 기도하지만, 그 동기가 순수하게 오직 내 영광을 위한 기도는 아닌 것이다. 네 기도도 비록 자신은 매우 진지한 기도로 생각한다 하더라도 이러한 기도에 속한다. 자신의 편의로 얼룩진 기도는 순수하지도 않고 완전한 기도가 아니기 때문이다."

3 "네 자신에게 즐겁고 유익한 것을 구하지 말고, 내가 용납할 수 있고 내게 영광이 되는 것을 구하라. 네가 사물을 올바르게 판단한다면, 너의 소망과 그 소망의 대상이 될 수 있는 모든 것보다 나의 명령을 앞세워 그것을 따라야 한다. 너는 지금 내 자녀들이 누리는 영광스러운 자유와 영원히 거처할 장소와 기쁨으로 충만한 천국을 바라고 있으나 아직 때가 오지 아니하였다. 너는 아직도 이와는 다른 때, 즉 전쟁과 수고와 시련의 때에 머물러 있다. 너는 자신이 최고 선으로 충만하기를 소망하지만, 그것을 지금 바로 얻을 수는 없다. 내가 바로 최고 선이다. 나의 왕국이 임할 때까지 기다려라."

4 "너는 아직도 이 세상에서 많은 시험을 당해 더욱 단련 받아야 한다. 때로 격려를 받기도 하겠지만, 만족스럽지는 못할 것이다. 그러므로 인간의 본능에 반대되는 일을 하는 데 강건하고 용감해야 한다. 너는 새 사람을 입어 새 사람으로 변해야 한다.
많은 경우 네가 원하지 않는 일을 해야 하고, 때로는 원하는 일을 포기해야 할 수도 있다. 다른 사람을 즐겁게 하는 일은 잘되어 갈 것이지만, 네가 원하는 것은 잘되지 않을 것이다. 사람들이 다른 사람의 말은 들을 것이지만, 네가 말하는 것은 무시할 것이다. 다른 사람들은 자신들이 요구하는 대로 받을 것이지만, 너는 바라는 대로 받지 못할 것이다.”

5 “다른 사람들은 세상 사람의 칭찬을 받을 것이나 너에 대해 말하는 사람은 아무도 없을 것이다. 다른 사람에게는 이런 일 저런 일이 맡겨지겠지만, 너는 보잘것없는 일에나 쓸모 있는 사람으로 평가 받을 것이다.

이 얼마나 견디기 힘들겠는가? 그러나 이러한 것들을 묵묵히 참는다면, 영적으로 성장하는 데 도움이 될 것이다. 내 충실한 종들은 이러저러한 방법으로 자신이 어느 정도 자기 자신을 부인할 수 있는지, 그리고 자신의 뜻을 어떻게 잘 굽힐 수 있는지 알아보기 위해 모두 시련을 겪을 것이다.

네가 자신의 뜻과는 반대되는 일을 보고 겪어야 할 때, 특히 네게 쓸모없고 무용지물인 일을 하도록 명령을 받았을 때처럼 네가 자기 자신을 극복해야 하는 순간은 없을 것이다. 네가 어떤 권위 아래에 있을 때는 높은 권위를 가진 사람에게는 감히 저항하려고 하지 않을 것이다. 이 때문에 너는 높은 권위를 가진 사람이 하라는 대로 할 뿐 자신이 느끼는 것을 먼저 행하기는 어려울 것이다.”

6 “그러나 내 아들아, 네가 수고해 얻은 열매와 신속하게 끝나 버린 일과 기대 이상의 커다란 보상을 생각해 보라. 아마도 이러한 것들이 부담이 되지 않고, 인내에 대한 큰 위로라고 생각할 것이다. 이 하찮은 외고집을 포기하면 하나님 나라에서 네가 원하는 것을 충족히 채울 수 있을 것이다. 진실로 하나님 나라에서는 네가 원했던 모든 것과 네가 앞으로 바라는 모든 것을 발견할 것이다.

하나님 나라에서 너는 모든 선을 행할 수 있는 능력을 가질 것이며, 그 능력을 잃어버릴 염려도 없을 것이다. 하나님 나라에서는 너의 뜻이 항상 나의 뜻이 될 것이며, 너는 나 이외에는 누구도 원하지 않으며, 또 너는 자기 자신에게 속하지도 않을 것이다. 하나님 나라에서는 누구도 너에게 저항하지 않을 것이며, 너에게 불평하지 않을 것이며, 너를 당혹하게 하지도 않을 것이며, 아무도 네 길을 막지도 못할 것이다.

네가 원했던 모든 것이 네 손에 있을 것이며, 네 모든 소원을 새롭게 하여 충만하게 할 것이다. 하나님 나라에서 나는 세상에서 네가 겪은 모욕에 대한 보답으로 영광을, 슬픔에 대하여는 칭찬의 옷을, 가장 낮은 자리에 있었던 보답으로는 왕국의 자리를 영원히 줄 것이다. 하나님 나라에서는 순종의 열매가 모든 사람들에게 나타날 것이며, 회개의 수고가 기쁨이 될 것이며, 겸손한 순종이 영광의 왕관을 쓸 것이다."

7 "그러므로 이제 너는 모든 사람들의 손 아래에서 겸손하게 절할 것이며, 사람들의 말이나 명령이 너를 괴롭힌다고 생각하지 말라. 그리고 너는 특별히 관심을 가지고 너의 윗사람이나 아랫사람 또는 동료가 너에게 어떤 일을 요구하거나 암시했을 경우에는 성실한 마음으로 그들의 요구를 최대한 이행하기 위해 노력하라.

이 사람은 이러한 것을, 저 사람은 저런 것을 추구하게 하며, 이 사람은 이것을, 저 사람은 저것을 자랑하게 하며, 또한 수만 번이라도 칭찬을 받게 하라.

그러나 너는 이것에서도 저것에서도 기쁨을 찾지 말고, 오직 자신을

겸손히 낮추고, 나를 기쁘게 하며 나에게 영광을 돌림으로써 기쁨을
찾으라. 이것이 네 소망이 되게 하라. 삶에 있어서나 죽음에 있어서
나 네 안에서 내가 항상 영광을 받도록 하라."

50 하나님께 인생을 맡기라

우리의 생각과 감정을 주님과 나누는 것을 두려워해서는 안 됩니다. 하나님께 우리의 깊은 속사정을 털어놓음으로써 그분과 깊고 친밀한 관계를 누려야 합니다.

1 제자 "주 하나님, 거룩하신 아버지! 지금도, 그리고 영원히 찬양을 받으소서. 주님이 원하시는 대로 모든 일이 이루어졌나이다. 주님께서 하시는 일은 선하시기 때문입니다. 주님의 종이 자신이나 다른 어떤 것에서 기뻐하지 않고 오직 주님 안에서 기뻐하게 하소서. 주님, 주님만이 진정한 기쁨이며, 주님이 저의 희망이고, 저의 면류관이며, 주님이 저의 즐거움이고 명예이기 때문입니다.
주님의 종은 당신이 주신 것 이외에 아무것도 가진 것이 없습니다. 모든 것이 주님의 것이요, 주님이 모든 것을 주셨으며, 모든 것을 이루셨습니다. 저는 가난합니다. 젊은 시절부터 고생하고 노력했으며, 제 영혼은 때로는 슬퍼서 눈물짓고, 때로는 떠나지 않고 서성대는 고난 때문에 혼미해지곤 합니다."

2 "저는 주님이 주시는 평화의 기쁨을 갈망합니다. 주님의 위로의 빛으로 키우신 주님의 자녀들의 평화를 저도 갈구합니다. 주님께서 평화를 주신다면, 그리고 주님께서 거룩한 기쁨을 저에게 부어 주신다면, 당신의 종의 영혼은 노래에 곡조를 맞추어 헌신적으로 주님을 찬양하겠습니다. 그러나 주님께서 저에게서 떠나시면, 당신의 종은 주

님이 주신 계명의 길을 갈 수 없을 것입니다. 오히려 주의 종은 무릎을 꿇고 앉아 가슴을 치며 한탄할 것입니다. 주의 종에게는 오늘은 어제와 같지 않고, 그 전날과도 같지 않기 때문입니다. 그때는 주님의 등불이 종의 머리 위에 비치고 있었으며, 주의 종은 주님 날개의 그림자 아래서 내습해 오는 유혹으로부터 보호를 받고 있었습니다.”

3 “의로우시고 거룩하시며 영원히 찬양 받으실 아버지, 주님의 종이 시험 받을 때가 왔습니다. 찬양 받으시기에 합당한 아버지, 지금 이때가 주의 종이 주님을 위해 고통을 겪기에 가장 좋은 때입니다. 영원히 존경받으실 아버지, 주님께서 영원 전부터 미리 알고 계셨던 그때가 오고 있습니다. 그때에 주님의 종은 겉으로는 굴복한 듯 보이지만, 내면의 진리에서는 주님 안에서 영원히 살 것입니다. 잠시 동안주님의 종은 존경받지 못하고, 변변치 않으며, 사람들의 눈에 띄지 않고, 고통과 연약함으로 힘이 빠져 있을 것입니다. 하지만 이것으로 인하여 주님의 종은 새 햇살이 돋는 새벽에 주님과 함께 다시 일어날 것이며, 하나님 나라에서 영광을 받을 것입니다.
거룩하신 아버지, 당신께서 이렇게 계획하시고 이렇게 뜻하신 것입니다. 주님이 명령하신 대로 모두 이루어진 것입니다.”

4 “주님, 당신의 친구들이 당신을 사랑하기 때문에 이 세상에서 겪는 고통은 당신께서 그들에게 주신 은혜입니다. 주님께서는 그 고통이 누구에게서 오든, 어떤 형태로 오든 관계없이 가능한 자주 일어나도록 하셨습니다. 주님의 충고와 섭리 없이는 그리고 선한 원인이 없이는 어떤 것도 세상에서 이루어질 수 없습니다.

'고난당한 것이 내게 유익이라 이로 말미암아 내가 주의 율례들을 배우게 되었나이다.'^{시 119:71} 부끄러움으로 제 얼굴이 찌그러진 것도 저에게는 유익합니다. 이것을 통해 저는 사람에게서가 아닌 주님에게서 위로를 구하게 되었습니다. 저는 또한 당신의 헤아릴 수 없는 심판에 대한 두려움을 알게 되었습니다. 주님은 의로운 자와 의롭지 않은 자를 동일하게 심판하셨으며, 항상 공정과 정의로 심판하셨습니다."

5 "제가 주님께 감사드리는 것은 당신께서 저의 악한 행동을 용서하지 아니하시고, 오히려 사랑의 주먹으로 저를 치시며 저에게 안팎으로 슬픔과 고통을 안겨 주셨기 때문입니다.
주 나의 하나님, 하늘의 거룩한 영혼의 치유자시여, 천하 만물 중에서 주님 외에는 저를 위로해 줄 사람은 아무도 없습니다. 주님은 내리치시고, 치유하시며, 지옥으로 끌어내리시고, 다시 불러 올리십니다. 주님의 가르침이 저를 고치시고 당신의 회초리가 저를 가르치십니다."

6 "사랑하는 아버지시여, 저는 당신의 손안에 있습니다. 저를 꾸짖으시는 주님의 회초리 밑으로 제 몸을 숙입니다. 제 등과 목을 때리십시오. 그리하여 제가 비뚤어진 마음을 펴서 주님의 뜻에 따르도록 하십시오. 주님께서 습관처럼 저를 축복해 주신 것같이 저를 주님의 충실하고 겸손한 제자로 만들어 주십시오. 그리하여 제가 주님의 가르침에 따라 살아갈 수 있게 하십시오. 주님께 제 자신과 제가 가진 것을 다 바치오니 저를 고쳐 주십시오. 지금 매로 벌을 받는 것이 장차 받는 것보다 더 좋습니다.

주님은 모든 것을 다 아십니다. 주님 몰래 사람의 양심에 숨은 것은 하나도 없습니다. 일이 벌어지기도 전에 주님께서는 어떤 일이 일어 날지 다 아십니다. 그러므로 누구도 이 세상에서 무슨 일이 일어날지 주님께 가르쳐 드리거나 충고해 드릴 필요가 없습니다.

주님께서는 제가 성장하는 데 어떤 도움이 필요하며, 죄의 욕정을 떨쳐 버리기 위해 얼마나 고생해야 하는지 아십니다. 제가 소원하는 것처럼 주님의 선하신 뜻을 저에게 베푸시고, 죄로 가득 찬 제 삶을 가벼이 보지 마소서. 주님을 제외하고는 제 죄를 그렇게 명백히 아는 사람은 없습니다."

7 "주님, 제가 알 수 있도록 허락하소서. 제가 무엇을 알아야 하는지, 제가 무엇을 사랑해야 하는지 알게 하소서. 주님이 가장 기뻐하시는 찬양을, 또 무엇이 주님에게 가장 가치 있는 것인지를, 그리고 주님께서 가장 증오하시는 것이 무엇인지를 구별하여 아는 방법을 깨닫게 해 주십시오. 제가 겉으로 보이는 대로 판단하지 않게 하시고, 무지한 자에게서 들은 것에 따라 결론을 내지 않게 하소서. 그러나 진실로 눈에 보이는 것과 영적인 것을 분별할 수 있게 하시고, 언제나 모든 일에서 주님의 선한 뜻을 구하게 하소서."

8 "어떤 판단을 할 때 감각을 따르다 보면 속임을 당하기가 쉽습니다. 세상을 사랑하는 사람도 눈에 보이는 것만 사랑함으로 속임을 당하는 것은 마찬가지입니다. 누군가 남들에게 훌륭하다는 평을 받았다고 하여 그 사람이 더 나은 것이 무엇입니까? 사기꾼이 사기꾼을 속이고, 하찮은 자가 하찮은 자를, 장님이 장님을, 약한 자가 약한 자

를 속입니다. 사람이 다른 사람을 기쁘게 하고, 다른 사람을 칭찬하는 것은 우둔한 행위입니다. 사실 칭찬은 사람을 더 혼란에 빠지게 합니다. 겸손한 성 프랜시스는 이렇게 말했습니다. '사람은 하나님이 보시는 만큼의 정도이지 그 이상은 아니다.'"

51 고상한 삶이 버거울 때

삶이 단조롭게 느껴지고 마음이 무거울 때는 일상에서 선한 일을 하기 위해 날마다 많은 시간을 들여야 합니다. 그래야 비로소 우리 영혼이 새로워집니다.

1 주님 "내 아들아, 너는 항상 열정적으로 덕행을 소망하지 못하며, 더 고상한 수준의 명상을 계속할 정도로 강건하지도 못하다. 때로는 원죄 때문에 한 단계 낮은 수준으로 내려와 비록 너의 뜻에 반할지라도 부패한 삶을 살아야 할 부담을 지고 있다. 네가 죽을 수밖에 없는 육체를 가지고 있는 한 마음에 중압감을 느낄 것이다. 그러면 자연히 육체적 한계를 느끼며 괴로울 것인데, 이는 육체 때문에 네가 영적인 공부와 하나님을 명상하는 일에 계속 집착할 용기가 없어서이다."

2 "일이 이렇게 되면 다른 작은 일에 피난처를 구하여 선을 행함으로써 자신을 새롭게 하는 것이 너를 위해 좋을 것이다. 또한 너는 내가 다시 너를 찾아와 모든 걱정에서 해방시킬 때까지 강한 확신으로 하늘에서 내가 오는 것을 기다려야 할 것이다. 이 세상에서의 유배 생활과 영혼의 메마름을 참고 견뎌야 할 것이다.

이는 내가 너의 모든 수고를 잊게 하고, 마음에 평화를 줄 것이기 때문이다. 내가 네 앞에 성경의 초원을 펼칠 것이니 너는 열린 마음으로 내 계명을 지켜 행하게 될 것이다. 그리고 너는 '현세의 고난은

장차 우리들에게 나타날 영광과는 비교할 가치가 없다'롬 8:18 참조고 말
하게 될 것이다."

가치 있는 징계, 가치 있는 위로

우리는 오직 하나님의 자비를 통해서만 그분께 접근할 수 있습니다. 하나
님은 자신의 죄를 인정하고 겸손하게 하나님을 찾는 사람에게만 자비를
베푸시는 분입니다.

1 제자 "주님, 저는 당신의 위로를 받을 자격이 없으며, 주님의 영적 방
문을 받을 자격도 없습니다. 그러므로 당신께서 저를 가련하고 절망
적인 상태에 두고 떠나신다 해도 당신께서 하시는 일은 저에게는 모
두 합당합니다. 비록 제가 바다와 같이 많은 눈물을 쏟는다 해도 저
는 주님의 위로를 받을 자격이 없습니다. 저는 징계를 받고 벌을 받
을 자격밖에는 없습니다. 왜냐하면 저는 주님의 뜻을 너무 자주 거역
했으며 많은 일에서 죄를 지었기 때문입니다. 그러므로 진실한 판단
을 한다면, 저는 최소의 위로도 받을 자격이 없습니다.

그러나 은혜로우시고 자비하신 하나님, 당신께서는 당신이 하시는
일이 파괴되는 것을 원치 않으십니다. 그리고 주님께서는 '자비의 그
릇'을 향한 당신의 풍성한 선을 보여 주기 위해 당신의 종을 위로하기
로 마음을 정하셨습니다. 이러한 위로는 한량이 없으며, 당신의 종
이 받을 수 있는 정도를 훨씬 넘어서는 것입니다. 주님께서 이렇게
하시기로 한 것은 주님의 위로는 사람들이 하는 말과는 다르기 때문
입니다."

2 "주님, 제가 한 것이 무엇이기에 주님께서는 제게 하늘의 위로를 주

십니까? 저는 선한 것이라고는 한 것이 없으며, 항상 악에 젖어 있었고 또한 제 버릇을 고치는 데는 더디었습니다. 만일 제가 다른 말을 하면 주님께서 항변하실 것이며, 저를 변론해 줄 사람은 아무도 없을 것입니다. 지옥과 영원한 불 이외에 제가 지은 죄의 대가로 받을 것이 무엇이 있겠습니까?

고백하건대 저는 경멸과 모욕을 받아 마땅한 사람이지, 주님을 경배하는 사람 가운데 있어서는 안 될 사람입니다. 이러한 것들을 견뎌 내기가 무척 힘이 들지만, 그래도 저는 주님 앞에서 저의 죄를 참회할 수밖에 없습니다. 그렇게 함으로써 좀 더 쉽게 주님의 자비를 구할 수 있을지도 모르기 때문입니다."

3 "죄를 짓고 수치심으로 가득한 제가 무슨 말씀을 하겠습니까? 감히 제가 드릴 말씀은 아무것도 없습니다. 하지만 이 한 말씀은 드립니다. '저는 죄를 지었습니다. 주님, 저는 죄를 지었습니다. 저를 불쌍히 여기시고 저를 용서하소서.'

잠시 혼자 있게 해 주소서. 그래서 제가 암흑과 죽음의 그림자가 드리운 땅으로 가기 전에 제 슬픔을 애도할 수 있게 하소서.

주님께서는 떳떳하지 못하고 간악한 죄인에게 그가 지은 죄를 회개하고 자신을 낮추라고 말씀하십니다. 그 외에는 아무것도 요구하지 않으십니다. 진정한 회개와 겸손한 마음에서 용서의 희망이 태어나고, 고통 받은 양심이 화해하며, 잃어버린 은혜가 회복되며, 닥쳐올 진노에서 사람들이 보호를 받으며, 하나님과 통회자의 영혼은 거룩한 입맞춤으로 서로 만납니다."

4 "주님, 당신은 죄인의 겸손한 회개를 기뻐하며 받아들이십니다. 회개는 주님 면전에서 몰약의 향기보다 더 오래 감미로운 향기를 뿜어내는 희생입니다. 회개는 또한 주님께서 당신의 거룩한 발에 부어지기를 원하셨던 바로 그 기분 좋은 향유입니다. 왜냐하면 주님께서는 회개하는 자와 겸손한 자를 멸시한 적이 없으셨기 때문입니다. 주님은 적의 분노에서 몸을 숨길 수 있는 피난처입니다. 또한 우리가 어디에서 더러운 행위를 범하였든지 변화되고 깨끗해질 수 있는 곳입니다."

53 자기 편애를 뿌리 뽑으라

사람의 마음이 세속화되는 것을 막기 위해서는 하나님의 은혜가 필요합니다. 하나님의 은혜 없이는 더러운 영을 내쫓을 수 없습니다.

1 **주님** "내 사랑하는 친구여, 내 은혜는 귀한 것이며, 다른 이질적인 것과 섞이도록 내버려지지 않으며, 세상적인 위로와도 혼합되지 않는다. 그러므로 은혜 받기를 원한다면 은혜를 막는 장애물을 내버려야 한다. 조용한 장소에서 혼자 시간을 보내라. 사람에게서 위로를 구하지 말라. 대신 하나님께 경건한 기도를 드리라. 그러면 회개하는 마음과 순수한 양심을 가질 수 있을 것이다. 세상 모든 일을 가치 없는 것으로 생각하라. 모든 일에 앞서 하나님만을 위한 시간을 가져라. 왜냐하면 곧 없어져 버릴 일들을 즐기면서 동시에 나를 위한 자유 시간을 가질 수 없기 때문이다. 사람은 친지와 사랑하는 사람을 멀리해야 하고, 일시적인 위안에 마음을 빼앗겨서는 안 된다. 그래서 사도 베드로는 그리스도를 믿는 사람은 자신을 이 세상의 나그네요, 행인이라고 생각해야 한다고 충고했다."

2 "사람이 죽음에 임박한 무렵에 세상에 대해 어떠한 애착도 없다면, 그 사람은 얼마나 큰 믿음을 가진 사람이냐! 그러나 영혼이 병든 사람은 아직도 모든 세상일에서 마음이 자유로워지는 방법을 이해하지 못하며, 육적인 사람은 영적인 사람이 누리는 자유를 이해하지 못한다. 진실로 영적인 사람이 되고 싶다면, 가까이든 멀리든 주변 모든 것과

관계를 끊고 다른 누구보다 자기 자신을 더 경계해야 한다.

만일 네가 자기 자신을 완전히 극복할 수 있으면, 다른 모든 것도 쉽게 정복할 수 있을 것이다. 완전한 승리란 자기 자신에 대해 승리하는 것이다. 자기 자신을 정복하면 관능적 쾌락은 이성理性에 복종하고, 이성은 모든 일에서 나에게 복종하게 되어, 그 사람은 마침내 자신에 대해 완전히 승리하여 세상의 통치자가 되기 때문이다.”

3 “이와 같은 경지에 오르기를 원하면, 도끼로 용감하게 뿌리를 내리쳐 뽑아 버려야 한다. 그러면 자신 안에 숨은 통제되지 않은 자기 편애偏愛와 모든 개인적이고 물질적인 애착을 떨쳐 버릴 수 있을 것이다. 통제 불가능한 인간의 자기애와 그 뿌리부터 찍어 없애야 할 모든 일들은 자기 편애 때문에 생긴다. 이 악, 즉 자기 편애를 억제하고 정복하면, 큰 평화와 평안을 누릴 것이다.

그러나 자기 자신에게 완전히 죽거나 자기 자신으로부터 완전히 자유로워지기 위해 충분히 노력하는 사람은 거의 없다. 그래서 대부분의 사람들은 스스로 얽매여 있으며, 그들의 영혼은 자신을 넘어 더 높이 올라가지 못한다. 나와 자유롭게 동행하기를 원하는 사람은 무절제한 애착을 죽음으로 내쫓아야 하며, 자애自愛에 대한 욕망을 채우기 위해 세상 피조물에 매달리지 말아야 한다.”

54 본성 VS. 은혜

인간의 본성과 은혜는 창세기의 아담으로 대표되는 '옛 사람'과 그리스도로 대표되는 '새 사람'과 대조를 이룹니다. 우리는 그리스도의 죽음과 부활을 통해 마침내 새 사람이 되어 성령과 동행하는 은혜를 받았습니다.

1 **주님** "내 사랑하는 친구여, 인간의 본성과 나의 은혜의 상호작용을 주의 깊게 관찰해 보라. 본성과 은혜는 아주 다른 방향으로, 그리고 미묘하게 움직이는 특성이 있다. 그러므로 영적으로나 내적으로 가르침을 받은 사람이 아니면 본성과 은혜를 잘 구별할 수 없다. 진실로 많은 사람들이 선을 구하고, 그들의 말과 행동에서도 무엇인가 좋은 것을 표면에 내세운다. 그래서 선의 가면 밑에서 많은 사람이 속임을 당하는 것이다."

2 "본성은 교활하고 많은 사람을 유인하며, 함정에 빠트리고 속이며, 항상 자신이 최종 목표라고 생각한다. 그러나 은혜는 단순하게 행하고 모든 악의 형상을 피하며, 나를 위해 순수한 마음으로 모든 것을 행하며, 궁극적으로 내 안에서 안식을 찾는다."

3 "본성은 죽기를 원치 않으며, 제한 받는 것도 바라지 않으며, 예속되는 것을 원하지도 않으며, 억눌리는 것을 원하지도 않는다. 그러나 은혜는 죽기를 열망하고 육체적 욕망에 저항하며, 예속되기를 소망하며, 개인의 자유를 누리기를 바라지 않으며, 규율을 지키고 다른

사람을 다스리지 않는다. 또한 내 아래서 살고, 나의 구속을 받으며, 항상 함께 있기를 원하며, 나를 위한 것이라면 항상 어떤 사람에게도 자신을 예속시킬 준비가 되어 있다.”

4 “본성은 자신의 이익만을 위해 수고하며, 다른 사람으로부터 어떤 유익을 얻을까만 생각한다. 그러나 은혜는 무엇이 자기에게 유익하고 유리한지 생각하지 않고, 무엇이 많은 사람들에게 유익한지 생각한다.”

5 “본성은 명예와 존경을 기꺼이 받으려고 하나 은혜는 모든 명예와 영광을 충실히 나에게로 돌린다.”

6 “본성은 수치와 멸시 받는 것을 두려워하나 은혜는 내 이름을 위해 모욕적인 말도 기꺼이 참는다.”

7 “본성은 여가 시간과 육체적인 쉼을 사랑하지만 은혜는 일이 없는 상태를 좋아하지 않으며, 기꺼이 수고를 감내한다.”

8 “본성은 아름답고 사랑스러운 것을 구하고, 값싸고 조잡한 것에서 등을 돌리지만, 은혜는 단순하고 초라한 것을 즐거워하며, 귀찮은 일을 거부하지 않고, 헌 옷 입는 것을 피하지 않는다.”

9 “본성은 일시적인 일을 바라보며, 세상적인 이득을 크게 기뻐하고, 잃은 것을 슬퍼하며, 한마디 상처 주는 말에 괴로워한다. 하지만 은혜는 영원한 것을 구하며, 일시적인 것에 매달리지 않으며, 물질적

인 손실에 마음이 동요되지 않으며, 비난의 말에도 화를 내지 않는다. 이는 은혜는 멸망이 없는 하늘에서 즐거움과 기쁨을 이루기로 했기 때문이다.”

10 “본성은 탐욕스러우며 주는 것보다는 받는 것을 더 기뻐하며, 개인적으로 소유하는 것을 사랑하나, 은혜는 친절하고 마음이 열려 있으며, 이기적인 것은 피하고, 적게 가져도 만족하며, 받는 것보다 주는 것을 더 축복으로 여긴다.”

11 “본성은 피조물과 육체와 헛된 일에 마음을 기울이고, 이리저리 분주하게 뛰어다닌다. 하지만 은혜는 나와 덕행에 가까이 다가가며, 피조물을 배격하고 세상을 멀리하며, 육욕을 증오하며, 밖에서 방황하는 것을 자제하며, 사람들 앞에 나서는 일에는 얼굴을 붉힌다.”

12 “본성은 외부로부터 위로를 받아 자신의 감각을 즐겁게 해 주는 것을 기뻐하지만, 은혜는 오직 내 안에서만 위로를 구하고, 눈으로 볼 수 있는 모든 것 위에 있는 최고의 선에서 즐거움을 찾는다.”

13 “본성은 이익과 우월한 것을 얻기 위해 온갖 일을 다한다. 그러나 본성은 대가를 받지 않고는 아무 일도 하지 않는다. 본성은 자신이 제공한 편익의 대가로 그와 동일한, 또는 그보다 더 나은 것이나 칭찬과 호의를 대신 받을 수 있기를 희망하며, 자신의 말과 행동이나 선물이 높이 평가받기를 열망한다. 그러나 은혜는 일시적인 것을 찾지 않으며, 나 이외에는 다른 어떤 보상도 요구하지 않으며, 또한 영원

을 추구하는 일에 필요한 것을 제외하고는 일시적으로 필요하다 해
도 그 이상은 원하지 않는다.”

14 “본성은 많은 친구들과 친척들을 좋아하며, 재산과 좋은 가문을 자랑
하며, 권력자에게 웃음을 던지며, 부자에게 아첨하며, 자기와 같은
부류 사람과 어울린다. 그러나 은혜는 자기의 원수도 사랑하며, 친
구 많음을 우쭐대지 않으며, 아무리 좋은 가문이라도 그 안에 큰 도
덕성이 없으면 이를 대수롭지 않게 생각한다.
은혜는 또한 부자보다 가난한 자를 더 좋아하며, 권력자보다는 순진
한 자를 동정하며, 거짓말하는 자와는 함께 기뻐하지 않지만 진실된
자와는 기뻐하며, 선한 사람들이 더 나은 은사를 받아 덕행을 행함으
로써 그리스도처럼 되기 위해 노력하도록 항상 이들을 격려한다.”

15 “본성은 궁핍과 고통을 불평하고, 은혜는 어떠한 빈곤도 견뎌 낸다.”

16 “본성은 자신을 만물의 중심으로 세우며 이를 유지하기 위해 싸우고
논쟁한다. 그러나 은혜는 태초에 나로부터 나온 모든 것을 내게로 인
도하며, 무엇이든지 좋은 것은 자기 공로로 돌리지 않는다. 또한 교
만하게 잘난 척하지 않고 말다툼을 하지 않으며, 자기 의견을 다른
사람의 의견보다 더 내세우지 않으며, 자기가 느끼고 이해하는 것을
모두 내 영원한 지혜와 감찰하심에 맡긴다.”

17 “본성은 숨겨진 것을 알려고 열심히 노력하고 새로운 것에 혹하고,
자신을 외부로 드러내 보이려고 하며, 많은 일들을 감각을 통해 경험

하기를 원하고 또한 남들이 인정하고 칭찬하는 일만 골라 한다. 그러나 은혜는 새로운 일에 마음을 빼앗기지 않는다. 왜냐하면 이러한 것들은 모두 태곳적 부패로부터 나왔기 때문이다. 나아가 이 세상에는 새로운 것도 없고, 영원한 것도 없기 때문이다.

따라서 은혜는 감각을 통제하고, 헛된 자기 만족과 겉으로 드러내는 것을 피하고, 칭찬 받고 존경받을 만한 것을 겸손히 숨기고, 모든 일과 지식에서 유익한 성과와 나에 대한 찬양과 존경을 구한다. 은혜는 또한 자신을 위해서는 아무것도 원하지 않으며, 자신이 무엇이라고 선포되는 데 대하여도 바라는 것이 없다. 은혜는 순수한 사랑으로 모든 것을 후히 주는 내 은총 안에서 내가 찬양 받기를 소망한다.”

18 “이 은혜는 초자연적인 빛이요, 나의 특별한 은총이며, 특별히 선택된 자의 표상이며, 또한 영원한 구원의 표적이다. 영원한 구원은 인간을 세상일에서 떠나게 하여 하나님 나라의 일을 사랑하도록 만들며, 하나님 나라의 일을 사랑함으로써 육체적 욕망이 영적인 것이 되게 한다. 그러므로 본성이 억제되고 정복당할수록 더 많은 은혜가 영혼으로 들어가며, 또한 날마다 은혜가 찾아옴으로써 사람은 나의 형상에 따라 새로워지는 것이다.”

55 인성의 타락과 하나님의 은혜의 권능

하나님의 은혜가 없이는 격정을 떨쳐 버릴 수 없습니다. 하나님께 죄성을 극복하고 영적인 삶을 살 수 있는 은혜를 주시도록 요청하면 하나님께서 응답하실 것입니다.

1 **제자** "주 나의 하나님, 당신은 당신의 형상과 모양대로 저를 지으셨습니다. 주님께서는 구원을 받기 위해서는 은혜가 무엇보다 중요하며, 또 절대적으로 필요한 것이라는 것을 보여 주셨습니다. 주님, 그 은혜를 저에게 주소서. 그렇게 함으로써 죄와 멸망으로 유혹하는 저의 모든 악한 성질을 제가 극복할 수 있게 하소서.

제가 이것을 원하는 것은 제 육체 안에 있는 죄의 법칙을 제가 알기 때문입니다. 죄의 법칙은 마음의 법칙과는 상반되며, 이 죄의 법칙이 많은 일에서 저를 사로잡아 감각이 시키는 대로 복종하도록 유혹하는 것을 느낍니다. 저는 또한 주님의 거룩한 은혜가 뜨겁게 제 마음속으로 들어와서 저를 돕지 않으면, 본능의 욕망에 대항할 수 없습니다."

2 "주님의 은혜가 필요합니다. 젊어서부터 내재된 악에 빠지기 쉬운 인간 본성을 정복하기 위해서는 더 큰 은혜가 필요합니다. 더 큰 은혜가 필요한 이유는 인성이 최초의 인간인 아담을 통해 타락하고, 죄를 통해 부패했으며, 이 죄에 대한 벌이 온 인류에게 내려졌기 때문입니다. 인간의 본성 자체는 주님께서 선하고 바르게 만드셨지만, 그것

이 강하게 밀어붙이는 힘이 생긴 이후 방임 상태에 내버려지면서 죄를 향해 끝없이 끌려 들어가고 말았습니다. 그래서 지금은 인간의 본성은 부패에 취약한 것으로 인식되고 있으며, 악덕행위와 동의어가 되었습니다.

아직도 인성이 가진 미약한 힘은 잿더미 속에 숨겨진 작은 불티와 같습니다. 이 불티는 비록 짙은 암흑 속에 휩싸여 있지만, 아직도 선과 악을 선별하고 진실과 허위를 구별할 수 있는 힘이 있습니다. 그렇다고 이것이 자신이 옳다고 생각하는 일을 모두 행할 수 있는 것도 아니며, 온전한 진리의 광채를 가지고 있는 것도 아닙니다."

3 "하나님, 제 영혼 깊은 곳에서 주님의 계명을 기뻐합니다. 그리고 주님의 계명은 선하고 의로우며, 거룩하며, 수치를 당해야 마땅한 모든 악과 죄를 꾸짖는다는 것을 알고 있습니다. 이것은 이 계명들이 우리들에게 악과 죄에서 도망가도록 권고하기 때문입니다.

그러므로 이러합니다. 즉 '선을 행하려는 의지가 제게 있지만, 그것을 행하는 힘을 찾지 못하고 있습니다.' 따라서 저는 자주 많은 선한 일을 하려고 목표를 세웁니다. 그러나 저의 약함을 도와줄 은혜가 없기 때문에 약한 저항만 있어도 저는 뒤로 물러납니다. 그리고 저는 완전함에 이르는 길을 인식하며, 또한 제가 어떻게 행동해야 하는지 분명히 깨닫습니다. 그러나 제 자신의 타락에 굴복하여 저는 제 발로 설 수 없으며, 완전한 일을 할 수도 없습니다."

4 "주님, 선한 일을 시작하고, 그것을 향상시키며, 또한 이를 완성하기 위해 주님의 은혜가 저에게 얼마나 절실히 필요합니까? 주님의 은혜

없이는 저는 아무것도 할 수 없습니다. 그러나 주님의 은혜가 저를 강하게 만들면, 주님 안에서 모든 일을 할 수 있습니다.

아, 하늘에서 내려오는 참된 은혜여! 그 은혜가 없으면 우리의 어떠한 장점도 아무 소용이 없으며, 어떠한 재능도 중요하지 않습니다. 예술, 부, 아름다움, 용기, 재치 또는 능변能辯도 은혜가 없으면 주님 앞에서는 아무런 가치가 없습니다. 자연적인 재능은 선한 사람이나 악한 사람에게 공통적으로 있는 것이고, 선택된 자에게 주어지는 특별한 재능은 은혜와 사랑입니다. 이러한 특별한 재능을 받은 사람은 영생을 살 자격이 있는 사람들입니다.

은혜는 이와 같이 최고의 것이기 때문에 은혜가 없으면 예언의 은사도, 이적을 행하는 능력도, 어떤 형태의 묵상도 아무 소용이 없습니다. 믿음과 희망, 덕행조차도 사랑과 은혜가 없으면 주님께서는 받아들이지 않으십니다."

5 "가장 축복받은 은혜여! 당신은 마음이 가난한 자를 덕행의 부자로 만들고, 많은 것을 가진 부자를 영적으로 겸손한 사람이 되게 합니다. 오소서! 저에게 내려오시어 아침에 당신의 위로로 저를 충만케 하소서. 그리하여 제 영혼의 지침과 제 마음의 메마름 때문에 기절하지 않게 하소서.

주님, 비록 인성이 열망하는 다른 것들을 받지 못하더라도 주님의 은혜로 충분하오니 주님의 눈에서 은혜를 찾을 수 있도록 기도합니다. 온갖 고난으로 시험을 받고 괴롭힘을 당하더라도 주님의 은혜가 저에게 있으면 어떠한 악도 두렵지 않을 것입니다. 은혜는 제 힘이요, 제 조언자요, 저를 돕는 자입니다. 은혜는 어떤 원수보다 강하고 현인 중의 현인입니다."

6 "은혜는 진리의 스승이요, 계율戒律의 선생이요, 마음의 빛이요, 걱정의 위로자요, 슬픔을 추방하는 자요, 두려움으로부터 구원하는 자요, 믿음의 양성자요, 눈물을 흘리게 하는 자입니다. 은혜가 없으면, 저는 마른 나무이고, 뿌리를 뽑아야 할 나무 그루터기에 지나지 않습니다. 그러나 주님의 은혜가 저를 향하게 하시어, 앞에서 가고 뒤에서 따르게 하며, 하나님의 아들이신 예수 그리스도를 통해 선한 일을 열정적으로 계속할 수 있도록 하소서. 아멘."

56 길이요 진리요 생명이신 그리스도

우리는 우리의 십자가를 지고 그분의 길을 걸어가야 합니다. 십자가의 길을 걸어간다는 것은 우리의 뜻을 주님의 뜻과 일치시키는 것을 말합니다. 그리스도인의 제자도는 자기부인을 통해 자신을 발견하는 것입니다.

1 주님 "사랑하는 친구여, 너는 네 자신에게서 떨어져 나오는 거리만큼 내게로 가까이 올 수 있다. 외적인 것을 선망하지 않는 것이 내적인 평화를 가져오듯이 내적으로 자신을 버리면 나와 하나가 될 수 있다. 나는 네가 말대답이나 불평을 하지 않고 나의 뜻 안에서 자기를 완전히 포기하는 방법을 터득하기를 원한다.

나를 따르라. 나는 길이요, 진리요, 생명이다. 길이 없으면 길을 갈 수 없고, 진리가 없으면 배움이 없으며, 생명이 없으면 삶이 없다. 나는 네가 따라야 할 길이요, 네가 믿어야 할 진리요, 네가 소망해야 할 생명이다. 나는 불멸의 길이요, 절대 오류가 없는 진리요, 영원한 생명이다. 나는 가장 곧은 길이요, 가장 높은 진리요, 참된 생명이요, 축복받은 생명이요, 창조되지 않은 생명이다. 네가 내 길 안에 있으면 네가 진리를 알 것이요, 진리는 너를 자유롭게 할 것이고, 너는 영생을 얻을 것이다."

2 "만일 네가 영생으로 들어가기를 원하면 계명을 지켜라. 만일 네가 진리를 알기를 원하면, 나를 믿으라. 만일 네가 완전하기를 원하면, 모든 것을 팔아 없애라. 만일 네가 내 제자 되기를 원하면, 바로 네

자신을 부인하라. 만일 네가 축복된 생명을 갖기를 원하면, 이 땅에서의 삶을 멸시하라. 만일 네가 하나님 나라에서 기뻐 춤추기를 원하면, 이 세상에서 창피를 당하라. 만일 네가 나와 더불어 다스리기를 원하면, 나와 함께 자기 십자가를 지라. 십자가를 따르는 것만이 축복의 길과 참된 생명을 발견할 수 있기 때문이다.”

● 3　제자 “주 예수님, 주님의 길은 좁고 세상이 천시하는 길이오니 세상을 천시하는 일에 주님이 하신 것같이 따라 행할 수 있도록 허락하소서. 이는 종이 그 주인보다 높지 못하고, 제자가 그 선생보다 높지 못하기 때문입니다. 주님의 종으로서 주님의 삶에 전념하게 하소서. 거기에 저의 구원과 진정한 거룩함이 있기 때문입니다. 주님의 삶에 관한 것 이외의 어떤 것을 읽거나 들어도 그것은 저를 새롭게 하지도 못하고, 저를 온전히 기쁘게 하지도 못합니다.”

● 4　주님 “내 친구여, 너는 이러한 문제들을 다 알고 또 모두 읽었으므로, 만일 네가 이를 행한다면 너는 축복을 받을 것이다. 나의 계명을 알고 이를 지키는 사람은 나를 사랑하는 자이니 나도 그를 사랑할 것이요, 그에게 나를 나타낼 것이다. 나아가 그가 내 아버지의 나라에서 나와 함께 앉아 있게 할 것이다.”

● 5　제자 “주 예수님, 지금 주님께서 말씀하시고 약속하신 것처럼 그렇게 되게 하시고, 제가 그것을 받을 만한 가치 있는 사람이 되게 하소서. 저는 이미 주님의 손에서 십자가를 받았습니다. 저는 십자가를 지고 갈 것이며, 주님께서 저에게 지워 주신 대로 죽음에 이를 때까지 지

고 가겠습니다. 진실로 선한 그리스도인의 삶은 십자가요, 그 십자가는 천국으로 인도하는 길잡이입니다. 길은 이미 시작되었습니다. 되돌아가는 것은 용납할 수 없으며, 또한 포기해서도 안 됩니다."

6 "오시오, 형제들이여! 우리 함께 나아갑시다. 예수님이 우리와 함께 하실 것입니다. 예수님을 위하여 우리가 십자가를 졌습니다. 우리의 지도자이시며, 우리보다 앞서 가신 예수님이 우리를 도와주실 것입니다. 우리 왕께서 우리보다 앞서 가시면서 우리를 위해 싸우실 것입니다. 용감하게 예수님을 따라갑시다. 두려움에 굴복하지 맙시다. 전쟁터에서 용감하게 죽을 각오를 합시다. 십자가를 버림으로써 우리 명예를 더럽히는 일이 없도록 합시다."

57 실패했다고 지나치게 실망하지 말라

하나님은 모든 일이 잘되어 갈 때 헌신하는 것보다는 어려운 때에 인내하는 것을 더 기뻐하십니다. 역경에 처했을 때 어떻게 반응하느냐에 따라 하나님께 얼마나 의지하는지 알 수 있습니다.

1 **주님** "친구여, 역경에 처했을 때 인내하고 겸손하게 행동하라. 모든 일이 번성할 때 받는 위로와 믿음보다 나는 이것이 더 기쁘다. 왜 조금만 너를 반대하는 말만 들어도 그토록 슬퍼하느냐? 반대의 목소리가 크다 할지라도 동요하지 말라. 반대하는 말은 그냥 스쳐 들으라. 이러한 말은 처음도 아니요, 새로운 것도 아니요, 또한 네가 오래 산다면 마지막도 아닐 것이다.

인생에 불행이 닥쳐오지 않으면 너는 매우 용감해질 것이다. 그래서 다른 사람에게 좋은 충고도 하고, 위로의 말도 자신 있게 건넬 것이다. 그러나 갑자기 네게 문제가 생겼을 때는 너에게 충고하고 힘을 실어 줄 사람이 없다. 아주 작은 문제에 봉착했을 때 자주 경험하는 것처럼 자신이 얼마나 약한 존재인지 생각하라. 그러나 이러한 일이나 또는 이와 비슷한 일이 생겨 너를 낭패케 하는 것은 모두 너의 구원을 위해서임을 기억하라."

2 "너는 최선을 다하여 시련을 마음에 품지 말라. 만일 시련이 이미 네 마음을 상하게 했을지라도 그것으로 인하여 실망하지 말고, 오랫동안 혼란에 빠지지도 말라. 비록 네가 기꺼이 참지 못할지라도 끈기

있게 참아야 한다. 또한 이런 말을 듣기 싫고 화가 날지라도 자제하라. 그리고 나이 어린 사람들에게 상처가 되는 점잖지 않은 말이 입 밖으로 나오지 못하게 하라. 마음의 동요는 곧 가라앉을 것이며, 마음의 슬픔도 은혜가 다시 찾아오는 것과 함께 누그러질 것이다. 나는 아직도 살아 있어서 너희가 나를 신뢰하고 열심히 나를 찾기만 하면 너희를 도울 준비가 되어 있으며, 너희가 아는 것 이상의 위로를 줄 것이다.”

3 “마음을 가라앉혀라. 그리고 더 큰 인내를 갖추라. 비록 네가 자신이 자주 괴롭힘을 당한다거나 또는 큰 시련을 받는다 느낄지라도, 모든 것이 헛되이 된 것이 아니라는 것을 알아라. 너는 하나님이 아니고 사람이요, 천사가 아니고 육신이다. 하늘의 천사도 추락하고, 낙원에 있었던 최초의 사람도 추락했는데 어떻게 네가 항상 동일한 상태의 덕성에 남아 있을 수 있느냐? 나는 애통하는 사람을 안전한 곳으로 구원하고, 자신의 연약함을 인정하는 사람을 나의 거룩함에 끌어올릴 것이다.”

4 제자 “주님, 주님의 말씀이 찬송을 받으소서. 제 입에는 그 말씀이 꿀보다 답니다. 주님이 거룩하신 말씀으로 저를 위로하지 않으신다면, 이 큰 고통과 괴로움 속에서 제가 무엇을 하겠습니까? 마지막에 가서 제가 구원의 안식처에 도달하기만 한다면, 제가 어떤 고난을 겪은들 그것이 무슨 문제가 되겠습니까? 저에게 유종의 미를 허락하소서. 이 세상에서 행복하게 떠나게 하소서. 주님, 저를 기억하시어 주님의 나라로 곧바로 가는 길로 저를 인도하소서. 아멘.”

예수님은 제자들에게 하나님의 은혜의 신비에 대해 쓸데없는 논쟁을 하지 말라고 가르치십니다. 하나님께서는 우리가 자신의 죄를 인정하고 자신의 덕성이 얼마나 작은지 깨달아 아는 것을 기뻐하십니다.

1 **주님** "내 사랑하는 친구여, 가려진 하나님 나라의 일과 내 숨겨진 심판에 대하여는 논쟁을 삼가라. 예를 들면, 왜 이 사람은 버리고 저 사람에게는 큰 호의를 베풀었는지, 또는 왜 이 사람에게는 그렇게 큰 고통을 주고 저 사람에게는 특별히 큰 기쁨을 주었는지와 같은 문제를 두고 논쟁하지 말라. 이러한 문제들은 인간의 이해를 초월하는 문제로 어떠한 추리나 논리도 나의 심판을 들여다볼 수 없기 때문이다. 그러므로 네 적이 이 문제를 제기하거나 캐묻기 좋아하는 사람들이 질문을 하면, 선지자의 말을 인용하여, '주님은 의로우시고 주님의 판단은 옳으십니다'시 119:137 참조라고 대답하라. 또는 '주님의 심판은 진실되고 의로운 것입니다'라고 대답하라. 나의 심판을 두려워하거나 그것을 토론거리로 삼지 말라. 나의 심판은 인간의 마음으로는 이해할 수 없기 때문이다."

2 "또한 수많은 믿음의 조상들의 공적에 대하여도 의문을 제기하거나 논쟁을 하지 말라. 어느 성인이 다른 성인보다 더 덕성이 높은가, 또는 하나님 나라에서 어느 성인이 더 위대한가와 같은 문제는 너희가 논쟁할 이야기가 아니다. 이러한 논쟁은 쓸데없는 입 싸움과 또 다른

논쟁을 불러일으키고, 교만과 헛된 영광의 미끼가 된다. 또한 이러한 논쟁에서는 한 사람은 어떤 성인을 특별히 좋아하고, 또 다른 사람은 다른 성인을 좋아함으로써 시기와 불화가 발생한다.

나는 불화의 하나님이 아니고 평화의 하나님이며, 평화는 자기 희락보다는 참된 겸손에 있다. 그러므로 이러한 문제들을 알려고 하고, 탐색해도 아무런 결과를 얻을 수 없고 오히려 성인들을 불쾌하게 할 뿐이다."

3 "어떤 사람들은 자기 개인의 열정적인 사랑이나 또는 충만한 애정 때문에 이런 성인들에게 끌리고, 저런 성인들에게 끌리기도 한다. 그러나 애정은 사람들의 것이지 하나님의 것은 아니다. 모든 성인을 만든 사람은 바로 나다. 내가 그들에게 은혜를 주고, 또한 영광을 주었다. 나는 성인 개개인의 공적을 다 안다. 그리고 나는 그들에게 선한 축복을 베풀었다. 나는 창세 전부터 나의 사랑하는 성인들을 미리 알았다. 내가 세상에서 이들을 선택한 것이지, 그들이 나를 선택한 것은 아니다.

나는 은혜로 그들을 불렀고 자비로 그들을 이끌어 왔으며, 온갖 유혹을 통하여 그들을 인도하였다. 나는 그들에게 놀라운 위로를 쏟았으며, 백절불굴百折不屈의 정신을 주었으며, 그들에게 인내의 면류관을 씌워 주었다."

4 "나는 이들 성인들 가운데 누가 첫째이고, 누가 마지막인 줄을 안다. 그리고 나는 이들을 모두 측량할 수 없는 사랑으로 껴안는다. 나는 모든 성인들의 찬양을 받을 것이며, 모든 것을 초월하여 축복을 받

을 것이다. 나는 이들 각자로부터 존경을 받을 것이다. 나는 이들 각
자를 영광이 넘치도록 기쁘게 했으며, 또한 그들의 운명을 내가 미리
정하였다. 그러므로 성인들 중에서 가장 작은 자를 경멸하는 사람은
가장 큰 자도 존경하지 않는 것이 되는 것이다. 이는 작은 자와 큰 자
를 내가 함께 만들었기 때문이다. 그리고 성인들 가운데 어느 한 사
람을 멸시하는 사람은, 또한 나를 멸시하고 하나님 나라에 있는 모든
것을 멸시하는 것이다. 그곳에서는 모두가 사랑의 유대를 통하여 하
나가 되고, 모두가 같은 것을 생각하고 소망하며, 또한 모두가 유대
를 맺어 서로 사랑한다."

5 "더욱 고결한 것은 성인들은 자기 자신이나 자신들의 공적보다는 나
를 더 사랑한다는 것이다. 그들은 자신들 위에 우뚝 서서, 모든 자애
를 버리고 온전히 나만을 사랑하기로 한 것이다. 그리고 그들은 내
안에서 즐거운 안식을 발견했다. 그들은 영원한 사랑으로 충만해 있
고, 또한 끌 수 없는 사랑의 불꽃으로 타고 있기 때문에 어떤 것도 그
들의 마음을 바꾸지 못하고 또한 이들을 억누르지 못한다.
그러므로 자신들의 이기적인 즐거움 외에는 아는 것이 없는 육신의
본성적인 사람들은 자기들의 평화를 누리되 성인들의 지위에 대하여
는 논쟁을 해서는 안 된다. 이러한 사람들은 영원한 진리를 기쁘게
하기보다는 자신들의 변덕에 따라 성인들의 영광에 무엇을 보태기도
하고 빼기도 한다."

6 "이것은 많은 경우 완전한 영적인 사랑으로 누군가를 사랑한다는 것
이 무엇인지 모르는 천박한 지식을 가진 사람들의 무지에서 생기는

문제이다. 이러한 사람들은 본성적인 애정과 인간적인 우정에 의하여 이 사람에게로 이끌리기도 하고, 저 사람에게로 이끌리기도 한다. 또한 이러한 사람들은 이 세상에서 자신들이 생각하는 것이 하나님 나라에서도 같은 것이라 상상한다. 그러나 불완전한 사람들이 생각하는 것과 학식 있는 사람이 나의 계시를 받아 탐구하는 것 사이에는 비교할 수 없을 만큼의 거리가 있다."

7 "그러므로 친구여, 네 지식의 범위를 초월하는 이러한 문제들을 단순한 호기심으로 다루지 않도록 조심하라. 또한 오히려 이러한 문제를 목적으로 삼아 하나님 나라에서 가장 작은 자리라도 차지할 수 있도록 하라. 만일 누구든지 하나님 나라에서 누가 다른 사람보다 더 거룩하다거나, 또는 누가 더 훌륭하게 생각되는지 안다 할지라도 이 지식으로 자기 자신을 낮추어 내 이름을 더 크게 찬양하지 못하면, 이 지식이 그에게 좋을 것이 무엇이냐?

오히려 성인들 가운데 누가 더 훌륭하고 누가 그렇지 못한가를 논쟁하기보다는, 자신의 죄가 엄청나게 크다는 것과 자신의 도덕성의 불완전함을 인정하며, 또한 자신이 성인들의 완전함에 얼마나 미치지 못하는지 인정하는 사람이 나에게 더 쉽게 받아들여질 수 있도록 행동하는 사람인 것이다. 헛된 호기심으로 성인들의 비밀을 캐내려 하기보다는 경건한 기도와 눈물로써 그들에게 호소하며, 겸손한 마음으로 그들에게 지지해 달라고 애원하는 것이 더 나을 것이다."

8 "만일 사람들이 만족하는 방법과 자신들의 말을 통제하는 방법을 안다면, 성인들은 매우 만족해할 것이다. 성인들은 자기 자신의 공로

에서 영광을 찾지 아니하나니, 이는 그들이 모든 선한 일을 그들의 공적으로 돌리지 아니하고, 나에게 돌리기 때문이다. 또한 내가 나의 끝없는 사랑으로 모든 것을 그들에게 주었기 때문이다. 성인들은 이러한 나의 사랑과 넘쳐흐르는 기쁨으로 충만하기 때문에 그들에게는 영광의 부족함이 없고, 행복이 없어지지 않는다.

모든 성인들은 그들에게 영광이 크면 클수록 자신들은 더 낮아지며, 나에게 더 가까이 있으며, 또한 나의 사랑을 더 받는다. 그래서 '그들은 보좌에 앉으신 분 앞에서 면류관을 내려놓고 엎드려 영원히 사실 분을 경배하였다'^{계 4:10, 5:14 참조}고 기록되어 있는 것이다."

9 "가장 작은 자 가운데 끼일 자격이 있는지 없는지조차도 모르는 많은 사람들이 하나님 나라에서 누가 가장 훌륭한 사람인가를 묻는구나! 모든 사람이 다 훌륭한 하나님 나라에서는 가장 작은 자가 되는 것조차도 훌륭한 일이다. 왜냐하면 하나님 나라에서는 모든 사람들이 하나님의 아들이라 불리울 것이기 때문이다.

사도들이 하나님 나라에서 누가 가장 훌륭한가라는 질문을 했을 때, 그들은 이러한 답을 들었다. '너희가 돌이켜 어린아이들과 같이 되지 아니하면 결단코 천국에 들어가지 못하리라. 그러므로 누구든지 어린아이와 같이 자기를 낮추는 사람이 천국에서 큰 자니라.'^{마 18:3-4 참조}"

10 "어린아이와 같이 자신을 낮추기를 거부하는 사람들에게 화가 있을 것이다. 하나님 나라의 아주 낮은 문조차도 그들이 들어오는 것을 허락하지 않을 것이기 때문이다. 이 세상에서 위로를 찾고 있는 부자에게 화가 있을 것이다. 가난한 사람들이 하나님 나라에 들어갈 때 부

자들은 바깥에 서서 한탄할 것이기 때문이다. 네가 겸손한 것을 기뻐하라. 네가 가난한 것을 기뻐하며 뛰어라. 너희가 오직 진리 안에서 걸어가면 하나님 나라는 너희 것이기 때문이다."

59 모든 희망과 믿음을 오직 주께 두라

오직 하나님만이 우리가 어려울 때 우리를 도우실 수 있습니다. 하나님이 함께하시면 우리는 두려울 것이 없습니다. 그분은 우리를 품어 안으시고 우리를 위로하십니다.

1 **제자** "주님, 이 세상에서 제가 무엇을 믿어야 합니까? 또는 하늘 아래 모든 것 가운데 무엇이 저를 위로할 수 있습니까? 주 나의 하나님, 헤아릴 수 없는 자비를 가지신 분은 주님이 아니십니까? 주님이 함께하지 않으실 때 제 일이 잘된 적이 있었습니까? 또는 주님이 가까이 계셨을 때 제 일이 잘못된 적이 있습니까? 저는 주님 없이 부자가 되기보다는 주님을 위하여 가난하기를 더 좋아합니다. 주님 없이 하나님 나라를 소유하는 것보다는 주님과 함께 이 세상 나그네 되기를 선택하고자 합니다. 주님이 계신 곳에 하나님 나라가 있으며, 주님이 계시지 않는 곳에 죽음과 지옥이 있습니다.
주님은 주님에 대한 저의 갈증을 해소시켜 주십니다. 그래서 저는 한숨지으며, 소리 내 울며, 주님을 위하여 진지하게 기도합니다. 저는 오직 주 하나님만을 신뢰합니다. 주님은 제 희망이시고 제 믿음이시며, 모든 일에서 가장 믿을 수 있는 위로자이십니다."

2 "모든 사람들이 자신들의 이익만을 추구합니다. 그러나 주님은 행복과 구원을 제 앞에 펼쳐 놓으시고, 저를 위해 모든 것을 좋은 것으로 바꿔 놓으십니다. 비록 주님께서 저를 온갖 유혹과 역경에 내놓으실

지라도 주님께서는 이 모든 것을 저에게 도움이 되도록 하십니다. 천 가지 방법으로 주님을 사랑하는 사람을 시험해 온 것이 주님의 습관이었기 때문입니다. 주님께서 하나님 나라의 위로로 저를 채워 주셨을 때 제가 주님을 사랑하고 찬양한 것보다, 제가 시련을 당할 때 주님을 덜 사랑하고 덜 찬양한 것은 아닙니다.”

3 “그러므로 주 하나님, 당신 안에 저의 모든 희망과 피난처가 있습니다. 주님을 떠나서 제가 보는 것은 모두 너무나 약하고 불안정합니다. 그렇기에 저의 모든 고통과 고뇌를 주님께 맡깁니다. 이는 또한 주님께서 받들어 주시고 도와주시며, 강건하게 하시고 위로하시며, 가르쳐 주시며, 보호해 주시지 않으면, 많은 친구들도 소용이 없고 강력한 동맹자도 도움을 주지 못하며, 지혜 있는 조언자도 유용한 답을 주지 못하며, 학자의 책도 위로를 주지 못하며, 어느 귀중품으로도 속죄할 수 없으며, 어느 은밀한 장소도 숨길 수 없기 때문입니다.”

4 “주님께서 거기 계시지 않고, 진실 속에서 행복을 베풀지 않으시면, 평화와 행복을 만드는 것처럼 보이는 모든 것들이 아무것도 아니기 때문입니다. 주님이 모든 선한 것 가운데 최고의 선이시고 생명의 절정이시며, 말씀의 심연이시며, 모든 것을 초월하여 주님 안에 주님의 종의 큰 위로가 있기 때문입니다.
자비로우신 아버지 하나님, 오직 주님만을 바라보며 주님만을 신뢰합니다. 하나님 나라의 축복으로 저의 영혼을 축복하시고 신성하게 하소서. 그리하여 제 영혼을 주님의 신성한 처소, 곧 주님의 영원한 처소로 삼으시고, 주님의 자비하신 눈을 거스를 수 있는 어떠한 것도 주님의 성전에서 일어나지 않게 하소서.
주님의 크신 선하심과 풍부한 자비로 저를 굽어보시고, 죽음의 골짜기의 나그네인 종의 가련한 기도를 들어 주소서. 죄로 죽을 수밖에 없는 주님의 가련한 종의 영혼을 보호하시고 보존하소서. 그리고 주의 종을 평화의 길로 인도하여 영원한 빛의 나라로 가게 하소서."

성찬의 놀라운 신비와 축복

4부에서는 성찬식의 중요성을 설명한다. 주님께서는 성경을 통해 자신의 피와 살을 포도주와 빵으로 대신하여 함께 나누라고 말씀하셨다. 저자는 총 18장에 걸쳐 영적 삶의 성장을 위한 성찬의 중요성을 강조하는 광범위한 주제들을 다루었다. 저자는 성찬의식에 대한 개인적 헌신을 강조하는 중세의 전통을 중점적으로 설명한다. 존경심을 가지고 그리스도를 영접하는 문제, 성찬의 중요성, 성찬이 주는 유익, 성찬 준비와 성찬 참여자의 마음가짐, 성찬과 순종, 그리고 성찬을 통해 우리의 필요를 그리스도에게 드러내 그분의 은혜를 구하는 문제 등이다.

1 그리스도의 위대한 초대

주님과 만나기 위해 멀리 갈 필요가 없습니다. 예수님은 빵과 포도주의 모습
으로 우리와 만나기를 원하시며, 우리는 온 마음을 다하여 그분을 받아들여야
할 것입니다.

그리스도의 말씀

"수고하고 무거운 짐 진 자들아 다 내게로 오라 내가 너희를 쉬게 하리
라."마 11:28 참조

"내가 줄 떡은 곧 세상의 생명을 위한 내 살이다."요 6:51 참조

"받아서 먹어라."마 26:26 참조

"이것은 내 몸이다. 이것을 행하여 나를 기념하라."고전 11:24 참조

"내 살을 먹고 피를 마시는 자는 내 안에 거하고 나도 그 안에 거하리라."
요 6:56 참조

"내가 너희에게 이른 말은 영이요 생명이다."요 6:64

1 **제자** "진리이신 그리스도시여, 이 말씀은 비록 같은 때에 하신 것도 아
니며, 한 장소에서 하신 것도 아니지만, 모두 주님이 하신 말씀입니
다. 그러므로 이 말씀은 진실된 것이므로 저는 이 모든 말씀을 신뢰
하며 감사하는 마음으로 받아들입니다.
또한 이 말씀은 주님께서 저의 구원을 위하여 말씀하신 것이므로 제
말씀이기도 합니다. 저는 기꺼이 이 말씀을 마음에 새길 것입니다.

참으로 신뢰할 수 있고, 선한 것과 사랑으로 충만한 이 말씀이 저를 각성케 합니다. 하지만 제가 지은 죄가 저를 놀라게 하며, 저의 순수하지 못한 양심은 제가 이 크고 신비한 말씀을 받아들이는 것을 주저하게 하고 있습니다.”

2 “주님께서는 주님과 함께 있기를 원한다면 확신을 가지고 주님께로 나아오라고, 영원한 생명과 영광을 얻고자 한다면 불멸의 양식을 받아먹으라고 명하셨습니다.

주님께서는 또 말씀하셨습니다. ‘수고하고 무거운 짐 진 자들아 다 내게로 오라. 내가 너희를 쉬게 하리라.’^{마 11:28 참조} 이는 주 하나님께서 불쌍한 사람들을 주님의 거룩하신 몸과의 교제로 인도하시는 말씀입니다. 주님, 제가 누구인데 감히 주님께 가까이 갈 수 있습니까? 보십시오, 하늘 중에 하늘도 주님을 수용하지 못합니다. 그런데 주님은 ‘다 내게로 오라’고 말씀하십니다.”

3 “이렇게 거룩한 겸손을 보여 주시고 친절하게 초청하시는 뜻이 무엇입니까? 제가 대답할 수 있는 것으로는 좋은 것이라고는 아무것도 없는데, 어떻게 감히 제가 주님에게로 갈 수 있겠습니까? 그토록 자주 주님의 자애로우신 얼굴에 모욕을 준 사람으로서, 제가 감히 어찌 주님을 저의 집으로 모시겠습니까?

천사들과 천사장들도 주님을 경외하였으며, 성인들과 의인들도 주님을 두려워합니다. 그런데도 주님은 ‘다 내게로 오라’고 말씀하십니다. 주님, 주님이 아니시면 누가 이런 말을 하겠으며, 또 누가 이 말을 진실이라고 믿겠습니까? 또한 ‘오라’는 말씀이 주님의 명령이 아니라면, 누가 주님께 가까이 가려고 마음먹겠습니까?”

4 “의인 노아는 백년을 수고하여 방주를 만들어 몇몇 피조물과 함께 구원을 받았습니다. 그런데 어떻게 제가 세상을 만드신 창조주를 한 시간 안에 맞이할 준비를 할 수 있겠습니까? 주님의 큰 종이자 특별한 친구인 모세는 십계명이 새겨진 돌판을 넣기 위해 썩지 않는 나무로 상자를 만들어 순금으로 입혔는데, 썩어질 피조물인 제가 어찌 감히 계명의 창시자요, 생명의 창조자를 쉽게 영접할 수 있겠습니까? 이스라엘의 왕 가운데 가장 지혜로운 솔로몬 왕은 주님의 이름을 찬양하기 위해 7년이나 걸려 웅장한 성전을 건축하고, 8일간 헌당축제를 가졌으며, 1천 개의 화목제를 올렸습니다. 또 나팔소리가 울려 퍼지고 환호성이 울려 퍼지는 가운데 성전 안의 미리 정한 장소로 법궤를 근엄하게 가져왔습니다. 그런데 불쌍하고 가련한 제가, 한 시간도 경건하게 보내는 방법을 알지 못하는 제가 어찌 주님을 저의 집으로 모실 수 있겠습니까? 부디 제가 30분만이라도 가치 있게 보낼 수 있었으면 좋겠습니다.”

5 “오, 나의 하나님, 그들은 주님을 즐겁게 하기 위해 참으로 많은 노력을 했습니다. 그런데 제가 하는 일은 얼마나 하찮은가요? 성찬 준비를 위해 제가 보내는 시간은 얼마나 짧은지요? 게다가 마음의 안정을 찾는 순간은 거의 없으며, 온갖 심란한 것들을 마음에서 깨끗이 비운 일 또한 드물기만 합니다. 제가 주님의 구원의 임재 안에 있을 때는 온당치 못한 생각이 생겨서도 안 될 것이며, 어떤 피조물이라도 저를 사로잡아서도 안 될 것입니다. 이는 제가 영접하고자 하는 손님

은 한 천사가 아니고, 천사들의 주님이시기 때문입니다.”

6 “그러나 여러 가지 유물이 들어 있는 언약궤와 말로 표현할 수 없는 덕성을 가진 주님의 지순至純하신 몸 사이에는 엄청난 차이가 있습니다. 뿐만 아니라 앞으로 오실 분을 표상으로 보여 주는 율법상의 제사와 모든 옛 제사의 완성인 주님의 몸의 제사 간에도 엄청난 차이가 있습니다.”

7 “그런데 왜 주님의 거룩한 임재 가운데서도 저의 마음은 불이 붙지 않는 것입니까? 옛 촌장들, 선지자들, 왕들, 왕자들, 그 밖에 많은 사람들이 마음을 다하여 거룩한 예배를 드렸는데, 왜 저는 주님의 거룩한 것을 열정적으로 받아들일 준비를 하지 않는 것일까요?”

8 “신앙심이 매우 깊었던 다윗 왕은 자기 조상에게 내려진 축복을 상기하면서 하나님의 언약궤 앞에서 온 힘을 다하여 춤을 추었습니다. 그는 여러 종류의 악기를 만들었으며, 시편을 지어 사람들이 기뻐 노래하게 했습니다. 그 자신 또한 성령의 은혜로 영감을 받아 거문고를 타면서 노래를 불렀습니다. 그는 이스라엘 백성에게 모든 정성을 다해 하나님을 찬양하도록 가르쳤으며, 또한 매일 한 목소리로 조화를 이루어 하나님을 찬양하고 찬송하도록 하였습니다.
이 사람들은 언약궤 앞에서 이토록 큰 하나님에 대한 헌신과 찬양을 보여 주었는데, 저와 모든 그리스도인들은 그리스도의 귀하신 몸을 받는 성찬식에서 얼마나 큰 헌신과 존경심을 가져야 하겠습니까?”

9 "많은 사람들이 성인들의 유적지를 방문하기 위해 여러 장소로 달려가서 그들의 행적을 듣고 놀라워하며, 비단과 금에 싸인 그들의 뼈에 입을 맞춥니다. 그러나 보소서. 나의 하나님이시고, 성인 중의 성인이요, 인간의 창조주이시며, 천사의 주재자이신 주님은 지금 이곳 성찬제단 위에서 제 옆에 계십니다.

사람들이 성인들의 유적지를 찾아가는 것은 호기심과 새로운 곳을 보려는 욕망 때문입니다. 또 순례 후에 보다 경건한 생활을 위해 작은 열매라도 집으로 가져가고 싶어서입니다. 그러나 진심으로 회개하지 않고 들떠서 이곳저곳을 돌아다니는 일은 아무런 유익이 없습니다.

그러나 나의 하나님, 사람이시면서 예수 그리스도이신 당신께서 이곳 성찬제단에 온전히 계십니다. 그리고 성찬제단에서 우리는 주님을 훌륭하게 그리고 경건하게 영접하며, 영원한 구원의 풍성한 열매를 즐깁니다. 어떤 경박함이나 호기심이나 또는 육체적 욕망이 저희들을 주님께로 인도해 온 것이 아니고, 강한 믿음과 경건한 희망과 성실한 사랑이 인도해 온 것입니다."

10 "오, 하나님, 가리워져 보이지 않는 천지의 창조자시여! 주님은 신비하게 저희들을 다루십니다. 자비와 우아함으로 선택하신 백성을 사랑하셔서 그들에게 주님 자신을 내주심으로써 성찬에서 그들이 주님을 영접하도록 하셨습니다. 이것은 모든 상상을 초월하는 것입니다.

주님은 믿음 있는 사람의 마음을 주님께로 이끄시고, 주님을 위해 그들의 사랑에 불을 지폈습니다.

평생 동안 변화를 추구해 온 사람들도, 그리고 주님을 진정으로 믿는 사람들도 이 성찬을 통하여 큰 헌신의 은혜와 덕행에 대한 사랑을 받습니다.”

11 “오, 성찬의 놀랍고 숨겨진 은혜는 오직 그리스도를 믿는 사람만 알며, 믿음이 없는 자와 죄의 종은 이를 경험할 수 없습니다. 성찬 안에서 영적 은혜를 받을 수 있으며, 잃었던 덕성이 영혼 안에서 새로워지며, 죄로 망가진 아름다움이 되돌아옵니다. 온전한 헌신에서 나오는 이 은혜는 매우 강하기 때문에 때때로 연약한 육체조차도 자신에게 주어진 강력한 힘을 느낄 수 있습니다.”

12 “그런데도 미온적인 태도와 태만 때문에 우리 영혼을 회복하고 구원할 유일한 희망이신 그리스도를 받아들이는 데 마음이 끌리지 않는 것은 슬프고 애통한 일입니다. 그리스도는 우리의 성화聖化요, 우리의 구원이요, 여행자의 위로자이시며, 성인들에게는 영원한 기쁨이기 때문입니다. 그러므로 많은 사람들이 하늘을 기쁘게 하고, 온 세상을 보존하는 성찬식의 구원의 신비에 관심을 두지 않는 것은 진실로 슬픈 일입니다. 아, 하나님의 선물인 성찬에 참여하지 않는 사람의 마음의 무지함과 완고함이여! 말로는 다 표현할 수가 없습니다. 성찬에 참여하는 것이 하나의 습관으로 전락하면 이것은 결국 성찬에 대한 무관심이 되고 마는 것입니다.”

13 “만일 가장 거룩한 성찬예식을 오직 한 장소에서만 드려야 하고, 또한 세상에서 오직 한 성직자만이 봉헌할 수 있다면, 그 장소까지 직접 가서 하나님의 성직자와 함께 하나님의 신비가 이루어지는 것을

보기 원하는 사람들의 열정이 얼마나 클 것이라고 주님은 생각하십니까? 그러나 지금은 많은 성직자들이 있고, 그리스도도 많은 곳에서 봉헌되고 있습니다. 그리하여 거룩한 친교가 전 세계로 넓게 퍼져감에 따라 인간에 대한 하나님의 은혜와 사랑을 더 크게 증거하고 있습니다.

좋으신 예수님 영원한 목자시여, 당신께 감사드립니다. 주님은 황송하게도 당신의 귀하신 몸과 피로 저희 가련한 나그네를 먹이시고, 당신의 입으로 이 신비한 성찬에 참여하도록 저희들을 초청하시며 말씀하셨습니다. '수고하고 무거운 짐 진 자들아, 다 내게로 오라. 내가 너희를 쉬게 하리라.'"

2 성찬에 나타난 사랑

예수님은 우리에게 그분의 몸을 먹게 하고, 그분의 피를 마시게 하셨습니다.
성찬을 통해 그리스도께서는 우리 마음 한가운데 지금도 살고 계십니다. 또
성찬을 통해 우리는 그리스도 안으로 들어가 거기서 사는 것입니다.

1 제자 "주님, 주님의 선하심과 큰 자비를 신뢰하면서, 저는 구세주에게
는 병든 자로, 생명의 원천에게는 배고프고 목마른 자로, 하나님 나라
의 왕에게는 걸인으로, 주인에게는 종으로, 창조주에게는 피조물로,
제가 신뢰하는 위로자에게는 절망하는 자로서 주님에게로 옵니다.

저에게 어찌 이 같은 은혜를 주십니까? 주님께서 자기 자신을 저에게
주시는 저는 누구입니까? 어찌 주님께서는 황송하게도 죄인에게로
오시기로 하신 것입니까? 주님은 당신의 종을 아시며, 그리고 그 종
은 선한 것이라고는 아무것도 가진 것이 없으며, 당신께서 그것을 주
셔야 한다는 것을 아십니다.

그러므로 저는 저의 무가치함을 고백하고 주님의 선하심을 인정하
며, 주님의 신뢰할 수 있는 다정함을 찬양하며, 주님의 특별한 사랑
에 감사를 드립니다. 주님께서는 이 모든 것을 저의 공로 때문이 아
닌 주님 자신을 위해 하시는 것입니다. 그리하여 제가 주님의 선하심
을 더 잘 알 수 있으며, 주님의 사랑을 풍성하게 경험하며, 주님의 겸
손하심을 온전히 따를 것입니다. 그리고 이것은 주님께서 기뻐하시
는 것이며, 주님께서 그렇게 되도록 하신 것입니다. 주님의 겸손하
심을 저는 기뻐하며, 저의 죄 때문에 주님께서 제게서 떠나지 않으시

기를 원합니다.”

2 “지극히 인자하시고 지극히 친절하신 예수님, 저희들의 손으로 주님의 거룩하신 몸을 만지게 하시니 끝없는 찬양과 함께 큰 존경과 감사를 주님께 드립니다. 주님의 권위는 누구도 설명할 수 없습니다. 그러나 성찬에 임하여, 즉 주님에게 가까워질 때에 제가 무엇을 생각해야 하겠습니까? 저는 아직도 제가 주님을 존경해야 할 만큼 존경하지 못하고 있으며, 아직도 믿음을 가지고 주님의 몸을 만지기를 갈망합니다.
주님 앞에서 제 자신을 온전히 낮추고, 주님의 한량없는 선하심을 찬양하는 것 외에 무엇이 제게 더 유익할 수 있겠습니까? 나의 하나님, 저는 주님을 찬양하며, 영원히 높이 받들 것입니다. 나의 하나님, 저는 주님을 찬양합니다. 그리고 주님을 위해 제 자신을 끝없이 낮추겠습니다.”

3 “보소서, 주님은 성인 중의 성인이요, 저는 죄인 중의 찌꺼기입니다. 주님은 제게 몸을 구부리십니다. 그런데 저는 주님을 쳐다볼 자격이 없는 사람입니다. 보소서, 주님은 저에게 오시고, 저와 함께 계시기를 원하시며, 또한 주님은 저를 주님의 손님으로 청하십니다. 주님은 하나님 나라의 음식과 천사들이 먹는 빵과, 다른 것도 아닌 주님 자신, 즉 살아 있는 빵을 제게 주기를 원하십니다. 주님은 이 세상에 생명을 주시기 위하여 하늘에서 내려오셨습니다.”

4 “보소서, 사랑이 나오는 곳에 겸손한 태도가 빛을 밝힙니다. 이 모든

것에 대하여 큰 감사와 찬양을 주님께 드리는 것이 합당합니다. 주님이 이 성찬의식을 만드셨을 때, 그 계획은 얼마나 건전하고 유익하였습니까? 주님이 자신을 음식으로 주시는 성찬은 얼마나 감미롭고 즐거운 것입니까?

주님, 주님이 하시는 일은 얼마나 놀라우며, 주님의 말씀은 얼마나 힘이 있으며, 주님의 진리는 얼마나 확실한지요. 주님이 말씀하시면 모든 것이 이루어지기 때문입니다. 성찬도 주님이 명령하신 대로 된 것입니다."

5 "주 나의 하나님, 진정한 하나님이시고 또한 진정한 사랑이신 주님께서 빵과 포도주의 형태로 온전히 임하셔서 이를 받는 사람들이 먹지만, 주님은 여전히 없어지지 아니하심은 놀라운 신비이며, 믿을 가치가 있는 것이며, 사람의 지식을 초월하는 것입니다.

만물의 주이시고 아무것도 필요로 하시지 않는 주님, 당신은 성찬을 통하여 우리 안에서 살기를 택하셨으며, 우리 마음과 몸이 더럽혀지지 않고 유지하도록 하셨습니다. 그리하여 저는 즐겁고 순수한 양심으로 주님께서 주님의 영광을 위해, 그리고 주님을 영원히 기념하시기 위해 만드신 이 신비의 성찬을 저의 영원한 구원을 위하여 받아들여 더 자주 거행할 수 있게 되었습니다."

6 "내 영혼아, 기뻐하라. 그토록 고상한 선물에 대하여, 눈물의 골짜기에서 네게 주어진 이 독특한 위로에 대하여 하나님께 감사하라. 네가 이 신비의 성찬을 자주 가져서 그리스도의 몸을 받을 때마다 너는 구속의 은혜를 받을 것이고, 그리스도의 모든 공적을 함께 누릴 수 있을

것이기 때문이다. 또한 그리스도의 사랑은 작아질 줄을 모르며, 그분이 주시는 속죄의 위대함은 결코 소모되지 않을 것이기 때문이다.

그러므로 항상 네 마음을 새로 가다듬어 신비의 성찬을 준비하며, 명상을 집중하여 구원의 위대한 신비를 생각하라. 네가 성찬을 거행하거나 또는 성찬에 참여하는 경우에는 그 성찬은 너에게, 마치 바로 그날에 그리스도께서 마리아에게 잉태되어 사람으로 나셨을 때나 그리스도께서 고난을 당하시어 십자가에 매달려 인류의 구원을 위해 죽으신 때와 같이 위대하고 새롭고 그리고 기쁜 것이어야 한다.”

3 성찬에 자주 임할 때 얻는 유익

성찬의 은혜를 받기 위해서는 먼저 우리의 잘못을 주님께 겸허하게 인정하고,
성찬을 통해 그분이 우리에게 다가오시도록 마음의 준비를 해야 합니다.

1 제자 "주님, 제가 주님께로 옵니다. 그리하여 주님의 선물을 통해 제일이 잘되기를 바라며, 주님께서 가련한 자를 위해 자비로써 준비하신 성찬을 제가 기뻐할 수 있기를 원합니다. 제가 소망할 수 있고, 또한 소망하지 않으면 안 될 모든 것이 주님 안에 있습니다. 주님은 저의 구원이요 구속이며, 희망이요 힘이며, 명예요 영광입니다. 그러므로 주 예수님, 주님께 제 영혼을 바쳤사오니 오늘 제 영혼을 기쁘게 하소서.

저는 지금 이 순간에 주님을 경건하게, 헌신적으로 영접하기를 원합니다. 주님을 제 집으로 모셔 오기를 원합니다. 그리하여 삭개오처럼 주님으로부터 축복을 받아 '아브라함의 자녀'에 포함되기를 원합니다. 제 영혼이 주님의 몸을 열렬히 원합니다. 그리고 제 마음이 주님과 결합되기를 원합니다."

2 "주님, 주님을 제게 주소서. 그것으로 충분합니다. 주님 이외에는 제게 위로를 줄 수 있는 것이 아무것도 없습니다. 주님 없이는 저는 존재할 수 없습니다. 그리고 주님이 제게 오시지 않으면, 저는 살아갈 힘이 없습니다. 그러므로 저는 자주 주님에게로 가서 주님을 제 구원의 약으로써 새롭게 영접해야 합니다. 그렇지 않으면 저는 하나님 나

라의 양식을 빼앗겨 길을 가다 도중에 지쳐 쓰러질 것입니다.

지극히 자비로우신 예수님, 당신은 군중에게 말씀하시고 온갖 병을 고치시면서 한번은 이렇게 말씀하셨습니다. '만일 내가 그들을 굶겨 집으로 보내면 길에서 기진하리라.'막 8:3 주님께서는 주님을 믿는 자를 위로하시기 위해 성찬에 임재하심으로 저에게도 그렇게 하소서. 주님은 영혼의 원기를 회복시키는 분이십니다. 그리고 주님으로부터 양식을 공급받는 자는 영원한 영광의 참여자가 되고, 상속자가 될 것이기 때문입니다.

저와 같이 자주 넘어지고 죄 지으며 너무도 빨리 마음이 차가워지고 지치는 사람은 끝없이 기도하고 회개해야 합니다. 그리고 거룩한 주님의 몸을 받음으로써 자신의 원기를 회복하고 자신을 정결케 하며 자신을 불태워야 합니다. 이는 제가 너무 오랫동안 이런 것들을 절제함으로써 제가 세운 거룩한 목표가 실패로 돌아가지 않게 하기 위함입니다."

3 "젊었을 때부터 사람의 감정은 악에 빠지기 쉽습니다. 주님께서 하나님 나라의 약으로 도와주시지 않으면, 사람은 곧 큰 죄에 빠지고 맙니다. 그러므로 성찬은 사람을 악에서 건져 선한 일을 할 수 있도록 강하게 해 줍니다.

저는 성찬에 참여하면서도 마음이 산만하고 냉담합니다. 그런데 만일 제가 성찬에 참여하지도 않고 성찬이 주는 큰 도움을 구하지도 않는다면 제게 무슨 일이 일어나겠습니까? 저는 성찬이 제게 맞지 않다고 생각하기도 하고, 또는 참여할 준비가 되어 있지 않습니다. 하지만 그런데도 적당한 때에 그 하늘의 신비인 성찬을 받아 저 자신이 그 큰 은혜의 참여자가 될 것을 마음에 두고 있습니다.

믿음의 영혼에게 가장 큰 위로는, 비록 그 영혼은 주님을 떠나서 죽을 수밖에 없는 육체를 가지고 아직도 방황하지만, 경건한 마음으로 주님을 기억하고 영접하는 것입니다. 주님은 제 영혼이 사랑하는 분이십니다.”

4 “아, 저희를 향한 주님의 사랑의 겸손함이 놀랍습니다. 주 하나님, 창조주이시고 모든 영혼에게 생명을 주시는 분이시여, 당신은 황송하게도 아주 연약한 한 영혼에게 오셔서 주님의 신성과 인성으로 그를 배불리 먹이십니다. 아, 주 하나님! 당신을 경건하게 영접하기에 합당한 행복한 마음과 축복받은 영혼은, 주님을 영접함으로써 다시 영적인 기쁨으로 충만합니다.

아, 그 영혼은 얼마나 위대하신 하나님을 영접하는 것입니까? 그 영혼은 얼마나 사랑받는 친구를 받아들이는 것입니까? 얼마나 유쾌한 동반자를 환영하는 것입니까? 그리고 다른 어떤 사랑하는 사람보다도 다른 어떤 소망하는 것보다도 아름답고 고상한 남편을 그 영혼은 품어 안는 것입니까?

자비하시고 사랑 받으시기에 합당하신 하나님, 하늘과 땅과 그 안에 있는 모든 아름다운 것들이 주님 앞에서 침묵하게 하소서. 이 모든 것들이 가진 찬양과 영광은 주님께서 이들에게 겸손히 주신 것이기 때문입니다. 또한 이들은 측량할 수 없이 많은 지혜를 갖고 계시는 주님의 영광스러운 이름을 결코 얻을 수 없기 때문입니다.”

4 경건하게 성찬에 임하는 사람에게 주시는 복

성찬을 받는 사람은 나쁜 습관이 고쳐지고, 걷잡을 수 없는 격정이 잠재워지며, 감정이 순화됩니다. 그리스도의 몸과 피를 먹고 마시면 새 사람이 됩니다.

1 제자 "주 나의 하나님, 주님의 종에게 자비로운 축복을 주셔서 주님의 영광스러운 성찬에 합당하게 그리고 경건하게 참여할 수 있게 하소서. 제 마음을 깨워 주님에게로 나아가게 하시고, 저의 무관심을 없애 주소서. 저를 구원하시어 성찬 시에 마치 샘물에서 물이 넘쳐흐르듯 솟아나는 주님의 인자하심을 영적으로 맛보게 하소서.

제 눈을 밝게 하시어 제가 그 큰 신비를 보게 하소서. 그리고 저를 강하게 하시어 제가 의심 없는 믿음으로 그 신비를 알게 하소서. 이것은 주님께서 하시는 일이지 인간이 할 수 있는 일은 아니기 때문입니다. 이것은 또한 주님께서 만드신 제도이지 인간이 발견한 것은 아니기 때문입니다. 성찬은 천사들의 기민한 지혜조차도 초월하는 것이기 때문에 누구도 스스로 이 신비를 파악하고 이해할 수 있는 자격이 있다고 생각하는 사람은 없습니다. 그러므로 아무 쓸모없는 죄인이요, 먼지와 재에 불과한 제가 어찌 이 높고 거룩한 비밀을 탐구하여 그 내용을 파악할 수 있겠습니까?"

2 "주님, 저는 소박한 마음과 선하고 강한 믿음 안에서 그리고 주님의 뜻에 따라 희망과 존경심을 가지고 주님께로 옵니다. 그리고 저는 하나님이시며 인간이신 주님께서 바로 그 성찬 안에 계시다는 것을 진

정으로 믿습니다. 그러므로 제가 주님을 영접하며, 제 자신을 사랑 안에서 주님과 하나가 되게 하는 것은 주님의 뜻입니다.

따라서 제가 주님과 하나가 되기 위해 주님께서 자비를 베푸시도록 기도하고 특별한 은혜를 제게 주실 것을 간구하는 것은, 그렇게 함으로써 제가 주님 안에서 온전히 하나 되기를 원하고 사랑으로 충만하기를 원하며, 그리고 더 이상 어떤 다른 위로를 용납하지 않기를 원하기 때문입니다.

거룩하고 영광스러운 성찬은 영혼과 육체를 구원합니다. 성찬은 또한 제 죄를 치유하고 분노를 억제하며, 유혹을 정복하고 줄이며, 더 큰 은혜를 쏟아 부으며, 이미 시작된 덕행을 늘리며, 믿음을 더 확고히 하며, 희망을 더 강건하게 하며, 사랑에 불을 붙여 바깥으로 퍼져 나가게 하는 약입니다."

3 "제 영혼을 보호하시는 분이요, 연약한 인간을 회복시키시는 분이요, 모든 내적 위로를 주시는 하나님이시여! 당신은 성찬을 통하여 많은 축복을 베푸셨으며, 이 성찬식에 경건하게 참여하는 당신의 사랑하는 사람들에게 지금도 계속 축복을 베푸십니다.

주님께서는 사람들이 겪는 온갖 고난에 대해 위로를 아끼지 않으시며, 그들을 불행의 수렁에서 건져 올려 주님의 보호를 받을 수 있도록 희망을 주십니다. 또한 새로운 은혜를 베푸셔서 그들의 영혼을 새롭게 하고 또한 내면적으로 깨닫게 하셨습니다. 그리하여 성찬에 참여하기 전에는 걱정하며 마음에 사랑이 없던 사람들도 성찬에 참여하여 하나님 나라의 음식과 마실 것을 먹고 마신 후에는, 자신들의 영혼이 새롭게 회복되고 자신들이 더 좋은 모습으로 변한 것을 깨달 있습니다.

주님께서 선택된 백성을 이런 식으로 다루시는 것은 그들이 스스로 얼마나 약한 존재임을 인정하고 이를 명확하게 경험하도록 하며, 또한 주님께서 그들에게 얼마나 큰 자비와 은혜를 주시는지 알게 하기 위함입니다. 그들은 자신들의 입장에서 볼 때 냉담하고 충성심이 없으며, 경건함이 없습니다. 그러나 주님은 그들을 뜨거운 사람, 열렬한 사람, 경건한 사람으로 만듭니다.

단맛이 나는 샘물에 온 겸손한 사람치고, 돌아가면서 조금이라도 그 단물을 가지고 가지 않는 사람이 있겠습니까? 활할 타는 불 앞에 선 사람치고, 따스한 불길을 조금이라도 느끼지 않는 사람이 있습니까? 주님은 언제나 충만하게 넘쳐흐르는 샘이시며, 계속 불타면서 결코 꺼지지 않는 불이십니다.”

4 “그러나 만일 제 갈증이 풀릴 때까지 이 넘쳐흐르는 샘물을 마시는 것이 용납되지 않는다면, 하나님 나라에 흐르는 물줄기의 입구에 제 입이라도 대겠습니다. 그리하면 적어도 한 방울의 물이라도 마셔서 갈증을 풀고, 몸 속 깊은 곳이 마르지 않게 할 수 있을 것입니다.

또한 제가 아직도 온전히 하나님 나라에 있지 못하고, 케루빔 천사와 세라핌 천사가 불에 탄 것처럼 불에 타지 못할 수도 있습니다. 그래도 저는 헌신을 위해 노력할 것이며, 제 마음을 가다듬어 생명을 주는 성찬을 받음으로써 생기는 하나님의 불길에서 작은 불씨라도 잡으려고 합니다. 그러나 좋으신 예수님, 저에게 무엇이 부족한 것과는 관계없이 저에게 주님의 자비와 은혜를 베푸소서. 주님께서는 말씀하셨습니다. ‘수고하고 무거운 짐 진 자들아 다 내게로 오라. 내가

너희를 쉬게 하리라.'^{마 11:28}

5 "저는 진실로 얼굴에 땀 흘리고 수고하며, 마음속 슬픔 때문에 고문을 당하며, 죄의 짐을 지고 있으며, 유혹을 받아 불안정하며, 온갖 나쁜 욕정 때문에 혼란스럽고 괴롭습니다. 그러나 저를 도와주고 자유롭게 하며, 저를 구원해 줄 사람은 아무도 없습니다. 주 하나님 저의 구세주시여, 오직 당신만이 그렇게 하실 수 있습니다. 저는 주님께 제 자신과 제가 가진 모든 것을 맡깁니다. 주님께서 저를 보호하시고, 영생으로 인도해 주시기를 원합니다. 주님의 이름을 찬양하고 주님의 영광을 위하여 저를 받아 주소서.

주님께서 당신의 몸과 피를 저의 양식과 마실 것으로 내놓으셨습니다. 주 하나님 저에게 구원을 베푸소서. 그리하여 제가 주님의 신비를 자주 찾아감으로써 제 헌신의 열정이 자랄 수 있게 하소서."

5 성찬식의 존엄성과 성직자 상像

성직자는 주님의 선택을 받은 사람으로서 주님의 발자취를 따라 가는 사람입니다. 성찬식을 집전하는 성직자는 그리스도를 대신하여 헌신과 믿음으로 이 의식을 진행해야 합니다.

1 **주님** "만일 네가 천사와 같이 순수하고, 세례 요한과 같이 거룩하다 할지라도 너는 이 성찬을 받거나, 성찬의식을 집전하는 데 합당치 않다. 이는 그리스도의 성찬을 봉헌하고 집전하며, 천사들의 떡을 양식으로 받는 것은 사람의 공로 때문이 아니기 때문이다. 천사들에게는 허락되지 아니한 것이 성직자들에게 허락되었으니 이는 엄청난 신비이며, 성직자들에게는 큰 권위이니라. 교회에서 절차에 따라 성직자로 임명된 성직자만이 그리스도의 몸을 축복하고 봉헌하는 권한을 가지고 있기 때문이다. 진실로 성직자는 나의 종이며, 내 명령과 지시에 따라 나의 말을 사용한다. 나는 창조주이며, 눈에 보이지 않는 집행자이다. 나의 뜻에 따라 모든 것이 나에게 종속되어 있으며, 만물은 내 명령에 복종한다."

2 "그러므로 너는 지극히 존엄한 성찬의식에서 너의 생각이나, 또는 눈에 보이는 표상보다 전능하신 하나님의 임재하심을 더 믿어야 한다. 따라서 성찬은 경외하는 마음으로 접근해야 한다.
너 자신을 살피라. 그리고 성직자의 안수를 통하여 네가 해야 할 일이 무엇인지 생각하라. 너는 성직자가 되어 성찬의식을 하도록 봉헌된 사람이다. 이제는 충실하고 경건하게, 또 때에 맞추어 그리스도인의 성례^{聖禮}를 올리고 잘못 생활하여 비난 받지 않도록 하라.

성직자가 됨으로써 네 짐이 가벼워진 것이 아니다. 오히려 더욱 엄한 규율의 사슬에 얽매인 것이며, 나아가 보다 높은 수준의 거룩함에 도달하기 위해 노력해야 한다. 성직자는 도덕적이어야 하며, 생활 방식 또한 일반 대중과 달라야 하고, 하늘의 천사와 같아야 한다."

6 성찬을 준비하는 기도

성찬을 당연한 것으로 받아들여서는 안 됩니다. 영혼을 다하여 성찬에 임해야
합니다.

1 제자 "주님, 주님의 존엄하심을 생각하고 제 자신의 비천함을 생각할
때, 저는 몹시 두렵고 부끄럽습니다. 제가 성찬에 다가가지 않으면
저는 삶을 떠나는 것이 됩니다. 제가 쓸데없이 참견하면 주님을 불쾌
하시게 하는 것입니다. 나의 하나님, 나의 구원자요 조언자이신 하
나님, 제가 어떻게 해야 하나이까?"

2 "거룩한 성찬에 합당한 올바른 길과 간단한 방법을 가르쳐 주소서.
경건하고 존경하는 마음으로 주님을 맞이하고 성찬을 온전히 받아들
일 준비를 하게 하소서. 또한 그토록 중대하고 신성한 신비를 축하하
는 방법을 아는 것이 제게 무엇보다 유익하기 때문입니다."

7 양심을 돌아보고 삶을 변화시키라

우리는 성찬을 받기 전에 우리의 죄를 주님께 고백하고 용서를 구해야 합니다.
오직 이렇게 함으로써 성찬을 통해 삶이 변화될 수 있습니다.

1 **주님** "무엇보다도 나의 성직자는 지극히 겸손한 마음과 기도하는 마음, 또한 나를 존경하는 충만한 믿음과 간절한 소망을 가지고 성찬식을 집전하고 성채를 받아야 한다. 네 양심을 조심스럽게 살펴보라. 그리고 진정한 회개와 겸손한 고백을 함으로써 네 양심을 가능한 깨끗하게 하라. 그렇게 하면 너를 짐스럽게 하고 양심에 가책이 되는 것이 없어질 것이며, 나에게 오는 것을 방해하는 것도 없어질 것이다. 네가 지은 모든 죄를 부끄러워하며, 특히 네가 매일매일 짓는 죄를 한탄하라. 그리고 시간이 허락하면, 네 마음속 깊은 은밀한 곳에서 네 욕정이 가져오는 불행을 내게 고백하라."

2 "너는 아직도 육체적이고 세상적이며, 욕정을 사망에 이르게 하지 못했으며, 욕망에 대한 충동으로 충만하며, 감정이 향해 가는 대로 내버려 두며, 이득이 되지 않는 생각들에 휘말리며, 아직도 네 자신 이외의 일에 관심을 가지며, 내면적인 것에는 무관심하며, 아직도 웃음거리와 천박한 일에 빠지며, 아직도 울음을 우는 것과 양심의 분출에 대하여는 마음이 굳어져 있으며, 쉬운 길과 육체를 즐겁게 하는 것에는 재빠르며, 엄격함과 열의에는 게으르며, 아직도 소문을 듣고 아름다운 것을 보는 데는 호기심이 많으며, 겸손한 자와 멸시받는 자

를 껴안는 것을 싫어하며, 많은 것을 가지는 데는 욕심이 많으나 주
는 데는 인색하며, 아직도 가지려고 움켜잡으며, 말하는 데는 생각
이 없으며, 침묵을 지키지 못하며, 행동에는 질서가 없으며, 아직도
밀어붙이면서 행동하며, 음식에 열중하며, 내 말에는 귀머거리이며,
쉬는 데는 빠르고 일하는 데는 느리며, 아직도 남의 말을 하는 데는
깨어 있으며, 철야기도 때는 졸며, 끝내는 데는 성급하며, 주의를 기
울이는 일은 부족하며, 아직도 헌신에는 주의를 기울이지 않으면서
축하하는 데는 냉담하며, 대화에는 무미건조하고, 탈선에는 빠르며,
자제하지 못하면서도 분노는 빨리 하며, 아직도 다른 사람들과 쉽게
불화하며, 남을 판단하는 일에 익숙하며, 남을 비난하는 일에는 엄
격하며, 만사가 잘되면 기뻐하며, 아직도 역경에서는 약하며, 결심
은 잘하지만 실천에 옮기지 못하는 것을 한탄하고 슬퍼하라."

3 "너는 이러한 결점들을 고백하고, 슬퍼하고, 회개하라. 그리고 이러
한 연약함 때문에 생기는 자신에 대한 불만을 되돌아보면서 새로운
결심으로 삶을 바꾸기 위해 진력하라. 그런 후에 네 뜻을 완전히 접
고, 내 이름을 영화롭게 하기 위한 영원한 제물로 네 자신을 네 마음
의 제단에 바쳐라. 네 몸과 네 영혼을 온전히 내게 의탁하라. 그렇게
하면 제단에 나와 나에게 제물을 봉헌하며 내 몸의 성찬을 받을 수 있
을 것이다."

4 "죄를 씻기 위한 대속으로써 성찬식에서 그리스도의 몸이 봉헌되는
것과 함께 자기 자신을 내게 순수하게, 그리고 온전하게 바치는 것
이상으로 가치 있고, 더 큰 만족을 주는 대속은 없느니라. 만일 사람

이 이와 같이 하고 진정으로 회개한 후 용서와 은혜를 구하기 위해 내게 오면, 나는 이렇게 말할 것이다. '내가 생존하는 한, 나는 죄인의 죽음을 원하지 않으며, 오히려 죄인이 변하여 새 삶을 사는 것을 기뻐하노라. 나는 그 죄를 더 이상 기억하지 않으며, 그를 용서할 것이니라.'"

8 나를 드리는 성찬식

진정으로 예수님의 제자 되기를 원하면, 우리 자신을 하나님께 내주어야 합니다. 성찬을 통해 우리는 그리스도께서 자신을 온전히 십자가에 내준 사건과 친숙해질 수 있습니다.

1 **주님** "내 스스로의 뜻으로, 내 팔은 십자가 위에 펼쳐지고 내 몸은 벗겨진 채 너희의 죄를 위해 나 자신을 아버지께 바쳤다. 그렇게 함으로써 내 모든 것을 신성한 속죄의 제물로 온전히 하나님께 바쳤다. 그러므로 너희들도 너희 자유 의사로, 매일하는 성찬에서 너희의 모든 힘과 사랑을 다하여 네 자신을 순수하고 거룩한 제물로 나에게 바쳐야 한다.

나에게 완전히 순종하라는 것 이외에 내가 너희에게 더 요구할 것이 무엇이 있겠느냐? 나는 너 자신 이외의 것에는 아무것에도 관심이 없다. 내가 구하는 것은 선물이 아니요, 너 자신이기 때문이다."

2 "네가 나를 제외한 모든 것을 가진다 해도 충분하지 않은 것처럼 네 자신을 주지 아니하고 다른 어떤 것을 주어도 나를 기쁘게 할 수는 없다. 너 자신을 나에게 바쳐라. 너 자신을 온전히 나를 위해 내놓으라. 그러면 너희 헌납을 기뻐 받을 것이다.

보라, 나는 너희를 위해 나 자신을 아버지께 바쳤다. 또한 나는 내 온 몸과 피를 너희의 양식으로 주었다. 그래서 나는 완전히 너희들의 것이며, 너희는 나의 것이다. 그러나 만일 너희가 자신의 힘으로 서 있으면서 너희 자신을 나에게 바치지 않으면, 헌신이 완전히 이루어졌다고 할 수 없으며, 나와 너희들 간의 연합도 완성된 것이 아니다. 그러므로 너희가 자유와 은혜를 얻기 원한다면, 너희 자신을 내 손에 바치는 일을 너희가 하는 다른 모든 일보다 먼저 해야 한다. 바로 이런 이유 때문에 극소수의 사람이 깨달음을 받고 내면적인 자유를 얻은 것이다. 그들은 어떻게 하는 것이 자신을 완전히 부인하는 것인지 몰랐기 때문이다. '너희 중에 누구든지 자기 소유를 완전히 버리지 아니하면, 능히 내 제자가 되지 못하리라.'눅 14:33 참조 그러므로 너희가 내 제자가 되기를 원하면, 모든 애정을 가지고 너희를 나에게 바쳐라."

9 성찬과 중보 기도

전 생애를 하나님께 바치고 싶다면 마음을 열고 죄를 고백하며, 그리스도의 자비를 구해야 합니다. 그렇게 함으로써 모든 고통이 사라지고 하나님의 영광이 드러나는 그날을 기대하십시오.

1 **제자** "주님, 하늘과 땅에 있는 모든 것이 하나님의 것입니다. 저는 제 자신을 하나님께 바쳐 영원히 하나님의 소유가 되기를 원합니다. 주님, 오늘 저는 마음을 다하여 주님을 영원히 섬기기 위해 저를 주님에게 바칩니다. 이는 순종을 위함이요, 영원한 칭찬을 받기 위한 제물입니다. 주님의 귀하신 몸을 거룩한 제물로 드리는 것과 함께 저도 받아 주소서. 오늘 저는 보이지는 않지만 천사들이 참석한 가운데 저를 바칩니다. 그리하여 이것이 저를 포함한 모든 사람들을 위한 구원이 되기를 바랍니다."

2 "주님, 제가 처음 죄를 지었던 때로부터 지금까지 주님과 천사들의 면전에서 지은 모든 죄와 위법 행위를 주님의 속죄의 제단 위에 올려 놓습니다. 그렇게 하면 주님께서는 이 모든 죄를 다 불태우시고 사랑의 불로 삼키시고, 죄로 얼룩진 인생을 깨끗이 해 주시고, 모든 비행非行에서 제 양심을 정결케 하십니다. 그리고 저를 모든 일에 대하여 온전히 용서하시며, 평화와의 입맞춤을 위하여 저를 온전히 받아 주심으로써 저의 죄 때문에 잃어버렸던 은혜를 회복시켜 주십니다."

● 3 "겸손하게 죄를 고백하고 슬퍼하며, 주님의 속죄의 은혜를 애원하는 것 이외에 저의 죄를 씻기 위해 제가 무엇을 할 수 있겠습니까? 나의 하나님, 제가 하나님 앞에 서서 간구할 때에 주님의 자비로 제 호소를 들어 주소서. 저의 모든 죄가 주님을 몹시 불쾌하게 합니다. 이제 다시는 죄 짓기를 원치 않습니다. 그러나 저는 죄 지은 것을 슬퍼하며, 제가 살아 있는 동안에는 슬퍼할 것이며, 회개할 것이며, 또한 죄에 대한 보상을 하기를 원합니다.

하나님, 저에게서 죄를 추방하소서. 주님의 이름을 위하여 추방하소서. 주님께서 주님의 귀하신 피로 회복시키신 제 영혼을 구원하소서. 제 자신을 주님의 자비에 맡깁니다. 제 자신을 주님의 손에 내놓습니다. 제가 저지른 부정과 죄악으로 저를 대하지 마시고, 주님의 선하심으로 대하여 주소서."

● 4 "양은 얼마 안 되고 완전한 것에서는 거리가 멀지만, 제가 가진 좋은 것을 모두 주님께 바칩니다. 주님께서 고쳐 주시고 거룩하게 하셔서 저를 받아 주시고 기뻐하시며 완전하게 하소서. 그리하여 게으르고 쓸모없으며 보잘것없는 저를 축복받고 칭찬 받을 수 있는 목적지로 인도하소서."

● 5 "저는 믿음의 사람들의 거룩한 소망과 제 부모, 형제자매, 친구, 그 밖에 주님을 위해 저와 다른 사람들에게 선행을 베푼 사람들, 자신들을 위한 기도를 제게 요청한 사람들, 또한 이 모든 사람들이 사랑하는 사람으로서 아직 살아 있거나 이미 이 세상을 떠난 분들의 절실한 소망을 주님 앞에 말씀 드립니다. 이들이 주님의 은혜가 그들에게 오

는 것을, 주님이 주시는 위로의 말씀을 깨닫게 하소서. 또한 주님께서 위험에서 보호해 주시고 고통을 없애 주심을 깨닫게 하소서. 나아가 이들 모두가 악에서 풀려나 하나님께 무한한 감사를 드릴 수 있도록 하소서."

6 "제게 상처를 입힌 사람, 저를 슬프게 하거나 욕을 한 사람, 제게 손해를 입히거나 고통을 준 사람, 반대로 제 자신도 모르는 사이 나오고 행한 말과 행동으로 슬픔을 당하거나 마음이 불안해지고 고통을 당하거나, 또한 저로 인해 넘어진 사람을 위해 기도를 올리고 속죄합니다. 주님께서 우리의 모든 죄와 잘못을 다 용서해 주소서."

"주님, 모든 의심과 분노와 노여움과 논쟁과 또 그 밖에 무엇이든지 사랑에 상처를 입히고 형제애에 금이 가게 하는 것은 우리 마음에서 떠나게 하소서. 주님, 주님의 자비를 구하는 사람은 가련하고 가련합니다. 간구하는 자에게 은혜를 베푸소서. 저희들이 주님의 은혜를 즐기기에 온전히 합당하고, 그리하여 영원한 생명으로 나아갈 수 있는 삶을 살게 하소서."

10 성찬을 쉽게 미루거나 빠뜨리지 말 것

예수님은 성찬으로 나아가는 것을 중단해서는 안 된다고 가르치십니다. 성찬에서 그리스도를 맞이하는 것은 통제할 수 없는 격정을 잠재우며, 나쁜 습관을 고칠 수 있는 가장 기본적인 방법의 하나입니다.

1 **주님** "너는 은혜와 나의 자비의 샘, 즉 모든 선과 순수함의 샘으로 서둘러 돌아와야 한다. 그리하면 네 안의 격정과 악을 치유받을 수 있을 것이며, 모든 유혹과 사탄의 간계에 대항하여 더 강하고 담대하게 맞서 싸울 수 있을 것이다. 사탄은 성찬에서 어떤 유익을 얻고, 또 얼마나 강한 회복을 경험할 수 있는지 잘 안다. 그리하여 할 수만 있다면 모든 수단을 동원하여 충실한 믿음의 사람을 끌어내려 성찬에 참여하지 못하게 할 것이다."

2 "이는 사람이 성찬을 받으려고 마음의 준비를 할 때, 사탄으로부터 최악의 방해와 현혹을 받는 데서 알 수 있다. 욥이 말한 것처럼 악한 영은 나의 자녀들의 마음속에 나타나서 습관적인 악행으로 그들을 괴롭히고, 그들을 지나치게 겁에 질리게 하고 당혹하게 하며, 그들의 사랑을 왜소하게 만든다. 악한 영은 또한 나의 자녀들을 공격하여 그들의 믿음을 빼앗아 가서는 그들이 아예 성찬에 참여하지 못하게 한다. 또는 참여는 하더라도 열의 없이 참여하게 하려고 한다.
그러나 사탄의 농간과 망상이 아무리 가증스럽고 소름끼치는 것이라 할지라도 그러한 것들에 현혹되어서는 안 된다. 사탄의 환상은 결국은 그들에게로 되돌아갈 것이기 때문이다."

3 "때로는 신앙에 대해 지나치게 조심하는 마음과 신앙고백에 대한 걱정이 성찬식 참여를 방해하는 경우도 있다. 그러나 이렇게 하는 것은 내 은혜를 저버리는 것이고, 마음의 경건함을 파괴하는 것이므로 현자의 충고대로 행동할 것이며, 걱정과 망설임은 버려라.
사소한 마음의 동요나 영적 침체로 성찬을 등한시하는 일이 없도록 하라. 오히려 죄를 신속히 고백하고 다른 사람의 잘못을 기꺼이 용서하라. 만일 다른 사람에게 해를 끼쳤으면, 겸손하게 용서를 구하라. 그러면 나도 너를 기꺼이 용서할 것이다."

4 "죄 고백을 하지 않으면서, 성찬식에 참여하는 것을 미룬들 무슨 유익이 있겠느냐? 가능한 빨리 자신을 정결케 하고, 신속히 독을 내뱉고, 서둘러 구원을 받아라. 그리하면 성찬식을 오랫동안 미루었을 때보다 더 기분이 좋을 것이다. 오늘 어떤 일로 네가 성찬에 참여하지 않는다면, 내일은 보다 큰일이 일어날지도 모른다. 그렇게 되면 너무 오랫동안 성찬식에서 멀어져 성찬에 참석하는 것이 더욱 합당하지 않게 될 것이다.
가능한 빨리 하루의 무거운 짐과 나태함을 털어 버려라. 계속 걱정하고 불안해하며, 일상의 작은 일 때문에 나를 멀리하는 것은 아무런 이로움이 없기 때문이다. 성찬식을 오랫동안 연기해서는 안 된다. 자꾸 미루다 보면 성찬식에 무관심해질 수밖에 없기 때문이다. 아, 슬프도다. 훈련받지 못한 미온한 자들은 죄 고백하는 일과 성찬식을 너무도 쉽게 연기한다. 성찬에 참여하기 위해서는 그보다 앞서 반드시 자기 성찰을 해야 한다는 것을 알기 때문이다."

5 "성찬의식을 가볍게 연기하는 사람들의 사랑과 그들이 가진 신앙심은 너무도 작다. 그러나 순수한 양심을 지키며 사는 사람은 참으로 행복하며, 나는 그들을 참으로 좋아한다. 이러한 사람은 다른 사람이 알려 주지 않더라도 성찬식에 참여할 마음의 준비를 갖춘 사람들이다.

단, 만일 겸손을 이유로, 또는 다른 합리적인 이유를 들어 때때로 성찬식에 불참하는 경우에는 그가 성찬을 존경한다는 것을 인정해야 한다. 그러나 성찬식에 참여하지 못하는 이유가 게으름 때문이라면 분발하여 자신이 할 수 있는 일을 해야 할 것이다. 그러면 내가 그 사람의 선한 뜻을 받아들여 그가 소원하는 것이 이루어지도록 도와줄 것이다."

6 "그러나 사람이 어떤 정당한 이유가 있어 성찬의식에 참석하지 못하는 경우에도 선한 의사와 성찬에 참여해야겠다는 의무적인 의도를 가지고 있으면, 성찬이 주는 열매를 가질 수 있다. 이는 경건한 사람은 어느 날 어느 때에도 유익하게 아무런 제한 없이 그리스도와의 영적인 교제를 할 수 있기 때문이다. 그러나 이러한 사람들도 어느 특정한 날 특정한 시간에는 구세주의 몸을 성찬의 형태로 경건한 사랑의 마음가짐으로 받아야 한다. 또한 자신의 안위보다는 나에 대한 찬양과 영광을 구해야 한다. 왜냐하면 사람은 그리스도와 신비스러운 교제를 하며, 그리스도에 의하여 새로워질 때마다 그 성육신의 신비와 고난을 경건하게 기억하게 되고, 그리스도를 향한 사랑으로 불탈

것이기 때문이다.”

7 “그러나 축제 때가 아니면 성찬식을 준비하지 않거나 또는 습관적으로 성찬식을 준비하지 않는 사람은 성찬식에 참여할 준비를 미처 못한 사람이다. 성찬식을 집전하거나 성찬 참여시에 자신을 나에게 완전한 제물로 바치는 사람은 복 있는 사람이다.
성찬식은 시간을 지나치게 오래 걸려 진행하지도 말며, 성급하게도 하지 말되, 성찬이 거행되는 곳의 좋은 관습을 따라야 한다. 다른 사람이 불쾌해하거나 지루해하지 않도록 조심하며, 조상이 만든 제도에 따라 자기 자신의 신앙이나 감정보다는 다른 사람에게 도움이 되도록 해야 한다.”

11 신자에게 꼭 필요한 두 가지

성찬은 우리들에게 살아 계신 그리스도의 육신의 지혜를 줍니다. 이 지혜를 통해 일상생활에서 그리스도의 음성을 들을 수 있습니다. 하나님의 말씀을 듣고, 성찬의식을 치르는 것은 우리 삶에서 가장 중요한 행위입니다.

1 제자 "온유하신 주 예수님, 주님과 함께 주님의 잔치에 참여하는 경건한 영혼의 기쁨은 얼마나 큰지요! 그 잔치에서는 그 영혼이 먹을 수 있는 음식은 오직 주님뿐이시고, 주님은 그 영혼이 유일하게 사랑하는 사람이시며, 또한 그 영혼이 소망하는 것을 모두 초월하는 분이십니다. 또한 주님의 면전에서 제 사랑의 깊은 곳에서 우러나오는 눈물을 흘리며, 사랑받는 막달라 마리아와 함께 눈물로써 주님의 발을 씻겨 드리는 것이 저에게는 참으로 기쁨일 것입니다.

그러나 이러한 믿음은 어디에 있으며, 성스러운 눈물이 어디에서 그토록 많이 쏟아져 나오는 것입니까? 저의 온 마음을 다해 주님과 주님의 거룩한 천사들의 면전에서 기쁨의 눈물을 흘립니다. 이는 비록 주님께서 눈에는 보이지 않는다 할지라도 저는 진실로 성찬에 임재하시는 주님을 뵙기 때문입니다."

2 "만일 주님께서 지금 이곳에 눈부시게 빛나는 신의 모습을 하고 임재하신다면, 제 눈은 감히 주님을 바라보지 못할 것입니다. 세상도 주님의 당당한 위풍에서 나오는 영광의 장엄함을 감당하지 못할 것입니다. 그러나 주님은 성찬 속에 자신을 숨기심으로써 저의 이러한 연

약함을 배려해 주셨습니다. 주님은 진실로 이곳에 저와 함께 계시며, 천사들이 하늘에서 찬미하는 주님을 저는 이곳에서 찬미합니다. 그러나 아직도 저는 이 세상에 있는 동안에는 믿음으로 주님을 뵙고, 천사들은 아무런 가린 것이 없이 직접 눈으로 뵈옵니다.

저는 진정한 믿음의 빛에 만족해야 하며, 영원한 광명의 날이 밝아서 상징물의 그림자가 사라질 때까지 그 빛 속에서 걸어가야 합니다. 그러나 완전한 것이 오면, 축복받은 사람들을 위한 성찬식을 가질 필요가 없어질 것입니다. 이는 하늘의 영광 안에 있는 축복받은 사람들은 성찬식을 통해 치유받을 필요가 없기 때문입니다. 그들은 하나님의 영광 안에서 영원한 기쁨을 누릴 것이며, 하나님의 얼굴을 대면할 것입니다. 그들은 하나님의 영광으로 변화를 입어 육신으로 구현된 하나님의 말씀, 즉 태초로부터 존재하고 지금도 존재하며 또한 영원히 존재하는 하나님의 말씀을 맛볼 것입니다."

3 "제가 이러한 신비한 것들을 생각할 때는 어떠한 영적 위로도 매우 따분한게 느껴집니다. 제가 하나님을 그분의 영광 속에서 뵙지 못하는 한, 제가 이 세상에서 보고 듣는 것이 모두 아무 소용이 없기 때문입니다.

오, 하나님, 당신은 저의 증인이십니다. 하나님, 당신이 아니면 누구도 저를 위로하지 못하며, 어떠한 피조물도 저에게 안식을 주지 못합니다. 저는 영원히 하나님을 명상하기를 원합니다. 그러나 이러한 일은 제가 죽을 수밖에 없는 삶을 사는 동안에는 불가능합니다. 그러므로 저는 더 많이 인내하며, 또한 제 자신과 제 모든 소원을 주님께 맡길 수밖에 없게 되었습니다.

왜냐하면 지금은 하나님 나라에서 당신과 함께 기쁨을 누리는 성인들조차도 그들이 이 세상에 사는 동안에는 믿음과 큰 인내로써 주님의 영광이 오는 것을 기다렸기 때문입니다. 성인들이 믿었던 것을 저도 믿으며, 그들이 소망했던 것을 저도 소망합니다. 그들이 간 곳이면 어디든지 주님의 은혜로 저도 갈 수 있다는 것을 확신합니다.
이 세상에서는 성인들의 귀감으로 튼튼해진 믿음의 길을 가려고 합니다. 저는 또한 성경책을 생명에 대한 위로와 거울로 삼겠습니다. 그러나 무엇보다 주님의 지극히 거룩하신 몸을 저의 유일한 피난처로 삼겠습니다."

4 "이 세상에서 살기 위해서는 반드시 필요한 두 가지가 있습니다. 이 두 가지가 없으면 불행으로 가득 찬 이 세상을 견뎌 내기가 힘들 것입니다. 육체의 감옥에 갇힌 제가 고백한다면, 제게 필요한 두 가지는 음식과 빛입니다. 그래서 주님께서는 연약한 저에게 당신의 신성한 몸을 제 영혼과 육체의 양식으로 주셨으며, '제 발을 밝히는 등불'로 당신의 말씀을 주셨습니다. 이 둘이 없으면 저는 살 수 없습니다. 하나님의 말씀은 제 영혼의 빛이며, 당신의 성찬은 생명의 빵입니다. 이 둘은 여호와의 성전 금고 양편에 놓인 두 개의 상床이라고 부를 수도 있습니다. 한쪽 상은 신성한 빵, 즉 그리스도의 귀하신 몸을 올려 놓는 거룩한 제단입니다. 그리고 다른 상은 하나님의 율법과 거룩한 교리를 올려놓는 곳입니다. 하나님의 율법과 교리는 올바른 믿음을 가르치며 사람들을 지성소가 있는 곳까지 인도해 줍니다."

5 "영원한 빛 중의 빛이신 주 예수님, 당신의 종인 선지자들과 사도들

과 다른 스승들을 통하여 우리를 위해 마련해 주신 거룩한 교리의 상
에 대하여 당신께 감사드립니다. 창조주이시고 인간의 구세주이신
당신께서 온 세상에 대한 당신의 사랑을 드러내시기 위해 큰 잔치를
베풀어 주시니 감사드립니다. 당신께서는 이 잔치에서 상징적인 양
¥이 아닌 당신의 거룩한 몸과 피를 음식으로 내놓으셨습니다. 이 거
룩한 잔치를 통해 당신께서는 모든 믿는 자들을 기쁘게 하시고, 이들
이 천국의 기쁨으로 가득 찬 구원의 잔을 흡족하게 마실 수 있도록 하
셨습니다. 거룩한 천사들도 우리와 같이 잔치에 참여했으며, 그들의
기쁨은 더 컸습니다."

6   "아, 성직자들의 직책은 얼마나 위대하고 명예스러운 것입니까! 그들
은 거룩한 말로 주님을 높이며, 입술로 주님을 축복하며, 손으로 주
님을 잡으며, 입으로 주님을 받아들이며, 그리고 다른 사람들에게
주님을 주십니다. 이들의 손은 얼마나 깨끗해야 하며, 그 입은 얼마
나 순수해야 하며, 그 몸은 얼마나 거룩해야 하며, 순결의 창조자이
신 하나님이 드나드시는 그의 마음은 얼마나 흠이 없어야 하는 것입
니까! 이토록 자주 그리스도의 성찬을 받는 성직자의 입에서는 어떤
것이든 거룩하지 않은 것이 나와서는 안 되며, 가치도 없고 유익하지
도 않은 말이 나와서도 안 됩니다."

7   "그리스도의 몸을 항상 대하는 성직자의 눈은 교활함이 없어야 하고
정숙해야 합니다. 천지의 창조자를 늘 만지는 그들의 손은 깨끗해야
하고 하늘을 향해 들어야 합니다. 특히 성직자에 대하여는 율법에 이
렇게 기록되어 있습니다. '너희는 거룩하라. 나 여호와 너희의 하나

님이 거룩함이니라.'^{레 19:2 참조}"

• 8 "전능하신 하나님, 당신의 은혜로 저희를 도우셔서 성직자의 직책을
맡은 저희들이 보람 있고 경건하게, 그리고 전적인 순결함과 선한 양
심으로 당신을 섬길 수 있는 힘을 가지게 하소서. 저희들이 마땅히
그렇게 해야 하지만 그렇게 순결한 삶을 살 수 없을 때는 최소한 저희
들이 지은 죄를 슬퍼할 수 있게 하소서. 또한 겸손의 정신과 선의 목
적을 가지고 저희들의 여생을 보다 진지하게 당신을 섬길 수 있도록
허락하소서."

12 성스러운 성찬 준비

우리는 먼저 마음을 정결하게 한 후에 주님께 마음 문을 활짝 열어야 합니다. 그러면 성령의 온화한 바람이 우리 마음을 적실 것입니다.

1 **주님** "나는 순수한 것을 사랑하고 모든 거룩한 것을 너희에게 준다. 나는 순수한 마음을 구하며, 그곳이 내가 안식하는 곳이다. 나를 위하여 잘 꾸며진 다락방을 준비하라. 그리하면 내가 내 제자들과 유월절을 그 집에서 지킬 것이다. 내가 네게로 와서 너와 함께 있기를 원하면, 묵은 누룩을 버리고 네 마음을 청결케 하라. 온 세상을 멀리하고, 죄악으로 물든 세상에서 오는 온갖 소동을 멀리하라. 지붕 위에 앉아 있는 외로운 참새처럼 고요하게 영혼의 고통 속에서 네가 지은 죄를 명상하라. 왜냐하면 사랑을 하는 사람은 자기가 사랑하는 사람을 위하여 가장 좋고 아름다운 거처를 준비하기 때문이다. 또한 이렇게 함으로써 사랑받는 사람 영접하는 사람의 애정이 인정받기 때문이다."

2 "그러나 네가 한 해 동안 다른 것은 마음에 두지 않고 성찬만을 준비했다 하더라도, 네 자신의 노력만으로는 충분한 준비를 했다고 할 수 없다는 것을 알아야 한다. 네가 성찬의 제단에 오르도록 허락받은 것은 나의 자비와 은혜에 의한 것임을 너는 알아야 한다. 이는 마치 거지가 부잣집 잔치에 초대되었으면, 그 거지는 자기를 낮추어 자기를 초청한 부자에게 감사를 표명하는 것 이외에는 그 부자의 친절에 보

답할 길이 없는 것과 같다.

그러므로 성찬을 준비할 때는 최선을 다해야 하고, 관습에 따라서는 안 되며, 의무적으로도 하지 말라. 네가 사랑하는 내가 네게로 갈 때 너는 나의 몸을 두려움과 존경과 사랑으로 영접하라. 너를 부른 사람도 나요, 그렇게 명령한 자도 나이다. 내가 너에게 부족한 것을 채워 줄 것이다. 와서 나를 받아라."

3 "내가 헌신의 은혜를 네게 베풀 때, 너는 나에게 감사하라. 이는 네가 그런 은혜를 받을 자격이 없기 때문이 아니고, 내가 너를 가엾게 생각했기 때문이다. 네게 믿음이 없어 네 자신이 메마르다고 느낄 때는 기도에 힘써 탄식하고 문을 두드릴 것이며, 네가 구원의 은혜를 한 조각 또는 한 방울이라도 받기에 합당할 때까지 포기하지 말지니라.

너는 나를 필요로 하지만, 나는 너를 필요로 하지 않는다. 너는 나를 거룩하게 하기 위해 오지 않지만, 나는 너를 거룩하게 하고 더 좋은 사람으로 만들기 위해 너에게로 간다. 너는 내게로 와서 나로 인하여 거룩하게 되었으며, 나와 하나 되었으며, 새 은혜를 받았으며, 또한 네 삶을 개선하기 위해 새로 불붙인바 되었다. 이 은혜를 가볍게 생각하지 말며, 부지런히 네 마음을 준비하여 네가 사랑하는 나를 네게로 영접하라."

4 "너는 성찬식 전에도 헌신을 위해 자신을 준비할 뿐 아니라, 성찬 후에도 성찬에서 받은 은혜를 간직하도록 주의를 기울이라. 성찬의식 전에 한 경건한 준비 못지않게 성찬 후에도 주의를 기울이는 것이 중요하다. 이는 성찬 후에 크게 주의를 기울이는 것은 보다 큰 은혜를

받는 최선의 준비이기 때문이다. 성찬 후에 바로 세상적인 위로를 구하는 사람들이야말로 성찬에 대한 준비가 가장 안 된 사람들이다. 말을 너무 많이 하지 말라. 조용한 곳에서 나와 즐거운 시간을 가져라. 너는 온 세상이 빼앗아 갈 수 없는 나를 가지고 있지 않느냐? 나에게 네 자신을 맡기라. 그리하면 지금부터 너는 너 자신 안에서 살아가는 것이 아니라 내 안에서 살며, 모든 고통으로부터 자유로워질 것이다."

13 그리스도와의 하나 됨

우리는 예수님과 하나가 되기를 원합니다. 우리는 예수님과 깊은 교제가 운데 살기를 원합니다. 그 밖에 일은 중요한 일이 아닙니다.

1 제자 "주님, 누가 저에게 당신과 홀로 있도록 허락할 것이며, 당신에게 제 마음을 열도록 할 것이며, 제 영혼이 바라는 대로 당신을 즐겁게 하도록 허락할 것입니까? 그리하여 지금부터는 누구도 저를 멸시하지 못하며, 어떠한 피조물도 저를 흔들지 못하게 하며, 걱정을 끼치지 못하게 하며, 사랑하는 사람들이 서로 말하듯이 친구들이 서로 우정을 나누듯이 오직 당신만이 제게 말씀하시고 제가 당신에게 말할 수 있도록 누가 허락할 것입니까?

저는 온전히 당신과 하나 되기를 소망합니다. 모든 피조물로부터 제 마음을, 세상적인 현실과 하나님 나라의 일을 더 잘 선별할 수 있기를 기도합니다. 주님, 언제 제가 자신을 완전히 잊어 당신과 온전히 결합할 수 있겠습니까? '당신은 제 속에, 저는 당신 속에 있습니다.' 이렇게 하여 우리가 하나 되어 함께 있게 하소서."

2 "'당신은 진실로 제가 사랑하는 분이시요 만인 가운데 뛰어난 분이십니다.'마 5:10 참조 제 영혼은 삶이 계속될 때까지 당신 안에서 살기를 원합니다. 진실로 당신은 제게 평화를 주시는 분이십니다. 당신 안에 완전한 평화와 참된 안식이 있으며, 당신을 떠나면 한없는 고통과 슬픔, 불행이 있을 뿐입니다. 진실로 당신은 '숨어 계시는 하나님'사 45:15

이시며, 악한 자에게는 충고를 하지 않으시나 겸손하고 단순한 사람에게는 사랑으로 말씀해 주십니다.

오, 주님! 황송하게도 당신은 하늘에서 내려오는 빵으로 당신의 자녀들의 원기를 회복케 하셨습니다. 그들에 대한 당신의 사랑을 드러내시니 당신의 영은 참으로 감미롭습니다.

어떠한 위대한 나라도 당신께서 당신을 믿는 사람들과 친밀하신 것처럼 그렇게 가까이 신을 모시는 나라는 없습니다. 당신께서는 하루도 빠짐없이 당신을 믿는 사람들을 위로하시고, 그들의 마음을 천국으로 들어올리기 위해 그들을 위한 양식과 기쁨이 되도록 당신 자신을 내놓으셨습니다."

3 "세상 어떤 백성이 주님께서 사랑하시는 백성처럼 그렇게 위대한 백성이 있습니까? 또한 하늘 아래에 어떤 피조물이 주님이 주시는 것과 같은 사랑을 받겠습니까? 하나님께서는 그 영혼 안으로 들어가셔서 영광스러운 당신의 몸을 영혼의 양식으로 기꺼이 주십니다.

아, 말로 표현할 수 없는 은혜여, 놀라운 존귀함이여! 오직 사람에게만 주어진 한량없는 사랑이여! 그러나 이렇게 큰 은혜와 특별한 사랑에 저는 하나님께 무엇으로 보답하겠습니까? 하나님과의 완전한 결합을 위하여 제 마음을 온전히 당신께 바치는 것 외에는 더 드릴 것이 없습니다.

제 영혼이 완전히 하나님과 하나 될 때, 제 안의 모든 것이 기뻐할 것입니다. 그때 하나님께서는 말씀하실 것입니다. '네가 나와 함께 있기를 원하면 나도 너와 함께하리라.' 그리고 저는 이렇게 말씀 드릴 것입니다. '주님, 청하옵건대 저와 함께하소서. 제가 기꺼이 주님과

함께 있겠나이다. 제 마음이 주님과 합하는 것이 제가 바라는 전부입
니다.'"

14 성찬에 대한 뜨거운 갈망

성찬을 통해 그리스도는 우리들 옆을 걸어가시며, 또 우리 마음 안에 살고 계십니다. 우리가 성찬에 참여할 때마다 예수께서 우리에게 새롭게 오십니다.

1 **제자** "오, 주님, 주님께서 주님을 두려워하는 사람들에게 베푸신 당신의 자비가 어찌 그리 풍성하십니까? 주님, 경건한 사람들이 깊은 신앙심과 사랑을 품고 성찬식에 나아가는 것을 생각하면 저는 너무도 부끄럽습니다. 저는 너무도 미지근한 마음으로, 아니 실로 차가운 마음으로 성찬대로 나아갑니다. 저는 또한 마음에서 우러나는 감정 없이 덤덤히 성찬대에 서 있으며, 주님이신 당신의 임재를 뜨거운 열정으로 기다리지 못합니다. 저는 많은 경건한 사람들이 그랬던 것처럼 그렇게 열정적으로 성찬대에 가까이 가지도 못합니다. 경건한 사람들은 성찬에 대한 갈망과 마음에서 우러나오는 사랑 때문에 눈물이 흘러내리는 것을 막을 수 없었으며, 마음속 깊이 생명의 샘이신 당신을 갈망했습니다. 큰 기쁨과 영적인 열정으로 당신의 몸을 받지 않으면 자신들의 굶주림을 통제하거나 만족시킬 힘을 얻지 못합니다."

2 "경건한 사람들의 이러한 열렬한 신앙은 당신이 성찬대에 임재하고 계신다는 확실한 증거입니다. 왜냐하면 그들은 '빵을 떼어 먹으면서' 진실로 주님을 깨달아 알기 때문입니다. 예수님께서 그들과 함께 걸어가심으로 그들의 마음은 내부에서 강하게 불타오릅니다. 아, 슬픔

"

니다. 이러한 헌신과 사랑이 제게는 너무도 부족합니다.

좋으신 예수님, 자비하시고 친절하신 예수님, 자비를 베푸소서. 당신에게 가련하게 애원하는 제가 성찬을 통하여 당신의 마음을 감동시키는 사랑을 체험하도록 허락하소서. 그리하여 제 신앙이 강해지고 당신의 자비를 소망하며, 다시 한 번 사랑이 완전히 불붙고 하늘의 '만나'를 알게 됨으로써 다시는 죽어 없어지지 않도록 하소서."

3 "주님의 자비는 크셔서 제가 갈망하는 은혜를 당신께서 제게 주실 것이며, 또한 당신께서 정하시는 날이 오면, 당신께서는 넘치는 자비와 열정으로 저에게로 오실 것입니다. 당신의 은혜에 힘입어 당신을 열렬히 사랑하는 사람 가운데 한 사람이 되고자 하는 소원을 제가 가질 수 있기를 소망합니다."

15 믿음의 은혜 받기

은혜를 받기 위해서는 기도로 겸손하게 하나님께로 향하며 기다려야 합니다. 오직 하나님만이 언제 누구에게 어떤 은혜를 주실 것인지 정하실 수 있습니다.

1 주님 "너는 믿음의 은혜를 진지하게 구하고 간구함으로 찾아야 하며, 인내와 확신을 가지고 기다려야 하며, 감사한 마음으로 받아야 한다. 또한 그것에 겸손하게 매달려야 하며, 그것을 가지고 열정적으로 일해야 하며, 그리고 이 하늘의 선물이 올 때까지는 그 오는 때와 방법에 관하여는 전적으로 내게 맡겨야 한다.
네 마음에 믿음이 조금밖에 없거나 또는 아주 없다고 느낄 때는 무엇보다 겸손해야 한다. 그렇다고 좌절하거나 슬퍼하지는 말라. 나는 오랫동안 거절해 온 것을 한 순간에 주는 경우가 많다. 때로는 기도를 시작할 때 주지 않았던 것을 기도가 끝날 때에 주기도 한다."

2 "만일 내가 은혜를 언제나 즉시 내린다면 연약한 사람은 이를 감당하지 못할 것이다. 바로 이런 이유로 믿음의 은혜는 부푼 희망과 겸손한 인내로 기다려야만 얻을 수 있다. 그런데도 이러한 은혜가 네게 주어지지 않거나, 또는 받은 은혜가 모르는 사이 네게서 떠난다면 그것은 네 자신의 탓이요, 네 죄 탓이다.
때로는 사소한 일로 은혜가 감추어질 수 있고, 또는 은혜를 받는 일이 방해를 받을 수도 있다. 이는 그러한 축복을 받는 것을 방해하는 것은 큰일이 아니고 오히려 사소한 일이라고 생각하기 때문이다. 그러나 만일 네가 크든 작든 이 방해물을 제거하고 완전히 정복한다면, 네가 소망한 대로 이루어질 것이다.”

3 “진정으로 네가 내게 자신을 내맡기고, 네 뜻이나 기분에 따라 구하지 않으며, 자신을 온전히 내 손안에 두면, 너는 네 자신이 나와 결합되어 평안에 있음을 발견할 것이다. 이는 세상 어떤 것도 자발적으로 나를 기쁘게 할 때와 같이 큰 지혜와 평화를 네게 주는 것은 없기 때문이다.

그러므로 누구든지 순수한 마음으로 자신의 목적을 내게 두고, 어떤 피조물이라도 이를 무절제하게 사랑하거나 싫어하는 마음을 비우는 사람은, 은혜를 받기에 가장 합당한, 그리고 믿음의 선물을 받기에 합당한 사람이 될 것이다. 왜냐하면 나는 자신이 비어 있다고 생각하는 그릇에 축복을 주기 때문이다. 또한 사람이 세상일을 온전히 버리면 버릴수록, 자신을 낮추고 자신에게 죽으면 죽을수록 은혜는 그만큼 더 신속하게 그에게로 와서 그의 빈 마음에 풍성하게 들어가기 때문이다. 나아가 그 마음은 더 높이 들어 올려질 것이기 때문이니라.”

4 “그렇게 되면 그 사람은 깨달을 것이며, 자신이 풍성해진 것을 알고 놀랄 것이다. 후에 그의 마음은 내 안에서 더 부요해질 것이다. 이는 나의 손이 그와 함께 있으며, 또한 그는 영원히 나의 손에 자기 자신을 완전히 의탁했기 때문이다.

온 마음을 다하여 나를 찾고, 자기 영혼을 헛되이 받아들이지 않는 사람은 복 받을 것이다. 이런 사람은 성찬을 받을 때 나와 하나 되는

큰 은혜를 받을 것이다. 왜냐하면 그 사람은 자신에 대한 헌신과 위
로에는 관심을 두지 않고, 모든 헌신과 위로를 초월하여 나의 영광과
존귀함을 구하기 때문이다."

16 필요를 아뢰고 은혜를 간청하라

하나님께서는 이미 우리의 필요를 우리 자신보다 더 잘 아시지만, 우리가
하나님께 직접 말씀 드리고 간구하는 것 이상으로 좋은 것은 없습니다.

1 제자 "지극히 자비하시고 사랑이 충만하신 주님, 지금 저는 당신을 경건하게 영접하려고 합니다. 제가 연약한 것과 제가 절실히 필요로 하는 것과 제가 어떤 악과 죄 속에 있다는 것과 그리고 제가 얼마나 자주 고된 일에 시달리며, 유혹을 받으며, 흔들리며, 더럽혀져 있는지 주님께서는 아십니다. 구원을 받으려고 당신께로 나아가오니 위로를 주시고 고통을 없애 주소서.

저는 모든 것을 아시는 분에게, 오직 홀로 저를 온전히 위로하시고 도와주실 수 있는 분에게 말씀 드리는 것입니다. 당신께서는 제가 가장 필요로 하는 축복이 무엇이신지, 제가 얼마나 덕행에 미흡한 자인지 아십니다."

2 "저는 가련하고 발가벗은 몸으로 당신 앞에 서서 은혜를 간청하고 자비를 구합니다. 당신의 굶주린 탄원자를 먹여 주시고, 당신의 사랑의 불로 저를 따스히 감싸 주시고, 당신의 임재의 광명으로 눈먼 제 눈을 밝혀 주소서.

저를 위하여 세상적인 모든 일은 쓴 것으로 바꾸어 주시고, 짐 되고 해로운 일은 모두 인내로 바꾸어 주시고, 비천한 것과 피조물은 모두 멸시하고 잊어버리도록 바꾸어 주소서. 제 마음을 하늘에 계신 당신

에게로 들어 올려 주시고, 저를 쫓아내어 이 세상에서 방황하지 않도
록 하소서. 오직 당신만이 지금부터 영원까지 저에게는 즐거움이십
니다. 이는 오직 당신만이 제 양식이고 마시는 것이며, 제 사랑이고
기쁨이며, 제 즐거움이고 저의 모든 선한 것이기 때문입니다.”

3 “원컨대 주님의 임재를 통하여 당신께서 저에게 불을 붙여 완전히 불
태우셔서 제가 당신이 되도록 변화시켜 주소서. 그리하여 제가 내면
적 연합의 은혜와 불타는 사랑으로 완전히 녹아 당신과 영적으로 하
나 되게 하소서.
굶주리고 목마른 채로 당신에게서 떠나는 고통을 주지 마시고, 성인
들을 자주 후대하셨던 것처럼 저에게도 자비를 베풀어 주소서. 주님
은 항상 활활 타는 불이지만 결코 꺼지지 않는 불이시요, 마음을 순
결케 하고 분별력을 밝혀 주는 사랑이십니다. 그러므로 제가 당신에
게서 오는 불로 불이 붙어 완전히 타 없어진다면 얼마나 놀라운 일이
겠습니까?”

17 사랑과 열정으로 그리스도를 받으라

우리는 성찬을 하며 온 마음을 예수님께 드리고 그분이 갔던 길을 가기로 결심하게 됩니다. 온 마음을 다해 성찬에 참여하면 기쁨이 솟아나고, 주님을 찬양할 수 있습니다.

1 제자 "주님, 많은 성인들과 믿음의 사람들이 성찬에 참여했을 때 당신을 영접했던 방법 그대로 저도 깊은 믿음과 불타는 사랑과 온 마음의 열정과 감정으로 당신을 영접하기를 원합니다. 성인들과 믿음의 사람들은 거룩한 삶으로 당신을 기쁘게 해 드리고, 열렬한 믿음을 지켰습니다. 영원한 사랑이시며, 저의 온전한 선이시며 끝없는 행복이신 나의 하나님! 옛 성인들 가운데 누군가가 그랬던 것처럼, 또는 그렇게 할 수 있었던 것처럼, 저도 갈망하는 마음과 합당한 존경심으로 당신을 영접하기를 원합니다."

2 "비록 제가 이러한 모든 믿음의 감정을 마음에 품을 수 있는 자격은 없다 하더라도 마치 제가 뜨거운 소망을 가진 유일한 사람인 것처럼 제 마음의 모든 애정을 당신께 바칩니다. 믿음의 마음이 생각해 낼 수 있고 바랄 수 있는 모든 것을, 열정을 다해 경배하는 마음으로 당신에게 드립니다. 저를 위해서는 아무것도 남겨 두기를 원하지 않으며, 제 자신과 제가 가진 모든 것을 제 뜻으로 기꺼이 당신에게 제사로 바치기를 원합니다.

아, 나의 하나님이시고, 창조주이시며, 구세주이신 주님! 영광의 동정녀 마리아가 당신을 받아들이고 갈망했을 때 보여 주셨던 것처럼, 저도 오늘 그러한 사랑과 존경과 애정과 찬양과 명예와 감사와 믿음과 희망과 순결함으로 당신을 영접하기를 원합니다. 성육신이라는 신비한 소식을 가지고 온 천사에게 동정녀 마리아는 이렇게 말했습니다. '주의 여종이오니 말씀대로 내게 이루어지이다.'^{눅 1:38”}

3 "주님의 영광의 선구자이신 세례 요한은 아직 어머니의 태중에 있을 때, 당신께서 오신 것을 기뻐한 나머지 성령의 환희 속에서 기뻐 뛰었습니다. 그 후 그는 예수께서 사람들 속에서 걸어 다니시는 것을 보고 자기 자신을 낮추어 이렇게 말했습니다. '서서 신랑의 음성을 듣는 친구는 그 음성으로 인하여 크게 기뻐하니라.'^{요 3:29 참조} 이와 같이 저도 또한 크고 거룩한 소망으로 불타오를 수 있도록 기도드리며, 온 마음을 다하여 저를 당신에게 바칩니다.
그러므로 저도 또한 모든 경건한 마음을 가진 자들의 환희와 그들의 열렬한 애정과 초자연적인 빛과 하나님 나라의 환상을 당신에게 바칩니다. 이와 함께 제 자신과 제가 기도하는 모든 사람들을 위해 천지의 모든 피조물이 이미 칭송해 왔거나 또는 앞으로 칭송할 덕성과 찬양을 당신께 바칩니다. 그리하면 주님은 찬양 받으시기에 합당하시고 영원히 영광을 누리실 것입니다."

4 "나의 주님, 나의 하나님, 저의 이 기도와 주님에 대한 영원한 찬양과 한없는 축복에 대한 저의 소망을 받아 주소서. 이는 모두 당신의 것입니다. 이것은 비할 수 없이 큰 당신의 위대함 때문에 주어진 것이며, 말로는 도저히 표현할 수 없습니다.

저는 이 찬양과 소망을 당신께 드립니다. 저는 이 모든 것을 날이면 날마다, 매시간 당신께 드리기를 원합니다. 그리고 하늘의 모든 영들과 당신에게 충성하는 이 땅의 모든 사람들이 저와 함께 당신을 찬양하고 당신께 감사를 드리는 데 참여하도록 사랑과 기도하는 마음으로 이들을 초대하고 있습니다.”

5 “모든 백성과 모든 나라와 모든 언어가 당신은 물론 거룩하고 꿀같이 감미로운 당신의 이름을 찬미하게 하소서. 최고의 환희와 불타는 사랑으로 당신을 찬양하게 하소서. 그리고 존경과 믿음으로 당신의 지극히 숭고한 성찬식에 참여하여, 확실한 믿음으로 이를 받아들이는 사람이면 누구든지 주님 보시기에 은혜와 자비를 받기에 합당한 사람으로 생각해 주시고, 그들이 죄인인 저를 위해 간절히 기도하게 하소서.

그리고 그들이 소망했던 믿음의 은혜를 얻고 당신과의 기쁨에 찬 연합을 이루고, 진정으로 위로를 받게 하소서. 그리고 성찬으로 원기를 회복한 후 성찬제단을 떠날 때에는 그들이 가련한 저를 기억하게 하소서.”

18 계명을 따라가는 단순함이 복이다

온 정성을 다하여 주님의 길을 걷고 그분의 계명을 지키면, 주님께서 지혜를 주시고 우리의 구원을 위해 필요한 것을 다 주실 것입니다.

1 **주님** "만일 의심의 깊은 구렁텅이에 빠지고 싶지 않으면, 지극히 심오한 이 성찬을 쓸데없이, 그리고 호기심으로 행하지 말아야 한다. 내 존엄을 탐색하려는 사람은 나의 영광에 압도되어 꼼짝하지 못할 것이다. 나는 사람이 이해하는 것 이상의 일을 한다. 그러나 만일 네가 배울 준비가 되어 있고, 성인들의 건전한 가르침에 따라 성실히 행할 준비가 되어 있으면, 진리를 경건하고 겸손하게 탐구하는 것은 허락받을 수 있을 것이다."

2 "질문을 쏟아 내는 험한 길을 버리고, 내가 준 평탄하고 확실한 계명의 길을 따라가는 단순함이 복된 길이다. 많은 사람들이 자신들의 능력 밖에 있는 일을 알려는 욕망 때문에 믿음을 잃어버리고 말았다. 네게 필요한 것은 믿음과 순수한 삶이지 지성의 고상함도, 나의 신비에 대한 심오한 통찰력도 아니다. 네가 바로 내 밑에 있는 것도 이해하지 못할 뿐 아니라 파악하지 못하면서 네 위에 있는 것을 대체 어떻게 파악하려고 하느냐? 내게 항복하고, 네 이성을 믿음에 예속시켜라. 그리하면 네게 유용하고 필요한 지식의 빛을 얻을 것이다."

3 "어떤 사람은 믿음과 성찬에 관하여 가혹한 시험을 받는 일이 있다.

이것은 그들에게 문제가 있어서가 아니고, 사탄의 짓이다. 번민하지 말고, 네 자신의 생각과 논쟁을 벌이지도 말며, 사탄이 던지는 의문에 대답도 하지 말라. 내가 말한 것을 믿고, 성인들과 사도들을 믿으라. 그리하면 악한 원수가 네게서 달아날 것이다.

이러한 일들을 인내하는 것이 내 종에게 이로울 때가 많다. 이는 사탄은 이미 확실히 자기 손안에 있는 믿지 않는 사람들과 죄인들을 시험하지는 않지만, 충성스럽고 경건한 신자들을 여러 방법으로 유혹하기 때문이다."

4 "그러므로 단순하고 의심할 바 없는 믿음으로 계속 밀고 나아갈 것이며, 기도할 때와 같은 존엄성을 가지고 성찬에 임해야 한다. 네가 이해할 수 없는 것은 무엇이든지 전능한 나에게 맡겨라.

나는 너를 실망시키지 않지만, 자기 자신을 지나치게 신뢰하는 사람은 자신으로 인하여 실망할 것이다. 나는 순수한 사람과 동행하고, 겸손한 사람에게 나타나며, 단순한 사람과 마음이 순결한 자에게는 깨달음을 준다. 하지만 캐묻기 좋아하고 교만한 사람에게는 은혜를 숨긴다. 인간의 이성은 약하고 쉽게 속임을 당한다. 그러나 진정한 믿음은 속일 수 없다."

5 "자연을 탐구하고 추리하는 일까지도 모두 믿음 속에서 행해야 하며, 믿음을 앞서 가거나 믿음과 결별해서는 안 된다. 거룩한 성찬식에서 믿음과 사랑은 지극히 빼어난 모든 것을 초월하여 보이지 않는 방법으로 역사하기 때문이다."

"영원하시고 무한하시며 무한한 권능을 가지신 하나님은 하늘과 땅에서 인간의 탐구를 초월하는 위대한 일을 행하시니, 그분이 하시는 신비스러운 일은 사람이 알지 못합니다. 만일 하나님이 하시는 일을 인간의 이성으로 쉽게 파악할 수 있다면, 그 일을 일컬어 신비하다느니, 또는 인간의 표현을 초월하는 것이라느니 할 수 없을 것입니다."

세계적으로 3천 여 본 이상 출판된 *De Imitatione Christi*의 한국어 번역판 작업에 함께할 수 있게 되어 무엇보다 기쁩니다. 6년에 가까운 노력과 진통의 시간을 거쳐 이 책이 세상에 나올 수 있도록 허락하신 하나님께 감사드립니다.

2004년 몹시 더웠던 어느 여름 날, 집에서 책을 정리하던 중 손바닥만 한 영문판 책에 눈길이 갔습니다. 영국에서 출판된 *The Imitation of Christ by Thomas à Kempes*였습니다. 책 표지 상태나 본문 종이가 노랗게 변한 것으로 보아 사 둔 지 상당한 시일이 지난 것 같았습니다. 책 표지에는 천연색의 그림이 있었습니다. 그림 한가운데는 작은 탁자가 놓여 있었으며, 탁자 앞 의자에는 한 남자가 앉아 있었는데 그는 무엇인가 따지는 듯한 표정으로 탁자를 사이에 두고 그 앞에 서 있는 한 남자를 뚫어지게 쳐다보고 있었습니다. 서 있는 남자는 무엇인가 수심에 찬 표정으로 의자에 앉아 있는 남자를 응시하고 있었으며, 탁자 위에는 촛불 하나가 조용히 타오르고 있었습니다. 한눈으로 보아도 서 있는 사람은 예수님이었습니다. 예수님의 표정만을 보고도 이 책에서 예수께서 번뇌에 찬 우리 인간들을 향하여 무슨 말씀을 하시려는지 알 수 있을 것 같았습니다.

이 책은 비록 원래는 가톨릭 수도사를 위한 교육용으로 저술되었지만 그 내용은 비단 기독교인들뿐 아니라 종교와 성, 나이를 초월하여 모든 인간이 추구하는 영적 생활의 지혜를 내포하고 있습니다. 이것이 이미 1663년 및 1837년에 이 책이 아랍어와 히브리어로 번역, 출판된 이유이기도 하고, 또 제가 이 책을 한국어로 번역하게 된 동기가 되었습니다.

「그리스도를 본받아」De imitatione Christi는 1418년[1] 경, 독일 태생 수도사 토마스 아 켐피스가 쓴 책입니다. 당시 라틴어 필사본으로 출간된 이래 성경을 제외하고는 모든 기독교 서적 중에서 가장 많이 읽힌 영성 도서입니다. 최초의 필사본이 나온 이후 이 책에 대한 소문이 퍼지면서 유럽에 있는 여러 수도원이 필사본을 만들어 볼 정도로 이 책은 사람들 사이에서 인기가 좋았습니다. 지금도 약 750개의 필사본이 존재하고 있는 것으로 알려져 있습니다.

첫 인쇄본은 1482년[2]에 출판되었으며, 그 이후 1800년대 이전에 이미 프랑스어, 영어, 스페인어, 독일어, 이탈리아어, 히브리어, 아랍어 등으로 번역되었습니다. 지금은 70여개국어로 약 3,000판 이상이 출판된 것으로 추정됩니다.

출간 이래 약 600년 동안 성경 다음으로 많이 읽힌 것은, 이 책이 인간 내면의 추구와 인간의 본성 자체를 다루고 있어서라고 생각합니다. 존 웨슬리[3]와 존 뉴튼[4]은 이 책이 그들이 기독교인이 되는 데 결정적인 영향을 미쳤다고 고백합니다. 찰스 고르돈[5] 장군은 중국에서 전쟁 중에도 이 책을 읽었다고 합니다. 1978년 새벽 침대에서 심장마비로 사망한 채 발견된 교황 요한 바울 I 세의 손에도 이 책이 들려 있었습니다.

이 책에서 가장 중요한 주제를 고른다면 이 책의 이름에서 보는 바와 같이, '그리스도를 본받는 것'일 것입니다. 그러나 이 책의 수많은 주제 가운데 또 하나를 고르라면 아마도 '겸손'humilitas일 것입니다. 저자는 책 서두에 "자신을 아무것도 아닌 것으로 생각하고, 항상 다른 사람을 좋게, 그리고 높이 평가하는 것이 큰 지혜이며, 성숙한 것"임을 강조합니다.

그러나 저자가 겸손의 예로 제시한 '자기 멸시' 나 '자기 무시'는 쉽게

---

1. www.newadvent.org/cathen/14661a.htm 참조.
2. 위와 동일.
3. 존 웨슬리(1703-1791): 영국의 신학자, 목사, 감리교 창시자.
4. 존 뉴튼(1725-1807): 30년간 노예선 선장으로 노예무역 종사. 후에 그리스도인이 되어 목사가 되고, 노예제도 폐지에 앞장섰다. 찬송가 〈나 같은 죄인 살리신〉의 저자.
5. 찰스 고르돈(1883-1885): 제2차 영 · 중전쟁(제2차 아편 전쟁)에 참전한 장군. 아프리카에서도 복무.

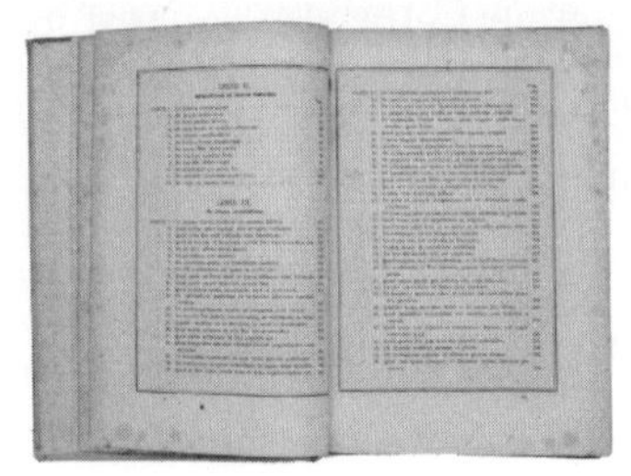

이해할 수 있는 것이 아니며, 더욱이 쉽게 실천할 수 있는 것도 아닙니다. 그러나 이것은 이 책이 쓰인 중세 말의 암울했던 사회상과 하나님에 대한 보다 넓은 이해를 염두에 두고 이해하면 쉽게 받아들일 수 있을 것입니다.

이 책은 14-15세기 독일과 네덜란드를 중심으로 유행했던 신비주의의 작품으로 저자는 개인의 신비적인 직접 경험을 통하여 하나님을 경험하려고 한 신비주의자였습니다. 따라서 신비주의의 장점과 단점이 동시에 이 책의 장점이요 단점이라고 할 수 있을 것입니다. 세상적인 것을 모두 포기하고, 하나님과의 연합 및 그분의 독특한 '생명의 부인'과 '죽음의 소망' 등이 신비주의적 생각에서 나온 것들이라고 할 수 있을 것입니다. 그러나 신비주의는 그리스도를 경험하는 데 어느 정도까지는 있어야 하는 것이며, 또한 모든 그리스도인의 삶에 어느 정도는 내재해 있는 것이기도 합니다.

저자의 이러한 철학은 병과 기아 등으로 얼룩졌던 중세 말의 사회상을 고려할 때, 저자의 표현이 반드시 말 그대로 '생명의 부인'이나, '죽음의 소망'을 의미하는 것은 아니라는 것을 이해할 수 있습니다. 저자가 비록 신비주의에 몰두하여 '하나님과 하나'가 되기 위하여 '자기 부인'을 강조했다 하더라도 저자의 궁극적인 목적은 아마 다음과 같았을 것입니다. 그는 어디까지나 당시의 암울했던 시대상을 고려할 때 인간이 어떻게 하나님과의 관계를 정립할 것이며, 또한 어떻게 인간이 서로 조화롭게 살아가야 할 것인가에 대한 저자의 믿음을 피력한 것이지요. 저자의 이러한 믿음은 책 전체에 흐르는 정신이기도 합니다. 바로 이 점에서 이 책은 기아, 괴질, 이상기후 등 중세 말기의 상황과도 비슷한 오늘을 사는 그리스도인들에게 신앙과 생활의 귀감이 되는 책이라고 할 수 있을 것입니다. 또한 어느 시대를 막론하고 인간이 전쟁, 기아, 홍수로부터 자유로웠던 때는 없었습니다. 이 점을 고려할 때, 이 시대에 인간이 하나님과의 영적인 관계를 어떻게 가질 것이며 또한 인간 상호간의 관계를 어떻게 다스릴 것인가를 다루는 이 책이 왜 지난 600년 동안 많은 독자의 사랑을 받아 왔는지 쉽게 이해할 수 있을 것입니다.

이 책은 총 4부로 구성되어 있습니다. 1부는 25개 장으로 구성되어 있으며, 인간이 죄를 어떻게 정화할 것인가의 문제를 설명합니다. 그리스도와 동행하는 데 방해가 되는 일들과 영적 생활의 성장을 저해하는 여러 유혹 및 불필요한 애착을 버리라고 권고합니다. 그 밖에도 세상의 헛된 일을 버리며, 스스로 겸손하고, 통제 불가능한 격정에 빠지지 말며, 죽음을 묵상하라고 권고합니다.

2부는 12개 장으로 구성되어 있으며 내면 생활의 중요성에 관하여 말합니다. 이것은 이 책을 통하여 계속 강조되는 주제입니다. 내면 생활은 구체적으로는 그리스도와 친밀한 우정관계를 발전시킴으로써 이룰 수 있으며, 그리스도와의 친밀함은 겸손, 기쁨, 내적 평화, 마음의 순결, 인간 본성에 대한 경계, 양심 및 감사의 삶에서 달성할 수 있다고 말합니다. 2부에서는 또한 사람은 각자 자신의 십자가를 져야 한다고 권고합니다. 인간은 누구든지 자진해서 자기 십자가를 지는 법을 배우지 않으면, 고통과 재난이 닥쳐왔을 때 이를 이겨 내지 못할 것이라고 저자는 말합니다.

이 책에서 가장 긴 3부는 총 59장으로 구성되어 있으며, 그 주제는 하나님과 영적인 연합에 관한 문제입니다. 저자는 심오한 삶의 신비를 이해할 수 있는 사람만이 하나님과의 연합의 단계에 도달할 수 있다고 주장하면서, 영적 성장의 최종단계라고 할 수 있는 이 단계에 도달할 수 있는 여러 방법을 제시합니다. 사랑, 겸손, 세속적인 즐거움 멀리하기, 마음의 욕구 통제하기, 인내와 선행, 세상의 고통 이기기, 자신의 연약함 알기, 하나님의 자비, 고난의 인내, 세상적인 명예 멸시하기 등이 그 일부입니다. 3부는 주님과 제자간에 나눈 대화 형식을 취하는 것이 특징입니다.

4부는 이 책이 내포한 여러 주제의 정상에 있다고 할 수 있습니다. 곧 그리스도인이 그리스도의 몸과 피를 대신하여 빵과 포도주를 먹고 마심으로써 이 세상에서 하나님과 연합할 수 있는 성찬의식의 중요성과 또 어떻게 성찬의식을 준비하고 참여해야 하는지 설명합니다.

이 책의 문체는 표현이 매우 간결하기 때문에 한 번 읽고는 저자가 주려고 하는 진정한 메시지를 이해할 수 없습니다. 성경을 읽을 때처럼 세 단계로 읽어야 합니다. 첫째는 영적으로 읽는 것^{lectio divina}입니다.

읽는 것은 단순히 읽는 것이 아
니고 읽은 것을 이해하고 받아들
이는 것입니다. 두 번째는 명상
단계입니다. 읽은 것을 반복적
으로 명상하는 것인데 한 단어가
아니고, 구句 또는 문장을 반복적
으로 명상하여 의미를 음미하는

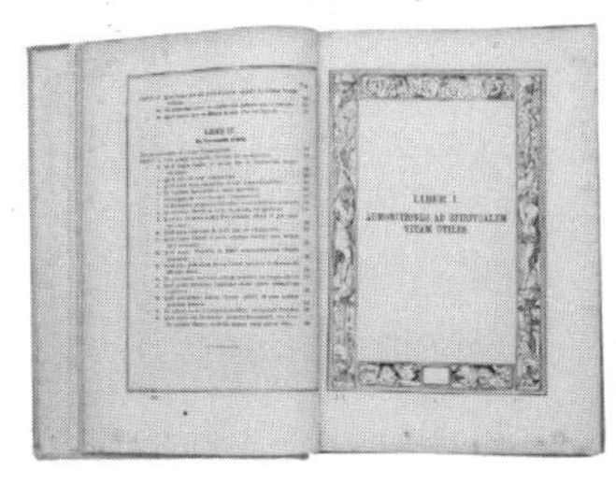

단계입니다. 세 번째는 읽고 명상한 것을 깨달아 행동으로 옮기는 마
음을 가지는 것입니다. 한꺼번에 많은 분량을 읽지 않는 것도 중요합
니다.

이 책은 1879년 영국에서 출판된 라틴어본 *De Imitatione Christi*를 기
초로, 몇몇 영역본을 참조하여 번역한 책입니다. 이 책을 번역하기
시작할 무렵에는 라틴어에 관한 지식이 없었기 때문에, 번역을 마치
는 데까지 무려 4년이라는 시간이 걸렸습니다.
우선 라틴어 문법책과 사전을 구입하여 라틴어문법을 속성으로 공부
한 뒤 번역을 시작했습니다. 라틴어는 영어와 달라, 단어의 성性과 격
格에 따라서 명사, 동사, 형용사가 다 변하기 때문에 단어를 사전에
서 찾기가 상당히 어려워 처음에는 한 단어를 가지고 사전과 문법책
을 오가는 시간이 제법 길었습니다. 하지만 날이 지남에 따라 단어를
찾는 시간이 차차 줄고, 나중에는 어느 단어가 사전의 어디쯤에 있을
것이라고 짐작할 수 있는 데까지 이르렀습니다.
그러나 이 정도의 라틴어 실력을 가지고 이 번역본이 전적으로 라틴

어본에 의존했다고 주장하는 것은 이 책 주제의 하나인 '겸손'과 상충되는 것이고, 또한 이 책이 가장 경계하는 '교만'임을 스스로 인정하지 않을 수 없습니다. 다만, 비록 영역본의 도움을 받았으나, 그래도 우리나라에서는 최초로 라틴어본을 기초로 번역함으로써 원 저자가 사용한 어휘와 문체에 조금 더 가까이 다가갈 수 있었다는 점에서 조금은 위안을 받습니다(역자가 번역을 시작할 당시에는 국내에서 출간된 라틴어역본이 없었다 - 편집자주).

이 책이 세상에 빛을 볼 수 있도록 배려해 주신 두란노서원 원장 하용조 목사님과 두란노 출판부 여러분께 감사드립니다.

2010년 8월 25일
옮긴이 박동순